김경집의 통찰력 강의

김경집의 통찰력 강의

질문하는 습관이 만드는 생각의 힘

초판 1쇄 펴낸날 2018년 9월 12일
초판 4쇄 펴낸날 2019년 7월 30일
지은이   김경집
펴낸이   한성봉
편집   안상준·하명성·이동현·조유나·박민지·최창문
디자인   전혜진·김현중
마케팅   박신용·강은혜
기획홍보   박연준
경영지원   국지연
펴낸곳   도서출판 동아시아
등록   1998년 3월 5일 제1998-000243호
주소   서울시 중구 소파로 131 [남산동 3가 34-5]
페이스북   www.facebook.com/dongasiabooks
인스타그램   www.instagram.com/dongasiabook
전자우편   dongasiabook@naver.com
블로그   blog.naver.com/dongasiabook
전화   02) 757-9724, 5
팩스   02) 757-9726

ISBN   978-89-6262-242-3 03100

이 도서의 국립중앙도서관 출판예정도서목록(CIP)은
서지정보유통지원시스템 홈페이지(http://seoji.nl.go.kr)와
국가자료공동목록시스템(http://www.nl.go.kr/kolisnet)에서
이용하실 수 있습니다.(CIP제어번호: CIP2018027472)

만든 사람들
편집   하명성
크로스 교열   안상준
디자인   전혜진
본문 조판   김경주

김경집의
통찰력
강 의

김경집 지음

동아시아

김경집

인문학자. 시대정신과 호흡하고 미래 의제를 모색하는 일에 힘쓰면서 다양한 방식으로 문화운동과 지역인문공동체 모색에 작은 밑돌을 놓고 있다. 서강대학교에서 영문학과 신학을 공부하고 같은 대학원 철학과에서 예술철학과 사회철학을 공부한 뒤, 가톨릭대학교 인간학교육원에서 인간학을 전담해 가르치다가 스물다섯 해를 채우고 학교를 떠났다. 현재 자유롭게 글 쓰고 강연하면서 방송에도 출연하고 여러 매체에 칼럼을 기고하고 있다.

학교를 떠난 뒤 가장 큰 관심사는 시대정신을 통찰, '생각의 혁명' 혹은 '관념의 새로운 해석'과 연결하는 것이다. 그러한 작업을 통해 기존의 틀을 벗어나 미래 가치를 이끌어낼 수 있는 사고의 전환과 확장을 꾀한다. 기존의 틀에 가두는 방식의 지식과 학습, 사고 관습을 가장 꺼린다. 그래서 시간과 공간을 가로지르고 영역의 울타리를 깨뜨리며 자유롭고 다양하게 경계를 넘나드는, '창조, 혁신, 융합'을 진화시키는 활동을 거르지 않는다.

지은 책으로는 문재인 정부의 국민인수위원회가 선정해 '대통령의 서재'에 꽂혔으며 2018년 전라남도 올해의 책에 선정된 『앞으로 10년, 대한민국 골든타임』, 창조와 혁신을 위한 새로운 사고 『생각의 융합』, 2016년에 순천, 포항, 정읍에서 동시에 '한 도시 한 책'에 선정된, 엄마의 혁명을 꾀하는 『엄마 인문학』, 인문학의 대중화와 새로운 지평을 위한 『인문학은 밥이다』 등이 있다. 두 개의 옆문을 달며 독특한 방식으로 쓴 서평집 『책탐』은 2010년에 한국출판평론상을 받았다. 이 외에 『생각을 걷다』, 『고장난 저울』, 『청춘의 고전』, 『나이듦의 즐거움』 등 사유와 성찰을 토대로 한 다양한 책을 펴냈다.

차례

머리말 ▪ 7

두 개의 문이 있어야 바람이 통한다

삼고초려三顧草廬, 세밀하게 관찰하라 ▪ 14
지음지교知音之交의 아름다움, 백아절현伯牙絶絃의 오만 ▪ 23
정문일침頂門一針, 타이밍을 놓치면 독약 ▪ 31
노블레스 오블리주 VS 노블레스 No 오블리주 ▪ 38
막다른 골목에서 찾아낸 기회 ▪ 52
경주 최 부잣집의 가르침 ▪ 60
신분을 뛰어넘는 지고지순한 사랑? 웃기시네! ▪ 66
올레, 걷는 게 능사가 아니다 ▪ 78

우리가 배웠던 길이 옳은 길은 아니다

작명권을 내주지 말라! ▪ 88
우공이산愚公移山은 환경파괴의 주범이다 ▪ 101
맹모삼천孟母三遷, 당신은 맹모盲母인가? ▪ 109
햄릿은 우유부단한 인물의 전형인가? ▪ 116
가끔은 지도를 뒤집어 보자 ▪ 129
잠자는 숲속의 공주는 정말 행복했을까? ▪ 135
고려를 구하지 못한 팔만대장경 ▪ 142
포석정에는 정자가 없다 ▪ 152

속도보다 방향이 우선이다

당구풍월堂狗風月, 시간만 때운다고 해결되는 게 아니다 ▪ 166
인사유명人死留名, 억지 춘향에 인생이 멍든다 ▪ 173
모자람이 완벽보다 낫다 ▪ 181
길을 간 사람에게 길을 묻지 마라 ▪ 189
절차탁마切磋琢磨, 제대로 자르고 알맞게 갈아야 ▪ 195
가득 찬 것이 빈 것을 이기지 못한다 ▪ 202

맥락을 읽어야 역사가 보인다

제자백가諸子百家, 싸우며 커야 혹은 싸울 때일수록 배워야 ▪ 212
수나라가 없었으면 당나라 전성기도 없었다? ▪ 220
고려'인삼'의 원조는 조선이다 ▪ 232
관용, 강소국 네덜란드의 경쟁력 ▪ 239
문화대혁명이 없었더라면 ▪ 246

새로운 세상에 맞는 시대정신을 준비하라

페미니즘이 아니라 휴머니즘이다 ▪ 254
국민교육헌장을 잊어라 ▪ 261
시대정신을 외면하는 종교는 아편보다 악하다 ▪ 271
말에서 내려야 비로소 올바른 정치가 가능하다 ▪ 283

지피지기면? 친구!

　삶에는 정답이 없다. 같은 삶도 없다. 그런데 앎에는 정답이 있다고 여긴다. 엄밀히 말하면 '보편적' 답이 있다 믿는다. 그런데 과학적 앎도 다른 것에 비해 더 실증적이고 논리적이며 체계적이어서 보편적 동의를 견고하게 마련한 것이지 절대적이지는 않다. 그러니 아주 냉정하게 말하자면 '유일한 정답'은 없다.

　그런데 우리가 지금까지 쌓아온 앎은 대부분 '정답'을 추구하고 모색하는 것들이다. 학교에서 그렇게 배웠다. 합리적 의심도 질문도 허용되지 않은 채 곧바로 '정답'을 주입하고 반복적으로 학습해서 머리에 쑤셔 넣었다. 과정도 생략하고 다른 해법도 모색하지 않은 채로. 지난 세기가 '속도와 효율'의 시대였기에 가능한 일이었다. 그러나 21세기는 더 이상 그게 통하지 않는 시대다. '창조, 혁신, 융합'의 시대다. 이전에는 많은 지식과 정보를 최대한 많이 '소유'하고 있어야 많은 대가를 얻을 수 있었지만, 이제는 다양한 방식으로 접속하고 '소비'하는 시대로 변했다. 그런데도 기존의 지식은 여전히 견고하게 자리를 차지할 뿐 아니라 숭배를 받는다. 기업도 학교도 크게 다르지 않다. 그러면서 미래를 말한다.

이전에는 지식과 정보가 부족해서 내가 바라는 삶을 원하는 방식으로 꾸려갈 수 없었지만, 이제는 오히려 과해서 문제인 세상이 되었다. 온갖 쓰레기 정보와 지식juncformation이 넘친다. 그걸 분별해서 버릴 수 있어야 한다. 그러기 위해서는 내가 지식의 판관judge이 되어야 한다. 이것을 폴 케네디Paul Kennedy는 인포메이션의 시대가 아니라 익스포메이션의 시대라고 명명했다. information은 밖에서 안으로(in) 들어와 형성하는(form) 것이다. 과거에는 그게 자산이고 힘이었다. 그러나 과잉된 쓰레기 지식이 범람하는 시대에는 그것들을 밖으로(ex) 내보내거나 제거(ex)할 수 있어야 제대로 된 지식과 정보를 사용할 수 있다고 본 것이다. 무조건 입력만 한다고 능사가 아닌 시대다, 이제는.

입체적 사고와 집단지성

몇 해 전 중국 산둥성 취푸曲阜의 공자연구원에서 열린 『논어』 특강에 갔다가 놀랐던 적이 있다. '공자 가라사대~'의 상투어부터 시작하는 설명이 아니라, 도대체 누가 어떤 상황에서 무슨 질문을 했기에 공자께서 그렇게 답했는지에 대한 다양한 설명이 나왔다. 어쩌면 그게 더 핵심적인 주제였다. 공자와 제자들은 끝없이 묻고 캐고 대답하는 '질문공동체'였다. 주저하지 않고 묻고 답한다는 건 그 공동체가 수직적 상하관계가 아니라, 적어도 배움에 있어서는 수평적 관계라는 걸 함축한다. 나로서는 충격이었다. 그것은 이미 하나의 집단지성이었고 입체적 사고의 전형이었다. 그런데도 우리는 처음부터 공자의 권위에 의존해서 설명하고 주자나 퇴계의 해석을 인용하며 부연한다. 앞뒤가 바뀐 것 아닌가?

　원산지에서는 '현재'의 물음으로 따지는데 수입국에서는 '과거'의 정답에 매달리는 셈이다. 권위의 힘에 그런 식으로 순치된다. 그게 우리 앎의 방식에 자리 잡아 하나의 습관이 되었다. 그걸 깨뜨려야 한다. 어떤 지식이든 그게 생산된 시간과 공간, 사람과 사건 속에 들어가 '물어야' 한다. 그런 뒤에 지금의 시간과 공간, 그리고 사람과 사건의 눈으로 해석해야 한다. 그게 실천의 방식일 뿐 아니라 주체적 인식과 창의적 사고의 토대다. 하나의 답이 존재하는 게 아니다. 여러 사람이 각자의 방식으로 묻고 캐고 따져서 찾아낸 '답들'을 모으고 교환하면 저절로 다양한 길과 방식을 통해 엄청난 지식으로 확장한다. 지금 우리에게 시급한 것은 그러한 전환이다.

　나는 강연에서 사람들에게 묻는다. "지피지기면?" 그러면 합창하듯 대답한다. "백전불태!" "백전백승!" 거의 그렇다. 하지만 아니다. 지피지기면 친구다! 서로를 가장 잘 아는 사람이 친구다. 그런데도 우리는 왜 그 상대를 적이라고만 대답하는가? 그건 그런 인식이 정답으로 자리 잡고 있기 때문이다. 그리고 그 근거는 바로 손자의 병법이다. 물론 병서라서 기본적으로 피아의 대립관계를 전제한다. 그러니 굳이 명시하지 않아도 그 상대는 언제나 적이다. 하지만 우리의 일상적 삶에서 상대가 반드시, 그리고 언제나 적일 수는 없고 그래서도 안 된다. 생각의 돌부리 하나만 바꿔도 걸음은 완전히 달라진다.

　'지피지기'라는 말의 순서도 그렇다. 나를 아는 게 먼저다. 그런데도 상대에 대해 아는 게 앞선다. 나는 자신을 잘 알고 있다는 착각에서 비롯된 순서일 수 있다. 상대에 대해 얼마나 제대로 아느냐도 중요하지만 나에 대해 냉정하고 정확하게 아는 게 더 중요하다. 상대를 과대평가하거나 과소평가해서 판단을 흐리게 하지 않으려면 그래야 한다. 이 말의 구성이 갖는 위험성 가운데 하나는 앎의 목적이 지나치게 협소하다는 점이다. 승리를 위해 아는 게 아니다. 올바른 관계를 형성하고 발전시키기 위해 나와 상대를 제대로 알아야 하는 것이다. 편협한 지식은 편협한 판단과 행동을 유발할 수밖에 없다.

답은 하나가 아니며 질문은 끝이 없다

답은 하나다. 지금까지 우리가 배운 답은 그렇다. 그런 인식은 확장성도 없고 유연성도 없다. 답은 하나가 아니다. 설령 하나의 답이라 해도 질문은 끝이 없다. 모든 질문에는 거기에 합당한 답이 있다. 그것을 추적하는 과정이 앎의 과정이다. 그리고 그것을 추적하면서 묻기 전에 혹은 물었을 때 몰랐거나 상상도 하지 않았던 다른 길들이 보인다. 그게 질문의 힘이다.

답은 내가 정한 게 아니다. 이미 누군가 찾아냈고 동의를 얻어낸 것들이다. 하지만 질문은 '내가' 한다. 답은 피동적이지만 질문은 주체적이다. 주체적이지 않으면 자존감이 없을 뿐 아니라 창의성도 없다. 창의성은 나의 주체적 힘에서 비롯된다. 우리는 그런 점에서 좁은 앎의 길을 걸어온 셈이다. 지금부터라도 그 틀을 깨뜨려야 한다.

이 책에서 던지는 화두는 정답이 아니라 물음이다. 보편성과 합리성이라는 견고한 옹성을 깨뜨리고 도발하며 다른 길도 찾아보는 것이다. 우리의 조직도 자세도 지나치게 경색되어 있다. 수직적 조직에 순응한다. 일사불란한 행동은 속도와 효율의 틀에서는 유효할지 모르지만 다양성과 창의성, 그리고 새로운 융합과 창조는 불가능하다. 수평적 사회로 전환하지 않으면 망한다. 조직도 앎도 삶도 그렇다.

이 책이 던지는 도발은 때로는 과할 수도 있고 엉뚱할 수도 있다. 그러나 누구나 그렇게 생활할 자유와 권리가 있으며 힘이 있다. 그걸 누르고 통제하는 게 능사가 아니다. 나의 해석과 도발이 틀릴 수 있다. 그러나 그렇게 묻고 따질 수 있다. 틀린 답, 다른 답에 대한 두려움부터 털어내야 한다. 그게 시작이다. 권위로 누르거나 보편적 동의에 의존하려는 습성을 버려야 한다. 이 책은 새로운 앎을 찾는 데도 유효하지만 일차적으로는 기존의 앎에 대해 도발한다. 기성세대들이 갖고 있는 인식의 두꺼운 껍질을 벗겨내는 것이 일차적 목적이다.

통찰洞察의 사전적 정의는 '예리한 관찰력으로 사물을 꿰뚫어 봄'이다. 그것은 동시에 '두루 살펴봄'이라는 의미의 통찰通察을 깔고 있어야 한다. 그래야 씨줄과 날줄을 꿰며 여러 다양성을 하나의 본질로 묶어내는 통찰統察의 힘을 낳을 수 있다. 이 세 가지 통찰은 모두 훈련이 필요하다. 그 훈련의 밑돌은 '합리적 의심'이다. 묻는 힘이 창조의 힘이 된다. 뛰어난 기사는 바둑판 앞에서 끝없이 스스로에게 묻는다. 이세돌 9단이 알파고와의 네 번째 대국에서 승리했던 것은 그의 78번째 포석이 알파고에 입력된 '기존의 수'에 없었기 때문이었다. 이세돌 9단의 그 한 수는 기보棋譜를 연구해서 얻은 게 아니라 끝없는 연습과 그 연습에서 쌓인 직관을 통해 발현된 것이다. 통찰은 그런 것이다. 정해진 생각이 아니라 이전과 다른 생각을 끝없이 끌어내야 한다. 이 책은 그런 의미에서 통찰이라는 방의 여러 문을 열어보고 탐색한다. 답을 마련한 게 아니라 통찰의 연습장에 쏟아낸 도발이다.

10인10색十人十色은 품성만 지칭하는 게 아니다. 묻는 것도 다르고 캐는 것도 다르다. 답은 하나에서 시작했지만 물음의 다양성에 따라 그것들을 모으고 교환하면 엄청난 양의 지식과 판단을 수확할 수 있다. 집단지성은 여러 답을 모으고 그 공통의 분모를 가려 뽑는 게 아니라 모든 경우의 수를 계산함으로써 하나의 지식이 빅뱅하게 만드는 것이다. 제4차 산업혁명의 시대는 새로운 기술과 지식의 혁명이 아니라 기존의 그것들을 혁명적 사고로 바꾸는 것에서 시작되는 것이다. 우리의 지식을 입체화시키고 집단지성화하는 것이 열쇠다.

이 책은 네 해 동안 《한경비즈》에서 격주로 '김경집의 인문학 속으로'라는 고정 칼럼을 통해 연재했던 것들 가운데 절반쯤 가려 뽑고, 틈틈이 쓴 것을 절반쯤 채워서 모습을 갖추게 되었다. 연재할 때 지면의 제한 때문에 덜어내야 했던 것들을 채워 쓸 수 있어서 아쉬움의 빚을 덜어낸 것은 다행스러운 덤이었다. 나와 세상, 그리고 그 사이에 있는 사람들과 삶에 대한 통찰의 힘을 키울 때 우리는 한걸음이라도 진화할 수 있을 것이다. 그게 21세기가 요구하는 지적 혁명의 시작이다. 두 개 이상의 문이 있어야 바람이 통한다.

묻고 따져야 한다. 정해진 답에 매달리지 말아야 한다. 답이 중요한 게 아니라 묻는 게 중요하다. 아는 것이 힘이 아니라 묻는 것이 힘이다!

2018년 여름의 끝자락에서
김경집

두 개의 문이 있어야 바람이 통한다

삼고초려三顧草廬,
세밀하게 관찰하라

『삼국지三國志』에는 극적인 장면과 인물들이 쉴 새 없이 등장한다. 위魏, 촉蜀, 오吳 세 나라가 끊임없이 전쟁을 치르면서 펼쳐낸 인생사와 역사의 도도한 흐름들이 다양하고 감동적으로 그려졌다. 그래서이 소설은 일단 손을 대면 도저히 중간에서 놓지 못할 정도로 매력적이다. 유비, 조조, 손권, 관우, 장비, 제갈공명, 조자룡 등 무수한 영웅들이펼쳐내는 거대한 이 대하드라마는 그야말로 다양한 세상사와 인간사의 압축판이자 하나의 신화가 되었다. 물론 문제가 없는 건 아니다. 사실 그건 소설이지 정사正史는 아니기 때문이다. 이런 점을 고려하지 않고 읽으면 자칫 사실과 진실과 의미가 뒤엉키고 왜곡될 수 있는 위험이다분하다. 아마도 소설 『삼국지』를 읽은 사람들은 많아도 역사서 『삼국지』를 읽은 사람은 많지 않을 것이다.

정사로서의 『삼국지』는 진晉 나라의 학자 진수陳壽(233~297)가 쓴 책이다. 소설과는 달리 조조의 위魏 나라를 중심으로 삼는다. 물론 그가섬긴 진나라가 위나라를 계승했기 때문에 그런 점도 있겠지만, 역사는 근본적으로 승자의 기록이며 또한 거기에 대의와 명분이 실렸을 때 정당성을 갖는다는 점에서 그의 관점이 소설의 관점보다 객관적이라 할 수 있다. 게다가 찬술한 내용도 매우 근엄하고 간결해 역사서 가운데서도 명저로 손꼽힌다. 다만 기사가 너무 간략하고 인용한 사료史料가 빈약하거나 누락된 것이 많다는 점은 비판받는다(그래서 남북조 시대에 남조 송宋의 문제文帝가 배송지裴松之에게 명하여 주를 달게 했다). 그에 반해 소설 『삼국지(정확히는 삼국지연의三國志演義)』는 나관중羅貫中(1330?~1400)이 원元과 명明의 교체기에 쓴 소설이다. 작품이 쓰인 시대와 상황은 매우 중요한 의미를 갖는다. 그게 소설 삼국지의 중요한 포인트다.

한족이 이민족인 몽골족에게 지배되고 통치되는 상황에서 한족의 정통성을 강조하기 위해 한漢나라 유방과 같은 성을 가진 유비(소설에서는 그래서 그를 의도적으로 '황숙皇叔'이라고 부른다)를 주인공으로 삼고 힘의 지배가 아니라 인간성과 도덕성의 지배가 대의와 명분임을 내세우면서 '소설 삼국지'는 자연스럽게 촉나라를 주역으로 설정했을 것이다. 그래서 조조의 두뇌나 손권의 용맹보다 유비의 덕성을 의도적으로 드높임으로써 한족의 도덕적 우월성을 강조하고 자존감을 고취하려는 태도가 의도적으로 개입된 것이다. 물론 단순한 패왕霸王이 아니라 인품과 덕성이 뛰어난 유비를 통해 이른바 군자의 도를 실천하는 군주의 모습을 강조하는 건 분명 의미 있는 일이다. 그러나 유비를 그렇게 단순한 프리즘으로 비추는 건 자칫 위험할 수 있다. 그럼에도 유비라는 인물을 좀 더 세밀하게 분석해보면 많은 것들을 생각할 수 있다. 그게 이 소설이 갖는 매력이 아닐까?

유비와 그의 동지들을 중심으로 '도원결의'에서 '출사표'에 이르기까지, 이 소설은 단순히 삼국의 역사가 아니라 그 역사를 움직이고, 그

안에서 숨 쉬었던 인물들의 다양한 삶을 극적으로 묘사하고 있다. 그래서 사람들은 이 소설을 읽고 또 읽으면서 이미 알던 인물들의 새로운 모습들을 발견하게 된다. 중국인들은 이 소설을 통해 자신들의 영웅들을 정립했는데, 그중에서도 관우는 아예 신격화되어 많은 그의 사당이 곳곳에 세워지기도 했다.

심지어 조선 선조 때 관우를 신격화하는 동묘東廟, 東關王廟를 세워 관우의 혼이 임진왜란과 정유재란 때 명나라 군사를 도왔다며 기렸다. 그러나 병자호란은 중국인들이 침략한 사건인데, 중국인인 관우가 자신의 동족을 물리치고 이방인인 조선을 보호했을까? 청나라가 한족이 아니라 만주족이었으니 그럴 것이라는 말은 궤변이다. 그렇게 보면 우리도 '동쪽 오랑캐'일 뿐이다! 또한 『삼국지』는 여전히 살아 남아, 최근에는 경영의 지침서 등으로도 등장하고 있다.

유비는 왜 직접 제갈량을, 그것도 세 번이나 찾아갔을까?

소설 삼국지 후반부의 주인공은 단연 제갈공명, 즉 제갈량이다. 유비에게 제갈량을 추천한 사람은 유비의 군사軍師 서서徐庶였다. 효성이 지극한 서서는 자신의 모친이 조조에게 사로잡히자 어쩔 수 없이 조조의 진영으로 가면서 자신의 친구인 제갈량을 추천했다. 유비는 자신의 군사인 서서가 추천하기 이전에도 제갈량에 대해서 알고 있었을 것

❖ 관우의 묘나 사당에 여몸 씨 성을 가진 사람은 출입할 수 없다. 오나라 장수 여몽呂蒙에 의해 관우가 죽임을 당했기 때문이다.

이다. 노숙이 방통을 추천했을 때 이미 제갈량에 대해서도 언급했다는 걸 미뤄 봐도 알 수 있다. 어쩌면 그는 추천된 사람을 나름대로 검증하고 있었을 것이다. 사실 그때까지 별로 두각을 나타내지 못하고 조조와 손권에 치어 지냈던 유비는 당시 나이가 47세였다. 그리고 제갈량의 나이는 불과 27세였다. 과연 유비에게 제갈량은 용의 날개가 될 것인가? 아무리 자신의 전임 군사가 추천했다고는 하지만 나라를 맡기기에는 너무 어렸다. 그렇다면 유비의 선택은 무엇이었을까? 직접 확인하는 수밖에 없다! '백문이 불여일견'이라는 말도 있지만, 그보다 더 섬세한 의미를 담은 말이 있다. 바로 '시이불견視而不見이요 청이불문聽而不聞'이다. 직역하면 '보기는 보는데 보이지 않는다' '듣기는 듣는데 들리지 않는다'로 풀이되지만, 그 속뜻은 그저 보고 듣는 게 아니라 마음을 담아 보고 들어야 제대로 안다는 뜻이다. 영어로 치면 'see'와 'look at'의 차이, 'hear'와 'listen to'의 차이쯤 되겠다. 삼고초려는 유비로서는 깊은 고민 끝에 선택한 결정이었을 것이다. 아무리 남의 말을 들어도 자신이 판단하지 않으면 그건 이미 남에게 의존하는 것이고, 따라서 자신의 주체성은 없어진다. 아무리 큰 권력을 가졌어도 온전히 자신의 판단과 주체성에 의한 것이 아니면 사상누각이기 쉽다.

그래서 유비는 제갈량을 직접 찾아간 것이다. 유비가 제갈량을 얻기 위해 세 번이나 그의 초옥草屋을 찾아갔다는 고사가 바로 삼고초려

❖❖ 이때 서서가 자신의 유비를 향한 마음을 '방촌지지(方寸之地. 마음속으로 품은 작은 뜻이란 의미로, 작은 성의를 나타내는 '촌지'가 이 말에서 연유했다)'라고 표현했다. 후에 서서는 허창으로 갔지만 정작 그의 모친은 '거짓 편지에 눈이 멀어 앞뒤 생각도 없이 현명한 군주를 버렸다'라고 꾸짖고는 자살했다. 변절을 밥 먹듯 하는 탐욕스럽고 비겁한 남성 백보다 훨씬 낫지 않은가! 이 일로 인해 서서는 몸은 조조의 진영에 있으면서 마음은 유비에게 있어 평생 한마디도 하지 않고 단 하나의 계략도 조조에게 바치지 않았다고 한다.

다. 그래서 삼고초려는 꼭 필요한 인재를 얻기 위해 물불 가리지 않고 모든 예를 극진하게 갖추어 모시는 걸 지칭하는 말로 흔히 쓰인다. 분명 유비의 그런 인의와 예절, 그리고 인재에 대한 그칠 줄 모르는 갈망은 후세가 본받아야 할 자세. 하지만 다른 면도 볼 수 있어야 한다. 의사 결정권을 가진 책임자라면 그걸 볼 수 있어야 한다. 또한 그건 단순히 높은 직책에 있는 사람에게만 해당되는 이야기가 아니다. 그럼 이제 유비의 걸음을 따라가보자.

현재는 그야말로 별 볼 일 없는 처지이긴 하나 명색이 천하를 꿈꾸는 잠재적 패왕이라면 그에 걸맞은 인재가 필요한데, 그것도 다름 아닌 지적 참모인 책사요 군사軍師가 아닌가? 전임 군사의 추천으로 덥석 등용한 뒤에 문제가 생기면 어쩌겠는가? 최소한 그의 됨됨이를 면밀하게 확인하지 않을 수 없을 것이다. 아무리 보잘것없는 작은 나라이지만 명색이 군주인 유비가 그것도 자신보다 훨씬 어린 제갈량을 세 번이나 찾아가면서 그냥 예만 갖추는 쇼를 했을까? 사실 여기에서 우리는 유비의 진면목을 봐야 한다. 그가 어떻게 사람을 얻는지.

그런데도 대개 그리고 상투적으로 유비가 인재를 얼마나 끔찍하게 갈구하고 예를 갖췄는지에 대해서만 초점이 몰리다 보니 그 모습이 가려져 보이지 않는 것이다. 그런 점에서 노골적으로 툴툴대는 장비, 차마 대들지는 못해도 못마땅하긴 마찬가지인 관우의 입장을 충분히 공감할 수 있을 것이다. 이런 모습이 비단『삼국지』에만 해당될까? 어려운 시기에 함께 의기투합하고 창업해서 모진 고난 함께 겪다가, 그것을 이겨낸 뒤에 그들을 외면하거나 냉대해서 결국에는 의가 상하고 자칫 힘겹게 쌓은 결실마저 한순간에 무너지는 경우가 얼마나 많은가? 혁명 이후에 가장 먼저 제거되는 사람이 바로 혁명동지라는 건 만고불변의 현상이다. 삼고초려의 유비에게서 바로 이 점을 읽어내야 한다.

사실 이렇게 불만 가득한 두 사람을 대동하고 제갈량을 찾아간 유비는 그저 극진한 예를 갖추기 위해서 이들과 동행하진 않았을 것이다. 유비는 그렇게 함께 가는 길에서 두 사람을 설득하고 자신의 입장과 속내를 허심탄회하게 이야기했을 것이다. 어떤 대목에서는 따끔하게 야단치기도 했을 것이다. 자신과 함께 목숨을 걸고 맹세한 의제義弟들과의 밀접한 관계를 재확인할 뿐 아니라 제갈량에 대한 자신의 기대를 피력하고 아우들의 협력을 구했을 것이다. 그러니까 그걸 현대적으로 보자면 자신의 핵심 세력을 재확인하고 점검하는 것으로 볼 수 있다. 굴러들어 온 돌이 박힌 돌을 빼낼지 모른다는 의구심도 씻어주고, 그들로 하여금 자부심과 충성심을 재충전해주는 일석이조의 효과를 얻을 수 있지 않을까? 삼고초려를 오로지 인재의 영입을 위해 극진하게 예를 갖춘다는 점으로만 해석할 때 그런 내막들은 보지 못한다.

누구나 더 발전하기 위해 끊임없는 인재를 보충하고 싶어 한다. 그런데 자신이 그것을 스스로 할 수 없거나 인맥이 부족하다고 느낄 때 권위 있는 사람에게 자문한다. 그렇게 누군가의 소개로 혹은 떠도는 명성을 듣고 인재를 얻으려 한다. 조직이 살아나고 발전하기 위해서는 반드시 거쳐야 하는 관문이다. 사람이 가장 중요한 자산이라는 건, 단순히 선언적 명제가 아니라 그것을 실천하고 다른 사람들이 느껴야 실제로 그렇게 된다. 그게 약간 쇼 같은 점이 있더라도 말이다. 그런데 그 사람을 면밀히 살펴보고 그의 잠재력을 파악하며 과연 함께할 수 있는 사람인지 파악하고 그의 능력을 극대화할 방도를 마련하는 건 지도자에게 필수적인 덕목이다. 이른바 스펙만 훑어보거나 명성에만 좌우되어 인물을 기용하는 건 지도자뿐 아니라 조직 전체에 패착이 되기 쉽다.

결과가 아니라 과정을 봐야 한다

소설 『삼국지』에서는 제갈량이 찾아온 유비 일행을 일부러 피하는, 그래서 자기 나름대로 유비의 사람됨을 재보는 것으로 나온다. 그런데 과연 그랬을까? 그건 작가의 관점일 뿐이다. 상상력을 발휘해보자. 제갈량이 유비를 피한 게 아니라, 오히려 유비가 의도적으로 제갈량을 첫 방문에서 만나지 않았을 수 있다. 일단 만나게 되면 상대에게 어떤 기대를 갖게 할 수도 있고, 자신의 감에 의존해서 결정할 수도 있다. 그래서 유비는 제갈량이 사는 동네에 몸소 가면서 도중에 그에 대한 평가를 직접 청취했을 것이다. 주변에서 함께 사는 사람들만큼 그를 속속들이 아는 사람은 드물다. 들어보니 제법 평판이 좋았던 모양이다. 그래서 다음에는 그의 집을 방문한다. 그가 사는 집과 들여놓은 세간과 품새만 봐도 그의 인품이나 성향을 알 수 있다. 그걸 제 눈으로 확인하는 것이다. 그런 의도라면 어쩌면 일부러 제갈량이 집에 없는 시간을 틈타 깜짝 방문했을 가능성이 높다. 군주라면 어느 정도 사람 보는 눈이 있다. 들은 세평과 제 눈으로 본 집 등을 통해 유비는 어느 정도 확신을 가졌을 것이다. 그래서 마침내 세 번째 방문에서 제갈량과 대면하고 직접 그의 됨됨이와 능력을 가늠하며 면밀하게 그의 깊이와 너비를 쟀을 것이다. 당신이 최고 책임자라면 그렇게 하지 않겠는가? 그런데 그 과정은 모두 생략하고 그저 인재를 얻기 위한 유비의 극진한 예법이라는, 일종의 쇼에만 눈길이 머물고 있는 건 아닐까?

우리 사회에는 많은 조직이 있다. 기업이나 단체의 인사관리는 어떤가? 점수나 성과 등 가시적이고 객관적인 근거만으로 전적으로 판단하고 기용하는 면은 없을까? 그것은 그만큼 그 조직이 자신의 인사시스템을 확고하게 마련하지 못했다는 고백일 뿐이다. (그런 점에서 과연 우리나라 기업들이 진정한 의미의 인사시스템을 가지고 있는지 반성할 일이다. 하기야 자신들의 기업철학조차 제대로 천명하지 못하는 처지에 뭘 바랄까만.) 진정한 인사는 그의 능력뿐 아니라 사람됨과 가치관 등을 세심하게 살필 수 있어야 하고, 때로는 스스로도 인식하지 못하는 잠재적 능력을 발견하여 알아챌 수 있다. 사실 그건 어려운 일이 아니다. 진정한 능력은 보통 말 가운데서 좋은 말을 골라내는 안목이다. 말을 잘 골라내기로 유명한 백락伯樂❖과 사람을 정확하게 파악하여 적재적소에 배치했던 위징魏徵❖❖의 진면목은 바로 그런 데서 도드라진다. 그런 위징의 능력이 당 태종으로 하여금 정관의 치貞觀之治를 가능하게 했던 힘이다.

　유비가 제갈량을 세 번이나 일부러 찾아가 예를 갖춰 모신 건 당연히 본받아야 할 점이다. 그조차 못하는 지도자들이 훨씬 많다. 그저 제 입맛에 맞기를 우선하고 자신에게 충성할 것만을 요구한다. 그러나 진

❖　세상에 천리마는 있지만 그 천리마의 능력을 알아보는 백락 같은 사람은 항상 있는 것은 아니라는, 즉 재능이 있어도 그 재주를 알아주는 사람을 만나야 빛을 발한다는 뜻의 백락일고伯樂一顧의 주인공. 주나라 때 말 장수가 그를 찾아와 좋은 말인데 사흘 동안 팔리지 않으니 감정을 해달라는 당부를 받고 시장에 가서 그 말을 꼼꼼하게 살피며 감탄하는 눈길로 그냥 쳐다보기만 하고, 또다시 돌아와 그런 명마는 처음 본다는 말을 중얼거리자 사람들이 몰려 순식간에 값이 뛰었다고 한다. 그의 친구이자 말 감식에 안목이 뛰어난 구방고九方皐에게 진나라 목공이 준마 한 필을 구해 오라는 명을 내렸고 그가 명마 한 필을 가져왔는데 목공은 평범한 말이라고 여기고 구방고를 내쫓으려 했지만 백락이 이를 말리고 "정말 훌륭한 말입니다"라고 하였다. 목공이 다시 자세히 살펴보니 명마 중의 명마였다고 한다.

❖❖　수나라 말 혼란기에 이밀李密의 군대에 참가하였으나 곧 당고조唐高祖에게 귀순했다. 고조의 장자이며 황태자인 이건성李建成의 유력한 측근이 되어 아우 세민(世民. 후의 太宗)과의 경쟁에서 패하였으나 태종은 위징의 인격에 끌려 요직에 앉혔고 마침내 재상으로 중용했다. 그는 특히 굽힐 줄 모르는 직간으로 태종의 정치적 판단에 크게 영향을 미쳤고 당나라의 성세를 이끌었다. 위징의 혜안과 직언 그리고 태종의 그릇이 정관의 치를 가능하게 했다.

정한 참모는 자신의 모든 역량을 발휘하여 조직을 살려내고 발전시킬 수 있는 능력을 지닌 사람이다. 지도자 또한 그런 능력과 자질을 다듬고 키워야 한다. 이처럼 사람을 끊임없이 찾아내고 직접 면밀히 살피는 것이 바로 삼고초려에서 배워야 할 점은 아닐까? 그저 형식적인 겉치레 예만 갖추면서 삼고초려 흉내에 급급한 어설픈 지도자들이 각성할 대목이기도 하다.

지음지교知音之交의 아름다움,
백아절현伯牙絶絃의 오만

지음지교

　평생 동안 자신을 알아주는 벗 세 사람만 있어도 그의 삶은 성공적인 것이라고 말한다. 피를 나눈 형제 다음으로 끈끈하고 친밀한 관계가 바로 친구와의 사귐일 것이다. 때론 가족보다 더 가깝고 소중하고, 모든 걸 털어놓고 이야기하며 도움과 충고를 주고받을 수 있는 그런 관계다. 그러니 사귀는 벗을 보면 그를 알 수 있다는 말이 결코 허튼 말이 아니다. 그런 우정의 깊이를 나타내는 고사故事들이 많다.

　어릴 적부터 사귀어온 죽마고우竹馬故友, 물과 물고기의 관계처럼 떼려야 뗄 수 없는 우정을 나타내는 수어지교水魚之交, 서로 간과 쓸개를 내보이는 사이를 뜻하는 간담상조肝膽相照*, 벗을 위해 목숨마저 기꺼이 내놓으려 하는 우정인 문경지교刎頸之交**, 서로 가리고 감추는 것 없는 우정을 나타내는 막역지우莫逆之友도 있고, 모든 우정의 대명사인 관포지교管鮑之交*** 등 무수하게 많은 고사성어가 있다.

이렇게 깊은 우정을 담은 말 가운데 가장 아름답다는 평가를 받는 것이 있으니, 바로 지음지교知音之交다. 자신을 가장 잘 알아주는 벗을 뜻하는 지기지우知己之友의 대명사이자 극치라고 평가된다. 줄여서 지음知音이라고 칭하기도 한다.

지음이란 말은 춘추시대 거문고의 명인인 백아伯牙와 그의 벗(?) 종자기鍾子期의 고사에서 비롯된 말이다. 백아는 진晉나라 대부 유백아라는 사람인데 원래는 초楚나라 사람으로 거문고를 기가 막히게 연주한, 요즘 말로 하자면 달인 중의 달인이었다. 백아가 자신의 조국인 초나라에 사신으로 가면서 모처럼 고향을 찾았다. 그때가 마침 추석 무렵이어서, 한가위 보름달이 휘영청 밝은 밤에 거문고를 탔다. 그야말로 아름다운 달빛 아래서 아름다운 연주가 어우러진 한 폭의 그림이었을 것이다.

그런데 마침 그 연주를 엿듣던 사람이 있었다. 차림새는 볼품없는 젊은 나무꾼이었다. 그러니 엄밀하게 말하자면 그는 사귄 시간으로 보나 신분의 차이로 보나 '벗'이라 할 사람은 아니었다. 그런데 외모와는 달리 귀는 아주 밝았다. 놀랍게도 그 젊은 나무꾼이 백아의 음악을 꿰뚫고 있었다. 백아는 자신의 음악을 그토록 정확하게 파악한 청년이 놀랍기도 하고 반갑기도 했다. 그때까지 그 어느 누구도 백아의 음악을 정확하게 이해하고 해석한 사람은 없었다. 그 점이 늘 못내 서운하고

❖ 당송팔대가 가운데 두 명문 한유韓愈와 유종원柳宗元이 자신보다 상대를 더 먼저 생각했던 우정에서 비롯된 말.

❖❖ 전국시대 초나라 혜문왕의 두 기둥이었던 인상여와 염파의 우정. 인상여의 승진을 질투한 염파가 나중에 그의 깊은 뜻을 알아채고 용서를 구하며 앞으로 인상여를 위해서라면 기꺼이 목숨도 내놓겠다고 한 데서 유래한 말.

❖❖❖ 춘추시대 초엽 제나라 환공의 대신이었던 관중管仲과 포숙아鮑叔牙가 보여준 뜨겁고 깊은 우정을 뜻하는 말.

아쉽던 백아였으니 그 청년의 귀가 얼마나 놀랍고 반가웠을지 짐작하기 어렵지 않을 것이다. 하지만 백아는 그 젊은이가 우연히 자신의 음악을 알았을지도 모른다고 생각해서 시험해보기로 했다.

그는 다시 혼신을 다해 거문고를 탔다.

"참으로 웅장합니다. 하늘을 찌를 듯한 산이 눈앞에 있군요."

나무꾼은 정확하게 백아의 표현과 의도를 알아냈다. 속으로 놀랍기도 하고 반갑기도 했던 백아는 그 속을 끝까지 캐내고 싶어서 이번에는 다른 곡을 탔다.

"기가 막힙니다. 유유히 흐르는 강물이 눈앞을 지나가는 것 같습니다."

백아가 어떤 곡을 연주하든 그 나무꾼 청년은 한 번도 틀리지 않고 정확하게 끄집어냈다.

"당신은 진정 소리를 아는 사람이오."

백아는 감탄해서 그의 이름을 물었다. 백아는 자신을 종자기라고 소개한 나무꾼과 그렇게 의형제를 맺었다. 그래서 '벗'이 된 것이다. 신분의 차이가 무슨 소용이겠는가. 자신의 소리를 알아주는 사람이면 족하지 않은가. 그것은 자기의 속마음까지 알아줄 수 있다는 이야기이기도 하다. 그리고 다음 해에 다시 만나자고 약속하고 헤어졌다.

이듬해 백아가 종자기의 집을 찾아갔다. 자신의 음악과 속마음까지 정확하게 이해한 친구와 함께 마음껏 어울리고 행복을 누릴 기대가 만발했을 것이다. 그러나 백아는 종자기를 만날 수 없었다. 종자기는 이미 세상을 떠났기 때문이었다. 백아의 절망감이 어땠을지 짐작하기 어렵지 않을 것이다. 종자기의 무덤을 찾은 백아는 그 무덤 앞에서 아주 슬픈 곡을 연주했다. 그리고 그 곡은 백아의 마지막 연주였다. 그는 거문고의 줄을 끊고 산산조각 냈다. 다시는 연주하지 않기로 마음먹었다. 그게 바로 절현絕絃의 고사다.

"지음이 없으니 더 이상 거문고를 타서 무엇하랴."

자신의 소리를 제대로 이해해주는 사람이 없으니 소리 자체를 포기하겠다는 백아의 아련한 아픔이 느껴진다. 『열자列子』「탕문편湯問篇」에 나오는 이야기다. 이 고사에서 지음 또는 지음지교는 소리를 알아듣는다는 뜻으로, 자기의 속마음을 알아주는 친구를 이르는 말이 되었다. 마음까지 통할 수 있는 절친한 친구는 참으로 소중하고 고마운 존재다.

절현이 최상의 선택이었을까?

평생 단 한 사람의 지음이라도 얻은 사람은 진정 행복한 사람이다. 꼭 벗이 아니라도 무방하다. 서로에게 지음이 되는 관계는 부부일 수도 있고, 가르침과 배움이 서로에게 행복인 스승과 제자일 수도 있으며, 상사와 후배일 수도 있다.

그런데 지음이라는 이 아름다운 관계와 고사를 되짚어보면 뭔가 아쉬운, 혹은 석연찮은 부분이 침전물처럼 남는다. 자신의 소리를 알아주는 사람이 존재하지 않는다는 절망감은 충분히 이해할 수 있다. 그러나 과연 절현이 최선이었을까? 그게 종자기에 대한 최선의 예우였을까? 종자기는 과연 백아가 그러한 선택을 하길 바랐을까?

어쩌면 이것은 백아의 오만일 수도 있다. 자신을 알아주지 않는 사람에게는 자신의 소리를 들려줄 가치조차 없다는, 자신의 소리는 이 세상에서 최고라는 교만이 없다고는 할 수 없을 것이다. 자신의 소리를 하나도 놓치지 않고 이해하고 공감하는 사람이 있으면 더할 나위 없겠지만, 그의 소리를 듣고 나름대로 신묘한 감흥을 얻는 사람들도 많았을 것이다. 자신이 원하는 만큼 얻지 못했다고 해서 그들을 폄하하고 거부하는 백아의 오만이 엿보이지는 않는가? 사실 이런 사람을 직접 겪어 보면 그의 재능과 능력에 대해서는 백번 이해하고 상찬한다 해도 결과는 '밥맛'인 경우가 얼마나 많은가! 지음의 아름다운 의미에만 빠지거나 어설프게 그 흉내를 내는 것보다는 오랜 관계를 통해 자신을 나누면서 점차적으로 이해하고 교환하는 게 어쩌면 더 아름다운 일이 아닐까?

한눈에 모든 걸 파악하는 뛰어난 직관도 좋지만 늦되는 사람, 더디고 무딘 사람도 언젠가는 반복과 훈련을 통해 귀가 트이고 눈이 떠지는 경우도 많다. 나의 진심을 몰라준다고 토라지기보다는 묵묵히 자신의 뜻을 삶을 통해 실천함으로써 저절로 깨닫게 하는 신중함과 겸손함도 필요하다. 사실 백아와 종자기가 거문고의 아취雅趣를 교환交歡한 건 딱 한 번뿐이었다. 물론 단 한 번의 온전한 교통으로도 전 존재를 주고받을 수 있다. 큰 그릇을 지닌 인물이거나 밝은 눈 섬세한 귀를 가진 사람들에게는 가능한 일이다. 그러나 대부분의 평범한 사람들에게는 쉬운 경지가 아니다. 그러니 백아처럼 한 번의 만남과 소통으로 전 존재를 받아들이는 것만 능사는 아니다. 그것 때문에 오히려 자칫 점진적인 관계의 성장을 외면하는 건 어리석은 일이다.

교천언심交淺言深이라는 말이 있다. 사귄 지는 오래지 않으나 서로 심중을 털어놓고 이야기하는 것을 뜻한다. 백아와 종자기의 만남이 그러했을 것이다. 그러나 그게 가장 고결한 우정의 교환은 아닐 수 있다. 지음지교의 아름다움에 드러난 절현의 고사는 그래서 자칫 위험할 수 있다. 사귐이 길다고 해서 저절로 우정이 깊어지고 속마음을 이해하고 받아들이는 게 되는 건 아니다. 그러나 사귐이 길고 우정이 깊어지면 예전에는 이해하지 못하고 받아들이지 못했던 것들도 너그럽게 수용하게 된다. 그래서 "와인과 우정은 오래될수록 좋다"라는 말도 생기는 것이다. 그건 또한 모든 인간관계에도 똑같이 적용될 수 있는 진리다.

하나를 얻기 위해 둘을 버리는 어리석음을 피하라

함께 일하던 사람들 가운데 정말 호흡이 착착 맞는 사람이 있다. 자세히 말하지 않아도 속마음과 흐름의 정곡을 정확히 파악하는 사람과 함께 일하는 것만큼 행복한 일도 드물다. 길게 말하지 않고 그저 단어 하나만 던져도 그게 무슨 뜻인지, 어떤 의도인지, 그리고 그 결과가 어떠한지 능히 짐작하고 판단하며 호응할 수 있는 사람. 그런 사람과 일할 때는 어려움보다 즐거움이 더 크다. 그래서 일의 효율도 높다. 하나를 가르쳐주면 열을 아는 후배 직원, 실마리만 꺼내면 큰 틀을 짜주고 최선의 방법까지 일목요연하게 뽑아주는 상사. 그런 환상의 콤비는 상상만으로도 짜릿하다. 그런데 때론 그런 경험이 외려 부담이 되거나 조직을 망가뜨리는 악영향을 미치기도 한다.

자신의 속뜻을 빨리 알아채지 못하거나 가치를 파악해주지 못하는 파트너에게는 짜증을 내기 십상이다. 혹은 부지불식간에 한마디 내뱉어서 씻을 수 없는 상처를 주기도 한다.

"도대체 이렇게 내 뜻을 간파하지 못하나? 예전 아무개가 새삼 그립다. 그 친구는 딱히 말해주지 않아도 스스로 정확하게 간파해서 일을 착착 해결해냈는데 말이지."

"이전의 부장님은 우리가 해결해낼 수 있거나 잠재력을 발휘할 수 있는 일을 딱 던져줘서 정말 일할 맛이 났는데, 지금 부장님은 도대체 말이 통해야 말이지."

기다려주는 법을 모른다. 내 생각만 한다. 내 판단만 옳다고 믿는다. 특히 상사일수록 부하 직원을 그렇게 생각한다. 만에 하나 그런 경우가 있더라도 백아의 절현의 고사를 들먹이지 말 일이다. 백아의 고사는 극적이고 초절의 미학이 있는지 모르지만, 거기에는 오만과 불통과 고집이 잔뜩 깔려 있을 수 있다. 그걸 모르고 따라 하면 결국 자신과 조직을 망칠 뿐이다.

장미는 아름답지만 가시를 갖고 있다. 물론 가시가 장미꽃의 아름다움을 감소시키지는 않는다. 그렇다고 가시가 있어서 장미가 더 아름다운 것도 결코 아니다. 장미꽃의 아름다움에만 취해서 아무 생각 없이 꽃을 꺾으려다 가시에 찔릴 수 있다. 독은 그 자체로는 위험하지만 극소량의 독이 때론 귀한 약이 되기도 한다. 세상에는 좋은 것도 나쁜 것도 많다. 그러나 대부분 좋음과 나쁨이 섞여 있다. 그걸 분별할 수 있어야 좋은 걸 취하고 나쁜 걸 가려낼 수 있다. 둘을 얻기 위해 하나를 버려야 하는 경우가 있다. 그러나 하나를 얻기 위해 둘을 버리는 어리석음을 범해서는 안 된다. 단점을 고치기 위해 장점을 버리는 것과 같다. 무엇보다 자신이 최고라는 오만함을 벗어야 한다. 나이가 많아질수록 지위가 높아질수록 돈이 더 많아질수록 늘 스스로를 경계할 수 있어야 한다.

엘리트라는 말은 대중과 대립되는 말로 사회의 각 분야에서 의사와 정책을 결정하고 조직을 지도하고 문화를 창조하는 소수자를 지칭하는 말이었다. 물론 능력의 탁월함이라는 면에서는 아무나 그렇게 될 수 있는 건 아니다. 문제는 그들이 극단적으로 문화를 전유專有하고 지배하려 한다는 점이다. 그러나 그건 일종의 선물이고 재능이지 인생 자체를 지칭할 수 없다. 우병우 같은 자들에게서 그 악폐의 표본을 보지 않았는가. 엘리트는 귀족주의적 개념에서 발생한 것이다. 실제로 그릇된 엘리트주의는 제1차 세계대전 후에 대두한 파시즘이나 나치즘을 직접 혹은 간접적으로 지원하는 결과를 낳았다. 즉, 자질의 우수성이 아니라 권모와 술책 그리고 기타 반인간적이고 반사회적인 것에서의 탁월성을 의미할 수 있다는 점을 기억해야 한다. 찰스 라이트 밀스C. W. Mills의 '파워 엘리트'는 바로 그런 현대적 유형의 복합체다. 고전적이건 현대적이건 엘리트 개념의 공통점은 대중을 무력한 존재로 보고 있다는 것이다. 그 낡은 틀을 벗어나지 못하는 사회가 병든 사회다. 게다가 지금은 민주주의 시대가 아닌가. 어설픈 자기 오만에서 벗어나야 한다. 지음지교의 고사는 자칫 그런 위험한 엘리트주의 혹은 독단과 오만에 빠질 수 있다는 점에서 때론 이렇게 반면교사가 될 수도 있다.

정문일침頂門一鍼,
타이밍을 놓치면 독약

촌철살인

누가 어쭙잖은 말을 지껄이거나 상황이 엉망일 때, 일일이 구구절절 따지고 대드는 것보다 딱 한마디의 적절한 비판이나 충고의 말이 훨씬 더 큰 울림으로 다가올 때가 있다. "둘도 많다"라며 딱 하나로 족한 그런 따끔한 말을 정문일침이라 한다. 정수리에 침 하나를 꽂는다는 뜻으로, 상대방의 급소를 찌르는 따끔한 충고나 교훈을 이르는 말이다. '침' 자를 '針'으로 쓰기도 하고 '鍼'으로 쓰기도 한다. 같은 뜻 같은 음의 말이니 어떤 자를 써도 무방하다. 정상일침頂上一鍼이라는 말도 쓰인다. 그런 말을 들으면 상대는 뜨끔해서 더 이상 할 말이 없어진다. 교언영색으로 어지럽던 것들이 이 한마디 말로 말끔하게 제거될 때 우리는 쾌감을 느낀다. 물론 당사자인 상대방은 고통스럽겠지만. 그리고 그 고통의 강도에 따라 정문일침의 효과와 사람들의 쾌감은 비례하겠지만.

이와 비슷한 뜻으로 촌철살인寸鐵殺人이란 말도 있다. 문자 그대로 옮기면 한 치밖에 안 되는 칼로 사람을 죽인다는 뜻이지만, 그 속뜻은 간단한 경구나 단어로 사람을 감동시키거나 사물의 핵심을 간결하게 비유하는 것을 의미한다. 촌철살인의 출처는 『학림옥로學林玉露』다. 주자朱子의 제자인 남송의 학자 나대경羅大經이 쓴 이 책은 밤에 그를 방문한 손님들과 나눈 대화를 담은 것이다. 이 책은 천天, 지地, 인人 세 부분으로 구성되었다. 주자의 제자답지 않게(?) 시어詩語 풀이뿐 아니라 소소한 이야기들이나 심지어 전설까지 담고 있다. 사실 촌철살인이라는 말을 나대경이 한 말은 아니다. 『학림옥로』의 「지부(地部)」 7권 '살인수단殺人手段'에서 대혜종고大慧宗曍(1088~1163) 선사가 선禪에 대해 말한 대목에서 나온다. 그는 선에 대해 이렇게 말했다.

"비유해서 말하자면, 어떤 사람이 한 수레의 병기를 싣고 와서 한 개를 가지고 놀다가 마치면 또 다른 하나를 가지고 놀았다. 그것을 살인수단이라고 부르지는 않는다(한 수레 가득 무기를 싣고 왔다고 해서 살인을 할 수 있는 건 아니라는 뜻). 나는 단지 촌철이 있어서 능히 문득 사람을 죽일 수 있다 譬如人載一車兵器 弄了一件 又取一件來弄 便不是殺人手段. 我則只有寸鐵 便可殺人."

종고선사가 어찌 살인을 입에 담았겠는가. 그 말의 속내는 선의 바탕을 뜻한다. 즉, 마음속의 속된 생각을 없애고 깨달음에 이르는 걸 살인에 비유한 것이다. 그저 오래 수행하고 정진한다고 선의 참된 경지에 들어서는 게 아니다. 수양을 통해 얻는 집중력이 비록 작더라도 그것을 통해 세상을 열고 사물을 변화시키는 열쇠가 될 수 있다는 의미겠다. 그러니 그 짧은 말 하나가 사람을 죽이기도 하고 살리기도 하는 것이다. 촌寸이란 손가락 한 개의 폭이다. 흔히 '한 치'라고 하는 게 바로 촌이다. 종고선사가 선의 경지에 들어갈 수 있는 촌철을 말했다면, 우리가 사용하는 촌철은 날카로운 비판으로 어지러운 상황을 일목요연하게 정돈하며 사특하고 불의한 것을 걷어내는 진리와 재치를 의미한다. 날카로운 경구로 상대의 허를 찌르는 한마디 말이 수천 마디의 말을 능가하니 얼마나 경제적인가.

그러나 정수리에 침 하나 꽂는다는 말 자체에 유의하지 않으면 자칫 분위기를 몽땅 망치고(그야말로 촌철로 '살인'하는 셈이다!) 상대방에게 씻을 수 없는 치욕을 줌으로써 원한까지 살 수 있다는 점을 항상 유의해야 한다.

정수리 잘못 찌르면 진짜 죽는다

정문일침이란 급소를 찌르는 것이다. 정문은 흔히 정수리라고 부르기도 하는데 어린아이들의 숨구멍이 바로 그곳이다. 제대로 찌르면 막혔던 모든 혈이 뚫려 제대로 숨을 쉴 수 있지만 조금이라도 잘못 찌르면 자칫 치명적 불행을 당할 수도 있다.

우선 누구에 의해 정문일침이 가해지는가를 따져야 한다. 상사나 선배의 경우를 보자. 아랫사람보다는 세상 경험도 많고 지식도 많아서 상대적으로 균형 잡힌 판단을 내릴 수 있다. 그럴 때 일목요연하게 핵심을 찌르며 충고하는 건 선의 경지를 순간적으로 깨우칠 수 있는 보약이 된다. 그야말로 상황을 깨끗이 정리해줄 수 있는 카드다. 그러나 대부분 상사나 선배들은 자칫 자신의 판단을 과신하거나 때론 자신이 상급자라는 이유로 은근히 억압적 태도나 깔보는 자세로 아랫사람을 대하기 쉽다. 자기 딴에는 웃자고, 정돈한다고, 혹은 분위기 바꿔준다고,

그리고 은근히 자신의 역량을 과시할 속셈으로 툭 뱉는 경우가 적지 않다. 그 말을 듣는 아랫사람이나 후배는 속으로 혀를 끌끌 찬다. 분위기는 싸해지고 어색해진다. 윗사람의 무분별한 정문일침은 폭력이기 쉽다. 그러니 조심해서 가려 쓸 줄 알아야 한다. 그런데 아랫사람이 촌철살인이랍시고 내뱉는 말은 아주 위험할 수 있다. 자칫하면 하극상이나 상관 망신 주기로 십상이어서 득보다 실이 크다.

더 큰 문제는 그 말이 특정한 사람을 겨냥했을 때다. 나름대로 열심히 준비하고 열변을 토하고 있는데 한마디 툭 뱉는 말이 그대로 비수가 되어 날아온다. 들어보니 틀린 말 아니고 자신이 미처 깨닫지 못하거나 파악하지 못한 내용일 수 있다. 그런 경우의 문제는 타이밍이다. 자신의 말이 다 끝나지 않았는데, 하고자 하는 말이 마무리되지도 않았는데 불쑥 끼어들어 제 딴엔 일목요연하게 평정한답시고 내뱉는다면 어떻게 될까? 아무리 좋은 충고나 비판도 타이밍이 맞지 않으면 득이 아니라 독이 된다.

흔히 칭찬은 공개적으로 비판은 개인적으로 하라고 충고한다. 촌철살인이나 정문일침이 제 값을 얻기 위해서는 최소한 두 가지 조건이 필요하다. 하나는 상대에 대한 충분한 이해와 배려다. 상대가 어떤 의도로 어떤 말을 하려는지 파악하고 그것을 한마디로 정돈해주기 위해서, 혹은 엉뚱한 길로 샐 때 길을 바로 잡아주기 위해 던지는 촌철살인은 박하사탕처럼 시원하고 환하다. 상대를 제대로 파악하거나 이해하지 못하면서 툭 던지는, 그래서 내 재기를 돋보이게 하는 말은 상대에게 잊을 수 없는 수치가 될 수 있다. 다른 또 하나의 조건은 따뜻한 마음의 배려다. 그를 망신 주기 위해서가 아니라 핵심을 제대로 파악할 수 있도록 도와주는 것이고, 그래서 그의 시야가 순간적으로 확 트이게 해주는 좋은 길라잡이다. 요약해서 말하자면, 공격적이거나 자신을 돋보이게 하기 위한 정문일침이나 촌철살인은 입이 근질근질해도 참는 게 백번 낫다.

진정한 정문일침, 촌철살인은 당당한 비평정신이다

단원 김홍도를 그저 그림 잘 그린 사람쯤으로만 여기는 경우가 많지만, 그는 조선 후기의 대표적인 르네상스맨이다. 그는 그림뿐 아니라 글에도 일가견이 있었고, 음악에 대한 조예도 깊었으며, 다루지 못하는 악기가 거의 없었다고 한다. 그가 그런 뛰어난 인문학적 소양을 갖춘 건 상당 부분 표암 강세황姜世晃(1713~1791)을 스승으로 모실 수 있었기 때문이기도 하다. 강세황은 조선 미술사에서 아주 중요한 의미를 갖는 인물이다. 하나는 기존의 중국 화법에 상당히 영향을 받은 조선 미술 풍토에서 과감하게 벗어나, 새로운 지평을 열어준 인물이라는 점이다. 겸재 정선의 진경산수를 진일보시킨 인물이기도 하다. 그의 또 다른 점은 독특한 이력과 관련된다. 강세황의 부친이 예조판서를 지내던 시절, 그의 큰형이 과거에서 부정을 저지른 까닭에 체면을 중시했던 당시 관행에 따라 평생 과거시험을 치지 않았던 야인이었다는 점이다. 그림에 뛰어난 재능을 가지고 있던 그는 공부와 예에 두루 능하다는 소문이 나서 영조와 정조의 관심을 듬뿍 받았고 결국 정조의 배려로 늘그막에 벼슬을 시작해 초고속 승진을 거듭한 끝에 한성판윤(지금의 서울시장)까지 올랐던 사람이다.

그런 인물이 김홍도의 스승이었고 김홍도는 그에게서 큰 영향을 받았다. 그래서 김홍도의 인품은 인문학적으로 폭이 넓었고, 자유로웠으며, 시대에 대한 비평의식도 강했고, 보통 사람들에 대한 애정이 넘쳤다. 그의 그림 가운데 <해탐노화도蟹貪蘆花圖>가 있다. 갈대 잎을 물고 있는 두 마리 게를 그린 그림이다. 그 그림의 화제畵題가 기가 막히다. '해룡왕처야횡행海龍王處也橫行' '바닷속 용왕님께 가서도, 나는야 옆으로 걷는다.'

흔히 갈대와 게를 함께 그린 그림은 과거 급제를 기원하는 그림으로 여겨졌다. '갈대 로蘆'는 임금이 과거 급제자에 하사하는 '고기 려臚'와 발음이 비슷하기 때문이다. 그래서 갈대를 잡는다는 건 과거 급제를 의미했다. 게다가 게蟹는 껍데기가 갑각甲殼이라서 '으뜸 갑'을 의미하는 것으로 장원급제 하라는 뜻이니 그보다 더 멋진 선물이 있을까? 그런데 그런 그림을 그려주면서 일필휘지 멋진 필치로 화제를 달았다. 나중에 높은 관직에 올라도 눈치 보지 말고 네 신조대로 살라는 충고다. 벼슬하면서 할 말 다해라, 설령 임금 앞이라도 어색하게 엉거주춤 앞뒤로 기는 따위의 짓은 하지 말라는 충고다. 이런 게 바로 진정한 촌철살인이다!

그런데 여기서 우리가 반드시 짚고 넘어가야 할 대목이 있다. 농담을 했을 때 그걸 제대로 살려 분위기를 좋게 만드는 건 그 농담을 받아줄 여유와 아량이다. 맞장구치지는 못하더라도 말이다. 1981년 당시 미국의 로널드 레이건Ronald Reagan 대통령이 암살범 존 힝클리John Hinckley의 총을 맞고 병원에 실려 갔다. 촌각을 다투는 상황에서 레이건이 의사들에게 물었다. "당신들은 공화당원입니까?" 자신의 목숨을 맡기는 사람들에게 던진 중의적 유머다. 생명이 경각에 달려 있는, 그야말로 촌각을 다투는 절박한 상황에서 유머를 던질 수 있는 여유가 레이건의 힘이었다. 그건 동시에 의료진에 대한 배려이기도 했다. 대통령이라고 너무 긴장하지 말라는. 그런데 의료진의 대답이 걸작이었다. "각하, 오늘은 저희 모두 공화당원입니다." 그들의 대답 때문에 레이건의 유머감각과 여유가 더 멋지게 살았다. 유머가 그런 것처럼, 정반대의 정문일침이나 촌철살인도 그걸 받아들이는 사람(신분 고하를 막론하고)의 넉넉한 대응과 반응이 있어야 산다. 그런 아량과 배포가 있어야 제맛을 낸다.

과연 지금 우리가 그런 촌철살인, 정문일침을 제대로 제때에 할 수 있는 지혜가 있는지, 그리고 좌고우면하지 않고 틀린 건 틀렸다고 따지되 상대를 깔아뭉개거나 감정 섞인 비판으로 자칫 서로의 감정만 상하게 하지는 않는지 돌아볼 일이다. 그리고 그 진정성을 받아들이는 아량은 갖췄는지 살펴야 한다. 지혜와 배려와 정의감을 제대로 갖춘 정문일침이어야 한다. 그렇지 않으면 그야말로 상대의 정수리에 그냥 못 하나 쑥 박는 것과 다르지 않다. 그게 바로 언어를 무기로 한 살인이다. 글자 뜻 그대로의 촌철살인이다. 멋진 정치인이 되기 위해서는 유머감각과 촌철살인의 구사 능력을 갖춰야 한다. 멱살 드잡이나 일촉즉발의 갈등 속에서 한마디 툭 던지는 말에 유머와 논쟁의 핵심을 찌르는 중의적 의미를 지녔을 때 서로 허허 웃으며 그 갈등과 위기를 넘길 수 있다. 윈스턴 처칠Winston Churchill의 정치적 행로에 어찌 허물이 없겠는가. 그런데 그에게는 멋진 한마디로 상황을 반전시키는 매력이 있었다. 우리에게도 그런 정치인들이 많아야 하지 않을까. 이제는 안타깝게 고인이 된 노회찬 의원 같은 사람 다섯만 있어도 국회와 정치가 한결 멋스러워지지 않겠는가!

노블레스 오블리주 VS
노블레스 No 오블리주

죽음 앞에서조차

갑판에 북소리가 울렸다. 그 소리에 병사들은 반사적으로 집결했다. 사고 뒤 함장 지시에 따라 병력의 지휘를 책임진 74보병연대 소속 알렉산더 세튼Alexander Seton(1814~1852) 대령이 외쳤다. "차렷!"

영국 해군 사상 최초의 철선 가운데 하나인 1,400톤급 수송함 버큰헤드Birkenhead는 영국 포츠머스항에서 남아프리카 코사 부족과의 전쟁(아프리카의 100년 전쟁으로 일컫는)에 나갈 병력 472명과 가족 162명을 싣고 남아프리카로 항해 중 아프리카 남단 희망봉 부근에서 암초에 부딪혔다. 1852년 2월 26일 새벽의 일이었다. 수송선은 순식간에 아수라장이 되었다. 새벽 2시의 바다는 바람까지 거셌다. 살을 에는 듯한 날씨 속에 암초에 부딪힌 배는 이미 기우뚱 기울었다. 가망이 없었다. 배는 거대한 파도에 밀려 바위에 부딪히며 허리가 완전히 끊어지면서 침몰하기 시작했다. 당시 사병들은 거의 다 신병이었고 몇 안 되는 장교도 경험이 그리 많지 않았다. 모두의 목숨이 경각에 달렸다!

거대한 수송선에는 구명보트가 달랑 셋뿐이었다. 구명보트의 정원은 60명. 그 배에서 살아날 수 있는 사람은 고작 180명뿐인 셈이다. 바다는 얼음처럼 차갑고 설상가상으로 그곳은 상어 떼가 득시글대는 곳이었다. 승객들의 공포는 절정에 달했다. 그러나 끝까지 이성을 잃지 않았다. 그 순간에 세튼 대령은 병력을 갑판에 집합시키고 장교들에게 질서를 유지시키라고 지시했다.

세튼 대령이 명령했다. "제군들은 들어라. 지금까지 가족들은 우리를 위해 희생해왔다. 이제 우리가 그들을 위해 희생할 때가 되었다. 어린이와 여자부터 보트에 태워라. 대영제국의 남자답게 행동해라!" 세튼 대령의 정중한 호소에 병사들은 선미 갑판 위에 모여 거의 '부동자세'를 유지했다.

그렇게 병력을 도열시킨 뒤 그는 차분하게 여자와 아이들을 먼저 구명보트에 태우기 시작했다. 횃불이 켜지고 승조원들은 어린이들과 여자들을 차례로 구명보트로 하선시켰다. 병사들은 차렷 자세로 도열해 사람들이 구명보트에 타는 것을 지켜보았다. 병사들이 차분하게 도열하고 있으니 승객(거의 가족들)들도 침착하게 움직였다. 마지막 구명보트에 사람들이 탄 후 서서히 침몰하는 배에서 멀어지기 시작했다. 그러나 함장과 병사들은 조용히 그대로 서 있었다. 훗날 살아남은 사람들은 증언했다. "모두 조용히 있었다. 세튼 대령의 단호한 명령 외에는 들리지 않았다."

세튼이 병사들을 차렷 자세로 도열시킨 건 병력이 바다로 뛰어들어 구명정에 헤엄쳐 몰려가면 작은 나무 보트에 불과한 구명보트마저 위험해질 수 있다고 판단했기 때문이다. 병사들도 그 뜻을 알고 있기에

묵묵히 갑판을 지켰던 것이다. 탈출을 시도한 병사가 세 명도 채 되지 않았다고 알려졌을 정도로 그들은 최후까지 명예를 지켰다, 구명보트에 탄 가족들은 눈물을 삼키며 배와 함께 병사들과 승조원들이 바다로 사라지는 것을 바라보았다. 그 배에 승선했던 장교와 사병들은 약자들을 구해내면서 자신들의 확실한 죽음을 의연하게 선택했다.

세튼 대령의 명령 '여자와 어린아이 먼저Women and children first(당시는 남성 사회였으니 그렇게 말했을 것이나, 요즘은 '어린아이와 여자 먼저'로 문장이 바뀌었다)'는 이후 모든 선박 사고의 모범이 되었으며 실제 나중에 1912년 일어난 타이타닉호 침몰 사건에서 남성은 7퍼센트만 살아남았지만 아이들과 여성들은 절반 넘게 구조됨으로써 위대한 전통의 힘을 재확인했다. 그들은 외쳤다. "버큰헤드호를 기억하라Remember Birkenhead!"

모범이 없으면 존경도 없다

영국의 귀족 묘지에는 유난히 초급장교들의 무덤이 많다고 한다. 왜 그럴까? 전쟁이 발발하면 귀족들은 자원입대한다. 그리고 그들 대부분은 장교로 임관해 참전한다. 소대장으로 병사들을 이끌며 맨 앞에 나서다 적의 총탄에 맞아 전사하는 경우가 많기 때문에 그들의 무덤이 많은 것이라고 한다. 영국의 귀족들이 21세기에도 존재하는 건 그만큼 그들이 평소에 모범을 보였기 때문에 가능할 것이다. 그렇지 않고서야 계급제도가 타파된 현대사회에서 어떻게 귀족들이 살아갈 수 있겠는가? 실제로 제1차 세계대전과 제2차 세계대전에서는 영국의 고위층 자제가 다니던 이튼칼리지 출신 병사 가운데 2,000여 명이 전사했고, 포클랜드(아르헨티나의 입장에서는 '말비나스')전쟁 때는 영국 여왕의 둘째 아들 앤드루가 전투헬기 조종사로 참전했으며 찰스 황태자와 다이애나 비 사이에서 태어난 영국 왕실의 서열 3위 해리 왕자는 아프가니스탄에서 아파치 헬기를 조종하며 참전했다. 영국만 그런 게 아니다. 한국전쟁 때 142명이나 되는 미군 장성의 아들들이 참전했고 그 가운데 35명이 목숨을 잃거나 부상을 입었다. 그러나 정작 우리 땅에서 벌어진 그 전쟁에서 우리 장성들의 아들들이 그렇게 죽었다는 말은 듣지 못했다.

1952년 4월 4일 미 공군 중위 지미는 압록강 남쪽 50마일 지점에 정찰 폭격의 임무를 띠고 출격했으나 돌아오지 않았다. 그는 바로 제임스 밴 플리트James Van Fleet 미8군 사령관의 아들이었다. 지미의 시신은 끝내 발견되지 않았다. 참모들은 "수색작전을 펴서 시신을 찾자"라고 건의했다. 하지만 밴 플리트는 "다른 작전이 내 아들을 찾는 것보다 더 중요하다"라며 그 제안을 거부했다. 그리고 어찌 아들의 실종에 초연할 수 있겠는가? 그 역시 장군이기 이전에 아버지였다. 그러나 그는 의연했다. 300통이 넘는 위로편지가 사령부에 쇄도했다. 밴 플리트는 이 가운데 200여 통의 편지에 손수 답장을 보냈다. 가망이 사라지자 밴 플리트는 부활절을 기해 한국전에서 실종된 모든 부모들에게 위로전문을 보냈다.

"모든 부모님이 저와 같은 심정이라고 믿습니다. 우리의 아들들은 나라에 대한 의무와 봉사를 하고 있습니다. 하느님께서 말씀하신 것과 같이 벗을 위해 자신의 삶을 내놓는 사람보다 더 위대한 사랑은 없습니다."

마오쩌둥毛澤東의 장남 마오안잉毛岸英의 무덤은 중국이 아닌 북한에 있다. 그는 '익명으로' 한국전쟁에 자원입대했다. 아무도 그가 마오의 아들이라는 걸 몰랐다. 그걸 아는 건 사령관 펑더화이彭德懷뿐이었다. 마오안잉은 펑의 통역관으로 압록강을 건넜다가 참전 한 달 만에 미군 폭격으로 전사했다. 그때 그는 결혼 1년쯤 된 신혼이었다. 망연자실한 펑은 저우언라이周恩來에게 그 소식을 알렸지만 저우는 곧바로 마오에게 알리지 못하고 석 달 뒤에 보고했다. 마오는 비통에 빠졌지만 "전쟁에는, 희생이 따르는 법이지"라고 할 뿐이었다. 그런 마오도 며느리에게 차마 알리지 못하고 3년 뒤에 아들의 죽음을 알렸다. 펑은 마오안잉의 시신을 중국으로 가져오려 했다. 그러나 마오는 특권을 거부하며 다른 인민군과 함께 묻도록 하는 게 도리라고 해서 지금도 그 무덤은 북한의 평안북도 회창군 인민지원군 총사령부 열사릉원에 있게 된 것이다. 그런 사례를 보고 당시 중국의 인민들과 병사들이 무슨 생각을 했을까?

미국의 제35대 대통령 존 F. 케네디John F. Kennedy도 취임연설에서 "많은 것을 받는 사람은 많은 책무가 요구된다Much is given, much is required"라고 선언했다. 아마도 제45대 대통령 도널드 트럼프Donald Trump는 그와는 정반대의 삶의 철학으로 살아온 사람일 것이다. 그런 철학을 지닌 사람을 대통령으로 뽑은 미국의 민주주의는 그런 대통령을 통해 노블레스 오블리주noblesse oblige의 전통을 스스로 깨뜨린 불행을 경험하고 있으며 그 값을 치르게 될 것이다. 당장은 기존 정치인의 위선에 신물난 보수 성향의 시민들이 있고 때마침 미국 경제가 활성화되어 박수 칠지 모르지만 정치나 외교에는 금도와 품위가 있는 법이고, 그것은 특히 강대국에게 필수적이기 때문에 머지않아 그의 존재와 선출에 대해 후회하고 값을 치르게 될 것이다. 북미회담의 주인공이고 그의 일거수일투족이 우리나라의 미래에 영향이 있기 때문에 가능하면 무탈하기를 바라지만 그렇다고 해서 그가 저지른 무례와 오만의 강자 생떼는 미국에 어울리는 게 아니다. 모범이 없으면 존경도 없다. 마치 한국에서 이명박을 대통령으로 뽑을 때 그랬던 것처럼 많은 유권자들은 돈 많은(정확히는 돈만 많고 사회적 의무는 외면한) 성공 모델을 뽑으면 자신들도 그런 기회가 올 것이라고 착각한다. 뭔가 이전과는 다른 신선한 바람을 구질서에 유입할 것이라는 허망한 기대로 미국의 유권자들도 트럼프를 선택했을 것이다. 트럼프의 미국이 보여주는 실망은 단순히 미국의 정치에 그치지 않고 전 세계에 '깡패국가'의 면모만 드러내면서 스스로 세계 최강국의 위신을 깎아내고 있다. 자신들이 동의한 협약 따위는 이익에 맞지 않다고 여기면 주저하지 않고 폐기하거나 탈퇴한다. 당장은 제 입에 달착지근할지 모르지만 감탄고토를 일삼는 국가를 존중하거나 동반하기는 어렵다. 소탐대실이다. 천박한 소인들이 따르는 전형적 사례다.

그러나 트럼프 같은 천박한 인물들만 있는 것은 아니다. 이른바 노블레스 오블리주의 전통은 현대 미국에서도 유지된다. 빌 게이츠Bill Gates는 고아와 장애인들을 위해 엄청난 금액을 기부했으며 '오마하의 현인' 워런 버핏Warren Buffett은 2006년에 '빌 앤 멜린다 재단'에 자기 재산의 85퍼센트에 해당하는 370억 달러를 기부 서약하면서 그것은 결코 '파기할 수 없는 약속'이라고 못 박았다. 심지어 그는 상속세 폐지를 주장하는 부자들을 향해 "상속세 폐지야말로 혐오스러운 일로 유산보다 성과에 의해 성공할 수 있는 사회를 만들어야 한다"라고 타박하며 "상속세는 매우 공정한 세금이며 기회 균등의 이상을 유지하고 부유층에게 특혜를 주지 않기 위해서는 반드시 필요한 조세 제도다"라고 강조했다. 빌 게이츠나 워런 버핏이 존경받는 건 돈이 많아서가 아니라 돈을 제대로 쓸 줄 아는 모범적 사례이기 때문이다. 그야말로 돈 버는 건 '기술'이고 돈 쓰는 건 '예술'이라는 말을 실감케 한다.

로마 시대부터 이어져 내려온 '노블레스 오블리주'의 전통은 귀족의 의무를 뜻한다. 이는 출발선부터 우위에 있었던 상류층들이 그에 따르는 도덕적 의무를 담당해야 한다는 것이다. 빌 게이츠 같은 부자들이 고아와 장애인들을 위해 기부금을 내는 것이나, 유럽 왕실 인사들이 아프리카의 기아 문제 해결에 적극적으로 나서는 모습 등은 바로 이러한 도덕적 의무감을 중시하는 전통에서 비롯된 것이다. 이러한 풍토를 가진 서구에서는 누가 더 많은 재산을 갖고 있는가보다는 누가 남을 위해 더 많은 돈을 쓰고 있는가를 자랑하는 것이 더 자연스러울 수밖에 없다.

핀란드에는 다른 나라에 없는 매우 특별한 법이 있는데 흔히 '노블레스 오블리주 법'이라고 부른다고 한다. 사회 지도층은 보통 사람들보다 더 높은 수준의 도덕적 의무를 실천해야 한다는, 그래야 사회가 발전하고 경제 활동도 더 윤택해진다는 조세철학의 산물이다. 그 법에 따르면 모든 벌금은 소득 수준에 따라 차등 부과된다. 그래서 백만장자인 야코 리졸라가 운전하다 속도 규정을 어기자 50만 마르카(우리 돈으로 약 8,700만 원)의 벌금을 부과했다. 그러나 그는 그 법이 없어져야 한다고 주장하지 않았으며 국민들도 그걸 시비하지 않았다. 그걸 일종의 사회적 의견이며 약속이 되었기 때문이다.

유럽의 귀족이나 미국의 상류층들이 대부분의 국민들로부터 비판과 질시의 대상이 되지 않고 고마운 이웃으로 여겨지고 있는 것은 바로 그러한 솔선수범 때문일 것이다. 그에 반해 우리는 '노블레스 No-오블리주', 즉 상류층으로 진입하는 건 바로 의무를 벗어날 수 있는 권력과 기회를 획득한 것으로 착각한다. 그들은 의무는 '최선을 다해' 회피하고 권리는 권한 이상으로 탐닉한다. 이쯤 되면 '노블레스 오블리주'가 아니라 '노블레스 말라드noblesse malade'의 수준이다. 병들고 부패한 귀족이다. 재벌들뿐 아니라 정치적 고위직들도 마찬가지다. 고위 공직자 청문회는 그런 민낯을 고스란히 드러내 시민들을 분노케 만든다.

누린 것 이상의 의무가 바로 진짜 명예다

한 사회가 건강하게 유지될 수 있는 기둥 가운데 하나는 바로 노블레스 오블리주다. 이 말은 프랑스어로 '고귀한 신분(귀족)'이라는 노블레스와 '책임이 있다'라는 오블리주가 합해진 것이다. 1808년 프랑스 정치가 가스통 피에르 마르크Gaston Pierre Marc가 처음 사용한 것으로 '높은 사회적 신분에 상응하는 도덕적 의무'를 뜻한다. 사회 고위층 인사에게는 높은 수준의 도덕적 의무가 요구된다는 의미다. 예전 우리 식으로 말하자면 "양반은 양반답게 처신해야 한다"라는 말과 상통한다. 그 말은 예전에는 우리도 어느 정도의 노블레스 오블리주를 실천했다는 뜻이기도 하다. 그렇다면 지금 우리는 이전보다 더 타락한 셈이다. 높은 사회적 신분에 걸맞은 도덕적 의무를 스스로 자처하고 수행하며 모범을 보일 때 그 사회의 결속과 충성도는 높아진다.

사실 노블레스 오블리주라는 말이 나온 것도 로마 시대 왕과 귀족들이 보여준 투철한 도덕의식과 솔선수범하는 공공정신에서 비롯된 것이다. 그들은 공공의 봉사와 기부, 그리고 헌납을 자랑스럽게 여겼고 의무요 명예로 삼았다. 심지어 그런 실천을 경쟁하기까지 했다. 전쟁이 일어나면 귀족 등 고위층과 그 자식들이 전쟁에 참여하는 것은 마땅한 의무요 전통이었다. 실제로 로마 건국 초기에 원로원을 차지한 귀족들의 수가 15분의 1로 급감하기도 했는데, 그 원인은 바로 계속되는 전쟁에서 사망한 귀족들이 많았기 때문이었다고 한다. 그러나 공화정이 무너지고 아우구스투스Augustus 황제 이후 제정 로마로 접어들면서 귀족들은 권력 싸움에만 몰두했고 희생과 도덕적 모범을 회피하면서 로마는 쇠락의 길로 접어들었다.

다시 마오쩌둥을 불러와보자. 마오쩌둥은 네 번째 부인 장칭江青에게서 난 막내딸 리너李訥를 각별하게 사랑했다고 한다. 그녀가 마오毛가 아닌 다른 성을 가진 까닭은 마오쩌둥이 국민당에 쫓길 무렵 리더성李得勝이라는 가명을 썼기 때문이다. 그 힘든 시절 얻은 딸이니 더욱 각별했을 것이다. 그런 딸이 아팠다. 마오쩌둥은 딸을 병원에 데려가는 비서에게 절대로 자기 딸임을 알리지 말라고 일렀다. 다른 환자들과 똑같은 수속을 밟고 같은 진료를 받도록 지시했다. 훗날 그녀가 중학교에 진학할 때도 아버지의 이름에 비서 이름을 대신 썼다고 한다. 특별 대우할까 싶어 택한 방법이었다. 적어도 마오의 그런 인품이 있었기에 그의 많은 허물에도 불구하고 그에 대한 존경이 살아남는 것일지도 모른다.

귀족이나 지도층이 자신들이 누린 혜택과 권리 이상으로 의무를, 그것도 자발적으로 실천할 때 사람들은 그들을 존경하고 그들의 명령을 기꺼이 따른다. 그게 진짜 권위이고 참된 충성이다. 말로만 떠들고 뒤로는 자신의 이익만을 탐하는 리더들은 조직 전체를 망가뜨린다. 그런 지도자를 둔 국가는 쇠락하거나 멸망한다. 따라서 노블레스 오블리주는 눈치를 보거나 위선적인 분식粉飾이 아니라 자신을 지키는 가장 근원적 선택이다.

버큰헤드호를 기억하라

결국 버큰헤드호는 완전히 침몰했고 도열해 있던 병사들도 그대로 물에 잠겼다. 얼마 뒤 몇몇이 물 위로 떠올랐다. 운 좋게 나무판자 등을 잡은 병사들이었다. 세튼 대령은 구조선이 올 때까지 충분히 버틸 수 있는 큼지막한 판자에 매달려 있었는데 선실 보이 둘이 근처에서 죽어가는 모습을 보자 그 판자를 그들에게 밀어줬다. 판자 하나로는 도저히 세 사람이 매달려 있을 수 없으리라고 생각한 그는 두 보이 대신 자진해서 물속으로 빠져버린 것이었다. 버큰헤드호는 436명의 목숨과 함께 바다로 사라졌다.

목숨을 건진 사람 중의 하나인 91연대 소속의 에드워드 라이트 대위Edward W. C. Wright는 나중에 이 사건 현장의 목격담을 이렇게 술회하였다. "관계된 모든 사람들의 의연한 태도는 최선의 훈련에 의해서 달성할 수 있을 것이라고 상상하는 바를 훨씬 넘는 것이었다. 누구나 명령대로 움직였고 불평 한마디 하지 않았다. 그 명령이라는 것이 곧 죽음을 의미하는 것임을 모두들 잘 알면서도 마치 승선 명령이나 되는 것처럼 철저하게 준수하였다."

사고 난 지 7년 후 작가 새뮤얼 스마일즈Samuel Smiles가 『자조론Self-Help』에서 이 사건을 자세히 서술하면서 세상에 널리 알려지게 되었다. '버큰헤드 정신Birkenhead spirit'은 이후 영국의 대표적 사회규범을 넘어 직업윤리로까지 확산되었다. '여자와 어린아이 먼저'라는 훌륭한 전통이 1852년에 이 버큰헤드호에서 처음 세워졌고, 그 후로 수많은 인명을 살려냈다. 이후 항해 중에 재난을 만났다면, 그 배에 승선하고 있는 선원들이나 승객들은 서로서로 상대방의 귀에 대고 조용하고 침착한 음성으로 '버큰헤드호를 기억하라'라고 속삭인다고 한다.

우리가 모두 아는 이 사건을 다시 새로운 시각에서 조명해보아야 한다. 어떻게 해서 병사들과 승조원들은 그 절체절명의 위기 상황에서 대령의 명령 한마디에 갑판에 도열할 수 있었을까? 그 배에 탔던 세튼 대령은 육군이었다. 아무리 전투 경험이 많다고 해도 바다에서의 상황은 달랐을 것이다. 게다가 병사들은 여러 연대에서 차출되어 남아프리카로 파견되는 신병들이었으니 단결은 무망한 일이었다. 그러나 그는 신속하고 단호하게 판단했고, 병사들은 그 명령에 따랐다. 평소 그가 신망을 보이지 않았다면 그 위급한 상황에서 기꺼이 죽음을 선택하지는 못했을 것이다. 평소 그의 진심 어린 리더십에 대한 병사들의 신뢰가 있었기에 그런 행동이 가능했을 것이다. 그의 명령은 엄중했지만 대의에 어긋나지 않았고 신뢰와 존경은 자발적으로 군기를 유지할 수 있는 힘이 되었을 것이다. 만약 무분별하게 이탈하여 병사들과 승조원들이 보트에 뛰어들었다면 구명보트는 전복되었을 것이고, 거기에 탄 사람들은 죽음을 면치 못했을 것이다. 세튼 대령이 평소에 보여주었을 리더십을 간과하면 이 교훈의 진정한 가치를 잃게 된다.

이러한 감동적인 승조원들의 살신성인과 승객들의 의연함은 영국 사회가 이 문제에 대해 진지하게 평가하고 대책을 마련하는 데에도 큰 몫을 했다. 영국 법정은 이 사건을 공개재판에서 다루기로 결정했다. 왜 그런 사고가 발생했는지 냉정하고 객관적으로 조사했다. 왜 버큰헤드호는 악천후에 해안과 가까운 거리에서 위험하게 항해를 이어갔는가, 살아남은 병사들 가운데 처벌받아야 하는 사람은 없는가 등을 따졌다. 그리고 그 내용을 상세하게 조사하고 대중에게 공개했다. 어떠한 의문점도 남기지 않았다. 살아남은 병사들도 민간인들을 먼저 하선시킨 후 최후까지 배를 지키다 운 좋게 살았다는 여러 진술과 증언이 따랐다. 그리고 사고의 원인 가운데 하나로 위험한 항로에 등대가 없었다는 사실을 밝혀내고 그 암초에 큰 등대를 세우기로 결정했다. 물론 항해의 안전도 강화했다.

우리는 버큰헤드호의 감동적인 살신성인에 대해서는 많이 들었지만 영국의 사법부와 행정부가 어떻게 이 사건에 접근하고 행동했는지 등에 대해서는 거의 알지 못하거나 알려고 하지 않는다. 우리는 과연 버큰헤드호의 교훈을 기억하고 있는가? 21세기에 발생한 세월호 사건은 19세기 버큰헤드 사건과 비교하는 것 자체가 부끄러운 현실이다.

노블레스 '노' 오블리주

2014년 4월 16일 진도 해상에서 대형여객선이 침몰했다. 우리의 가슴을 더욱 저미게 한 것은 많은 희생자들이 어린 학생들이었다는 점이다. 그런데 놀랍게도 그 배의 선장은 가장 먼저 탈출했다고 한다. 승객들에게는 '침착하게 기다리라'라는 말만 되풀이하고 정작 선장과 고급선원들은 일찌감치 탈출했다니 이 무슨 부끄러운 모습인가! 도대체 어떻게 교육하고 훈련했기에 그런 짓을 태연히 저지를 수 있단 말인가? 우리의 의식이 고작 그 정도란 말인가? 그러나 과연 우리가 그 선장만 탓할 수 있을까? 지금 우리 사회를 이끌어가는 이른바 사회지도층(나는 개인적으로 이 용어를 싫어한다. 이 용어가 정말 역겹다! 누가 누구를 지도한다는 말인가!)들의 탐욕과 부도덕성을 보라. 차라리 지도충蟲이라면 모를까. 그들의 모습이 세월호 선장과 과연 다를까? 더하면 더했지 결코 모자라지 않을 것이다. 그들이 저지르는 패악은 대한민국이라는 거대한 배를 좌초시키고 있는데도 정작 자신들은 태연자약, 외려 자신들만큼 충성을 보이라고 윽박지른다. 배가 침몰할 조짐만 보여도 가장 먼저 뛰어내릴 자들이.

노블레스 오블리주는커녕 '노블레스 노 오블리주'를 탐한 수구세력들은 심지어 세월호 사건의 조사도 방해했다. 그리고 그들과 야합한 언론은 유가족들을 폄훼하거나 조롱하며, 심지어 올바른 조사를 촉구하기 위해 단식하는 사람들 앞에서 돈에 동원된 자들과 얼빠진 일베 청년들은 그 앞에서 이른바 '폭식 투쟁' 운운하며 조롱과 야유를 야만적으로 자행했다. 무능하고 교활하며 민주주의를 압살하고서도 무책임한 박근혜의 탄핵의 시발점은 바로 그가 세월호 사건에서 보여준 행태에서 비롯되었다 해도 과언이 아니다. 그러나 아직은 박근혜와 그 측근들 그리고 소수 재벌에게만 법의 심판이 가해졌을 뿐, 거기에 기생하던 그 잘난 자칭 노블레스들의 행태는 여전하다. 그런 행태를 발본색원하는 게 적폐청산의 마지막 단계다.

악착같이 높은 자리 차지하고 많은 돈 움켜쥐려고 모든 도덕성과 인격성마저 외면하는 자들은 어쩌면 그 오블리주를 벗어나기 위해 노블레스를 꿈꾸는지도 모른다. 그러니 자신들뿐 아니라 자식들까지 군대에 보내지도 않으면서 걸핏하면 안보니 의무니 뻔뻔스럽게 지껄여대는 것 아니겠는가. 권리를 주어진 이상으로 누리고 의무는 철저하게 외면하며 위장전입은 애교요 탈세는 필수인 그런 자들을 준엄하게 꾸짖지는 못하면서, 엉뚱하게 민주주의의 가치를 외치면서 낡은 군복 입고(제발 군복 좀 입고 나대지 마라. 자기들만 군대 갔나? 비겁하게 군복 뒤에 숨지 말고 당당하게 그리고 논리적이고 합리적으로 말하라!) 가스통 짊어지며 겁박을 일삼는 자들은 외려 그들의 수호천사 역할을 자임한다. 그게 치사하고 비겁하다는 사실조차 모른다. 그게 충성인 줄 안다.

우리 사회가 진정 건강하려면 더 도덕적이고 인격적이어야 한다. 그리고 민주주의의 가치를 구현해야 한다. 그러기 위해서는 먼저 누린 자들이 솔선수범해야 한다. '노' 오블리주를 꾀하는 파렴치한 그들이야말로 자기 잘못으로 빚어진 사고를 외면하고 승객들 팽개쳐두며 가장 먼저 도망친 선장과 크게 다를 바 없다는 점을 뼈를 깎는(그들에게도 '깎을 뼈'가 있다면!) 심정으로 인식하고 반성해야 한다.

우리에게도 버큰헤드호의 전통이 필요하다. 부끄럽지만 21세기 지금에. 여러 선거는 바로 그런 전통을 세울 사람을 뽑는 일이어야 한다. 정신 똑바로 차리고 가려 뽑아야 한다. 배에서 먼저 뛰어내릴 자를 뽑는 어리석음을 되풀이하지 말 일이다.

막다른 골목에서 찾아낸
기회

위기는 기회다

요즘도 '써니텐'이란 음료를 선전할 때는 어김없이 '흔들어주세요!' 라는 말이 빠지지 않는다. 그걸 흔들면 탄산가스가 확산되어 봉변당하기 십상일 뿐인데 왜 그렇게 광고를 하는 걸까?

1968년 처음으로 한국에 코카콜라가 들어왔을 때 사람들은 그 황홀한 맛에 흠뻑 빠졌다. 그 이전까지의 월성콜라와 같은 토종 콜라와는 차원이 다른 맛을 누구나 금세 확인할 수 있었다. 그렇게 해서 순식간에 재래 중소 회사의 콜라는 자취를 감췄다.* 입맛이 업그레이드되면

---

* 그러고 보면 사이다가 살아남은 게 용하다. 최초의 사이다는 일본인들이 인천에서 만든 스타사이다였고(그래서 "인천 앞바다에 사이다가 떴어도~" 하는 노래가 나왔던 걸까?) 국내 자본으로 만든 최초의 사이다는 대구의 삼성음료주식회사에서 만든 말표사이다였는데, 칠성사이다의 위력에 밀려 사라졌다. 이후 외국의 세븐업이나 스프라이트 등이 사이다 시장을 공략했지만 칠성사이다의 위력은 요지부동이었다.

끝날 줄 알았는데, 미군 부대에서 나온 오렌지 주스라는 게 남대문 도깨비시장을 통해 유통되면서 그 맛에 대한 동경도 생겼다. 물론 코카콜라의 매력을 모르는 바는 아니지만 영화 등에서 주인공들이 마시는 노란색 천연 오렌지 주스를 마시고 싶은 욕망까지 누를 수는 없었다. 그러나 당시 소득 수준으로는 언감생심. 그래서 사람들은 'Tang'이라는 분말을 얼음물에 타 마시기도 했다. 이 틈새를 파고든 게 바로 써니텐이다. 어떤 의미에서는 국내 최초의 본격 틈새상품이랄까?

과즙음료에 대한 동경과 구매 수준의 격차는 가수요라는 경제용어로도 메워지지 않았다. 그래서 고안해낸 게 바로 약간의 과즙을 탄산음료에 섞는다는 기발한 아이디어였다. '텐'이란 바로 '과즙 10퍼센트'를 의미하는 이름이었다. 제품을 개발하면서 광고를 의뢰했는데, 막상 시제품을 뽑고 나니 문제가 생긴 것이다. 과즙이 음료수보다 비중이 높아서 아래에 가라앉는 치명적인 문제였다. 마치 막걸리처럼. 막걸리는 요즘처럼 웰빙 알코올(?)이 아니라 싸구려 술이라는 인상이 강했기 때문에 연상 작용의 문제가 생긴 거였다. 기존의 탄산음료보다는 고급이라는 이미지를 줘야 하는데 정작 싸구려 술을 떠올리게 되니 포기하는 게 낫다는 판단이 들 정도였단다.

막다른 골목dead lock에는 두 가지 길뿐. 하나는 되돌아 나오는 것과 다른 하나는 담을 넘어가는 것. 거의 대부분은 되돌아 나온다. 안 되는 길은 돌아 나오는 게 상책이다. 제조회사에서는 당연히 제품의 생산을 포기했고 광고회사에 통보했다. 그런데 이 사람들은 그 치명적 약점을 역이용하기로 결정했다. 낙담했을 것이다. 머리를 쥐어짜며 고민하던 광고가 순식간에 없던 일로 되었으니 그랬을 것이다. 하지만 그럴 때일수록 팀원의 사기를 진작해야 한다고 생각한 담당 팀은 회식을 했단다.

회식을 마치고 고고장(당시에는 나이트클럽을 그렇게 불렀다)에 갔는데 젊은 사원들은 신나게 춤을 췄지만 지금의 팀장에 해당되는 사람은 테이블에 앉아 맥주만 들이켰던 모양이다. 그러다가 춤추는 모습을 보고 영감을 떠올렸다. "못 믿겠다고? 이거 봐. 밑에 쫙 가라앉은 거 안 보여? 보니까 믿겠지?" 그래서 골라낸 광고 카피가 바로 '흔들어주세요!'였던 거다. 대박이 났다. 써니텐의 성공에는 그런 비하인드 스토리가 있었다.

그런데 문제가 또 생겼다. 햇빛 때문에 과즙이 발효되는 걸 막기 위해 맥주처럼 갈색병을 써야 했는데, 이게 시각적으로 영 폼이 안 났다. (그리고 알코올에 약한 사람은 취하는 경우도 있었다. 어쨌거나 발효된 일종의 술 효과가 있었으니까. 특히 지금은 단종되었지만 사과즙의 경우에는 그게 심했다.) 그래서 슬그머니 식용색소로 대체했다. (그러면서도 이름은 여전히 써니텐 그대로다. 지금까지 쭉~) 그리고 병도 투명한 유리병으로 바꿨다. 사람들은 예전의 과즙이 어디 갔냐고 따지기는커녕 시각적 만족을 더 즐겼다.

지금도 그 음료에는 단 1퍼센트의 천연과즙도 없다. 그런데도 이름에는 여전히 '10'이 들어 있고(회사에서야 다른 뜻을 적당히 둘러대겠지만) 광고 카피도 여전히 '흔들어주세요!' 그대로다. 한때 티파니나 싸이를 모델로 썼던 것도 그들이 유명 연예인인 까닭도 있었지만, 정신없이 흔들어대는 이미지와 카피가 절묘하게 맞아 떨어졌기 때문이다. 한 번 굳어진 건 내용이 바뀌어도 그렇게 요지부동으로 남는 경우가 있다. 그게 우리 이성의 한계일지는 모르지만 그런 배반은 가끔은 즐거운 일이기도 하다.

허를 찔러라!

흔히 가을은 독서의 계절이라며 열심히 책 읽기를 권장한다. 책 읽는다는데 시비할 일은 전혀 없다. 그러나 가을이 독서의 계절이라는 것은 엉뚱한 데서 연유한 말이다. 물론 그 말이 출판사에서 나온 말이니까 엉뚱할 것까지야 없을지 모르겠지만, 사실 가을은 가장 책을 안 읽는 계절이다. 굳이 가을을 말한다면 사색의 계절이고 여행의 계절이다. 그걸 깬 것은 바로 출판사였다. 목마른 자가 샘을 판다!

일본의 한 출판사에서 매출 현황을 점검해보니 가을에 판매량이 뚝 떨어진다는 걸 확인했다. 기업의 입장에서는 꾸준한 매출이 있어야 경영이 되는데 한 계절의 매출이 급감하는 건 곤혹스럽다. 그래서 그 대책이 뭐가 있을까 고민하다가 나온 마케팅 전략이 바로 '가을은 독서의 계절'이라는 카피였던 것이다. 그 뒤로 가을에 책이 많이 팔렸다나 뭐라나.

우리 옛 조상들은 슬기롭게 책 읽기 좋은 때를 골라냈다. 삼여지공 三餘之功이라는 말이 바로 그것이다. 삼여란 독서삼여讀書三餘라 하여 책 읽기에 가장 좋은 세 가지의 여유 시간이라는 뜻이다. 그 세 가지란 한겨울과 깊은 밤, 그리고 오래 내리는 궂은비를 뜻하는 음우陰雨를 말한다. 모두 활동적인 바깥일을 하기 어렵거나 불편한 시간이다. 그래서 옛 선조들은 밖에 나갈 수 없는 이 시간들이야말로 책 읽기에는 가장 좋은 시간이라고 다독였던 것이다. 일할 수 있는 시간을 제외한 시간이 바로 책을 읽을 수 있는 시간이다.

가을은 자연으로 나가 계절을 만끽하기에도 모자란 시기다. 여행하기에 가장 적절한 날씨와 아름다운 풍광, 넉넉한 한 해의 마무리까지

덤으로 얹힌 가을이야말로 여행하고 한 해의 삶을 되돌아보며 사색하기에 가장 좋은 계절이다.

무조건 책 읽자고만 할 게 아니다. 읽을 사람 읽고 싫은 사람 안 읽으면 된다. 굳이 책 읽지 않아도 살아가는 데에 큰 지장 없다. 대신 주인으로 살기는 어려울 것이다. 그저 짧은 문장으로 된 명령을 받아서 그 일을 수행하면 밥 먹을 수 있다. 하지만 그건 노예의 삶이다. 어차피 삶은 선택이고 그 선택에 대해 책임은 자신이 지는 것이다. 그러니 이왕이면 한 해에 한 권의 책이라도 읽는 것이 좋다. 지자체에서도 어설픈 행사나 캠페인보다 차라리 여러 공원에 1인용 의자를 설치해두면 좋을 것 같다. 공원에 벤치는 있어도 1인용 의자는 없다. 책은 혼자 읽는 것이다. 벤치는 두 사람이 대화하기에 좋다. 1인용 의자 팔걸이에는 구멍 하나 뚫어서 텀블러나 잔을 꽂아두면 좋을 것이다. 그리고 등받이에는 책 그림 하나 그려놓으면 된다. 지나가다가 그걸 보고 '아, 저긴 책 읽는 의자구나. 나도 다음에 공원에 올 때는 책 한 권 들고 와서 읽어봐야겠다'라고 생각할 것이다. 그렇게 누가 책 읽는 모습을 본다면 자연스럽게 좋은 자극이 될 것이고 멋진 전염이 일어날 것이다. 생각만 살짝 바꿔도 세상과 삶이 바뀔 수 있다.

가을에는 책을 읽지 말자는 게 아니라, 책에서 읽었던 것들을 숙성하고 체험하고 두루 견문을 넓히는 데에 힘쓰고, 바깥나들이에 적절하지 않은 시간들을 골라내서 틈틈이 책을 읽어 삶을 살찌우는 게 낫다는 의미다. 열심히 일한 당신, 떠나라! 대신 책 하나 들고 떠나면 일석이조가 아닐까? 독서는 앉아서 하는 여행이고, 여행은 서서 읽는 독서다.

뇌와 심장의 굳은살을 도려내라

얼마 전만 해도 취미가 뭐냐고 물으면 사람들은 거의 자동적으로 음악 감상, 독서, 사색 등이라고 대답하는 경우가 많았다. 때로는 미술관에는 거의 가본 적도 없으면서 미술 감상이 취미라며 고상을 떠는 경우도 많았다. 그러나 요즘은 그런 질문을 받으면 등산, 수영, 스케이팅, 스키, 골프, 자전거 타기 등이라고 대답하는 경우가 훨씬 더 많다.

왜 그렇게 대답이 달라졌을까? 그 까닭은 삶의 방식이 바뀌었기 때문이다. 예전에는 일상의 일이란 게 주로 근육을 사용하는 것들이 대부분이었다. 그러니 여가 시간에는 피로한 근육을 쉬게 하고 달래는 게 일반적이었다. 그러나 문명이 발달함에 따라 근육 운동에 의존한 생활은 빠르게 줄어들게 되었다. 그러니 쉴 때 즐기는 취미란 게 예전과는 달리 위축된 근육을 활발하게 움직이는 쪽으로 변한 것이다. 물론 경제적인 여유가 생겨서 돈 드는 활동 참여에 부담을 느끼지 않는 조건도 한몫을 했다. 그러나 근본적인 건 그렇게 생활과 노동의 방식이 바뀌었다는 점이다.

처음에는 그런 근육을 사용하는 취미가 익숙하지 않아서 피곤해진 근육이 외려 부담스러워서 한 주를 시작하는 게 뻐근하기도 했다. 그러나 점차 익숙해지면서 삶의 활기와 동력을 거기에서 얻게 되는 걸 체험하고 열중하게 되었다. 게다가 자동차가 보편화된 환경에서는 많은 사람이 시간만 나면 멀리 밖으로 나가 여가를 만끽한다. 공원에 가도, 헬스센터나 수영장에 가도 사람들이 넘친다. 이젠 아무 일 없이 집에만 있으면 무슨 큰 손해라도 보는 양 불안할 지경이다. 그야말로 '쉬어야 한다는 강박관념'이 오히려 사람들을 쉬지 못하고 줄곧 밖으로 몰아내는 건지도 모를 형편이다.

삶에 자극을 주고 휴식을 얻는 건 분명 좋은 일이다. 그러나 그러다 보니 차분하게 한 주를 돌아보고 자신의 삶을 반추하고 조용하게 사색하며 가늠하는 게 드물게 되었다. 쉬는 게, 휴식이 꼭 그렇게 근육을 적당하게 움직이게 하고 자극하는 일만은 아니다. 때로는 무위無爲에 가깝게 긴장의 끈을 놓고 정신적으로 넉넉하고 풍요롭게 할 수 있는 취미, 그러니까 예전에 그리도 흔하게 대답했던 취미들을 적당히 누려야 한다. 정신과 육체의 조화로운 휴식과 재충전이 필요하다. 이제는 누가 취미를 물으면 등산과 독서, 달리기와 미술 감상, 수영과 음악 감상이라고 넉넉하게 답할 수 있는 게 좋지 않을까?

미국의 컨설턴트, 기자, 심리학자이며 프로이트의 조카이기도 한 에드워드 버네이즈Edward Bernays는 미국 PR계의 대부로, 직설이 아닌 은유적 광고의 개념을 극대화시킨 인물이다. 미국 공황기에 도서 판매 급감에 직면한 출판업계에서 버네이즈에게 홍보를 의뢰했다. 그러자 그는 영화, 드라마 제작자들을 불러 거실에 책장을 짜 넣도록 요청함으로써 자연스럽게 독서 분위기 진작에 기여했다. 사람들이 영화를 볼 때 미국 중산층 가정의 거실에 책장이 있는 걸 보면서 그게 하나의 문화적 아이콘이라고 여기게 한 것이다. 그들의 경제 사정이 좋아져서 집을 짓거나 고칠 때 건축가나 인테리어 업자에게 거실에 책장을 짜달라는 주문을 했고, 책장을 채울 책을 사게 하는 효과를 간파한 것이다. 그게 긴 호흡의 광고 효과다. 책을 읽으라고만 할 것이 아니라 자연스럽게 책을 가까이 할 수 있는 공간을 마련하는 것이 가장 매력적인 방법일 수 있다. 생각을 바꾸면 세상이 바뀔 수 있고 내 삶도 바꿀 수 있다.

세상이 나를 하나의 틀로 만들어온 게 적지 않을 것이다. 텍스트는 그런 힘으로 나를 순치시킨다. 나의 앎과 삶은 그렇게 기존의 질서와 체제에 순응하게 짜 맞춰지는 경우도 많다. 그러나 그런 틀은 나를 좁은 옹벽 속에 가둔다. 그걸 깨야 상상력과 창의력이 생긴다. 말로만 창조경제 떠든다고 창조적인 일이 만들어지지 않는다. 피해자인 양 푸념만 할 게 아니다. 우리는 서로가 그런 틀의 피해자이며 동시에 가해자임을 잊지 말아야 한다. 그걸 깨고 나올 때 비로소 삶이, 세상이 멋지게 될 것이다. 막다른 골목에서 체념하지 않으면 길이 보이는 법이다. 다만 그걸 위해서는 평소에 그런 생각의 훈련을 해둬야 한다는 점도 잊지 말아야 한다.

경주 최 부잣집의
가르침

선한 경제가 오래간다

흔히 노블레스 오블리주를 말할 때 빠지지 않는 모범이 바로 경주 최 부잣집일 것이다. '최 부자'가 아니라 '최 부잣집'이라고 하는 건 단순히 한 인물에 그치지 않고 무려 400여 년을 이어오면서 가문 전체가 그런 모범을 보인 보기 드문 사례이기 때문이다.

최 부잣집에서는 애당초부터 전혀 마름을 두지 않았다고 한다. 마름은 멀리 떨어진 대지주를 대신해서 농토를 관리하는 대리인이다. 여러 면을 하나로 묶어 마름 한 사람을 설정하는 게 보통이었다니 힘깨나 쓸 수 있는 역할이었다. 부재 지주를 대리하여 모든 재산권 관리를 했는데, 가장 중요한 역할은 소작료를 징수하고 지세 공과금 처리와 토지 개량까지 도맡는 일이었다. 심지어 다음 농사에 소작을 줄 것인지 말 것인지를 결정하다 보니 소작인들에게는 저승사자와 다를 바 없는, 무소불위無所不爲의 횡포를 저지른 경우가 허다했다고 한다.

지주는 추수 때 소작료만 제대로 들어오면 그뿐이었다. 마름은 그런 점을 교묘하게 이용하여 소작인을 바꾸거나 소작지를 멋대로 변경하거나 심지어 소작 계약을 파기할 수도 있었기 때문에, 소작인들은 그저 마름의 처사에 명줄을 걸고 따르는 수밖에 없었다. 어느 곳이나 마름의 횡포가 횡횡한 건 바로 그런 이유에서였다.

경주 최씨 집안은 그런 점을 잘 알고 있었기 때문에 마름을 두지 않았다고 한다. 소작인을 후하게 대접하고 가족처럼 여겼을 뿐 아니라 심지어 여러 가지 부역을 피할 수 있게 했다니 소작인들의 최씨 집안에 대한 존경과 충성은 대단했을 것이다. 많은 사람들이 최씨 집안으로 찾아오는 건 어쩌면 당연한 일이었다. 노동력이 풍부해지자 최씨 집안은 그들의 힘을 모아 둑을 쌓아 범람 지역을 옥토로 만들기도 하고 산비탈을 개간해 농사지을 땅으로 개간하게 했다. 그리고 그 여분만큼 병작並作하게 하여 생산성도 높이고 자립을 도왔단다. 눈앞의 이익만 좇지 않고 멀리 볼 줄 알고 자기 일 돕는 사람 챙길 줄 아는 배려가 그의 부를 탄탄하게 했을 뿐 아니라 존경까지 얻게 했다.

그러나 현대의 거대한 조직은 최 부자처럼 중간관리자 없이 꾸려갈수 없다. 현대 축구에서 미드필더의 링커 역할이 중요한 건 공수의 고리일 뿐 아니라 경기 전체를 조망하는 위치이며 그만한 능력을 갖춰야하기 때문이다. 공수가 미드필더에서 시작된다. 조직에서도 그 역할과 중요성은 마찬가지다. 하지만 최 부자가 마름을 두지 않은 걸 중간관리자를 배제한 것이라고만 좁게 보지 말 일이다. 어설프고 못된 중간관리자는 아예 없느니만 못하다. 최 부자도 그래서 마름을 두지 않았다. 그는 앉아서 결과물만 챙기려 한 게 아니라 직접 소작인들을 만나고 의견을 들었다. 닫힌 소통이 아니라 열린 소통, 간접 소통이 아니라 직접 소통을 택했다. 그러려면 그만큼 부지런하고 사람에 대한 신뢰와 애정이 있어야 한다.

중간관리자가 조직의 생명이다

거대한 조직에서 직접 소통이란 원천적으로 불가능하다. 하지만 현대 문명은 그것도 가능하게 바꿔놓았다. 얼굴을 맞대야만 직접 소통이 아니다. 전자통신 등을 이용해서 만날 수 있다. 모든 조직이 겉으로는 그런 통로를 개설하고 참여하라고 독려하지만, 실제로 이뤄지는 경우는 드물다. 최고경영자가 그걸 일일이 답할 수도 없고 읽는다는 것도 사실 부담스럽다. 그럴 시간 여유가 없다. 하지만 필터링하는 중간관리자를 통해 들어야 할 건 가리고 뽑아서 회신하거나 의견에 반영할 수 있다. 문제는 그 중간관리자가 '좋은 마름'일 수 있게 하는 최고경영자의 열린 마음과 단호한 태도가 천명되어야 한다.

단순한 조직의 위계 관계로만 지시를 하달하고 수행을 요구할 게 아니다. 아무리 중간관리자가 착한 마름의 역할을 제대로 한다고 하더라도 궁극적으로는 최종 업무 수행자에게 최고경영자의 눈과 마음이 머물러야 한다. 그게 소통의 가장 기본적이고 필수적인 전제다. 하지만 그렇게 하는 사람은 드물다. 현실은 그런 사람 솎아낸다. 바보 아닌 다음에야 섶을 지고 불에 뛰어들 사람 없다. 윗사람 비위만 잘 맞춰 눈에 드는 것만으로도 버겁다. 그게 인생 성공의 비결이 된 지 오래다. 중간관리자는 밸브를 조절하는 사람이다. 실내외 온도를 관찰하고 열량의 소비와 비용에 대해 판단해야 하는 입장이다. 위도 아래도 안도 밖도 두루 볼 수 있는 사람이다. 일일이 간섭하지 말고 일단 맡겼으면 지켜볼 수 있는 인내가 필요하다.

현대는 최 부자 식으로 꾸려갈 수 있는 환경이 아니다. 그러나 최 부자가 마름을 두지 않았던 걸 역으로 생각하면, 어떤 마름을 어떻게 두느냐가 최 부자의 경영관을 현대 기업이나 조직에 유용하게 끌어 쓸 수 있는 관건이기도 하다. 소통의 가장 중요한 코어core가 바로 마름의 역할이다. 위와 아래의 통로를 차단하는 마름은 조직을 병들게 한다. 밸브 조절을 잘하는 마름은 조직을 활성화한다. 그걸 키우는 게 최고경영자의 몫이다. 그게 그의 능력이다.

기업의 경우 '밸브 컨트롤러'로서 중간관리자를 임원이 되기 전 현장을 총체적으로 조망하고 정리하는 시기로 최대한 활용할 수 있어야 한다. 발로 뛰는 마지막 단계에서 그 감각을 유지하고 다음 단계에서 역량을 최대한 발휘할 수 있는 계기라고 여겨야 한다. 부하 직원들에게는 명령자가 아닌 팀의 리더이며 동료로서 신뢰와 모범이 될 뿐 아니라 하부 조직을 다루는 관리자로서의 수련기로 삼아야 한다. 팀장으로서의 중간관리자는 조정자(코디네이터)의 역할뿐 아니라 기획자(큐레이터)의 역할도 수행해야 한다. 그걸 해내지 못하는 중간관리자는 그냥 연공서열에 따라 승진하는 파견자 혹은 감시자에 불과하다. 최악의 상사는 코디네이트 해야 할 때 큐레이트 하고 큐레이트 해야 할 때 코디네이트 하면서, 정작 자신은 다양하고 적절하게 대처한다고 착각하는 사람이다.

배려와 존중의 문화

예전 축구에는 각자의 역할이 정해져 있었다. 미드필더라는 말도 없었다. 라이트-레프트 이너가 링커라는 개념으로 바뀌었고, 다시 미드필더라는 개념으로 확장되었다. 네덜란드의 축구영웅 요한 크루이프Johan Cruyff와 독일의 축구황제 프란츠 베켄바우어Franz Beckenbauer는 현대 축구의 패러다임을 바꿔놓았다. 모든 공격과 수비는 미드필더에 의해 시작되고 연결된다. 이들은 전체 게임의 리더다. 이들은 공수의 전환뿐 아니라 선수들과의 커뮤니케이션의 핵이고 전술의 사령관이다. 중간관리자의 역할은 바로 미드필더와 같다. 강력한 미드필더는 팀의 승패를 좌우하는 키 플레이어다. 소통과 통솔 능력이 없는 미드필더는 성공할 수 없다. 중간관리자 또는 현대적 마름의 역할 또한 마찬가지다.

샌드위치 위치의 과장 혹은 팀장이 아니라 필드의 사령관이나 미드필더로서 역할을 해내는 것은 짜릿하다. 과장은 공격과 수비를 고루 읽어내는 능력을 지녀야 하며 소통의 역할을 해내야 한다. 과장으로서의 포트폴리오를 만들고 나름대로 매뉴얼도 만들면서 전체를 조망하는 시야를 밝히고, 모든 라인의 디테일을 함께 보는 미시적 태도와 균형을 갖춰야 한다. 그냥 마름이 아니라 최고의 미드필더가 되는 과장이나 팀장은 중간관리자는 훌륭한 마름의 역할을 충실히 해야 한다. 독립적 업무 수행의 장점은 간섭 없는 집중력이겠지만, 결과에 대해 팀장이 책임을 져야 하는 까닭에 불안감과 초조감으로 인해 팀원들을 들볶게 되거나 성과에 매달리기 쉽다. 그걸 커버해줄 수 있는 시스템이 마련되어야 한다.

과장이든 팀장이든 가장 필요한 덕목은 자기 부서 멤버들에 대한 배려와 존중이다. 위만 바라보고 일하면 당장의 성과를 얻을 수 있을지 모르지만 지속적인 업무 성과를 얻기 어렵다. 훌륭한 마름은 주인의 명령만 전달하고 수행하는 게 아니라 소작인들의 상태와 현실을 정확하게 진단하고 그들의 고충을 최소화하는 사람이다. 그걸 해결해줘야 소작인들도 최선을 다해 일한다. 그게 농사건 경영이건 다르지 않다.

중간관리자는 단순히 소통의 역할만 하는 게 아니라, 감독의 지시사항을 전달하며 그것을 수행하는 동시에 모든 플레이어를 유기적으로 움직이게 하는 위치에 있다. 제대로 된 마름이 주인의 입장에서 소작을 다루고 문제를 해결하듯, 최고경영자의 입장에서 움직일 수 있는 역할을 수행할 수 있도록 해야 한다. 그 자리에 가서 공부하고 준비하는 건 무의미하다. 미리 공부하고 준비해야 한다. 최 부잣집에서 내려오는 가르침은 그런 중간관리자에게 좋은 지침이 될 수 있을 것이다.

신분을 뛰어넘는 지고지순한 사랑?
웃기시네!

사랑이 계산으로 이루어지는 것만큼 서글픈 일도 드물다. 청춘의 사랑은 신분이나 부의 차이 따위에 흔들리지 않고 심지어 죽음을 불사할 만큼 뜨겁고 순수하다. 그런 사랑이 드물어지는 세상이 된 요즘의 세태는 그래서 안타깝고 서글프다. 그럴 때 우리는 가장 순수하고 지고지순한 사랑으로 <춘향전>을 꼽는 걸 주저하지 않는다.

높은 지체의 양반의 자제와 기생의 딸이 서로 열렬히 사랑했고 온갖 방해와 난관에도 굴하지 않고 끝내 아름다운 사랑의 결실을 쟁취했으니 그 어떤 사랑도 그에 견줄 만한 것을 찾기 쉽지 않다. 그런 점에서 <춘향전>은 우리에게 소중한 자산이다.

현대적 관점에서 바라본 춘향전

놀랍게도 <춘향전>을 제대로 읽은 사람은 흔치 않다. <흥부전>이 그렇듯 할머니에게 들었거나 어렸을 때 동화처럼 축약된 이야기로 아는 게 거의 전부다. 다행히 <춘향전>은 국어 교과서에도 일부 실려서 그 면목을 조금은 맛을 보았다. 이 작품은 연대도 정확히 알 수 없다. 그도 그럴 것이 구전소설이기 때문이다. 흔히 조선 숙종 시대 말기나 영조 시대 초기쯤 된다고 추정하는 건 인용된 한시 등을 통해 짐작하는 것일 뿐 명확한 시대를 알 수 없고 또한 판본도 여러 가지라서 하나의 작품이라기보다 '작품군'이라고 하는 게 옳을 것이다.

다행히 판소리로 잘 구전된 까닭에 어느 정도 일관성을 지니고 있다. 소설이 먼저인지 판소리가 먼저인지 모르겠지만 일반적 사례로 비춰 소설이 먼저고 판소리가 나중일 것이고, 판소리가 일정한 판본을 유지하면서 소설의 여러 이본들이 그 판소리를 따라 조정 혹은 수정된 특별한 경우에 해당될 것이다. 소설을 읽는 층도 다양해서 한글본과 한문본이 각각 존재한다. 그리고 다양한 방식으로 재창조되어 <열녀춘향수절가>나 <별춘향전> 같은 변형이 존재하고 이해조가 개화기에 신소설로 쓴 <옥중화>도 있다.

<춘향전>에는 다양한 설화가 결합되었다. 그런 방식은 고전소설의 대부분이 따르는 방식이기에 특별할 것은 없다. 해원解寃의 설화, 사랑 설화, 열녀 설화, 암행어사 설화 등이 다양하게 혼재되며 진화했을 것이다. 그건 민간의 다양한 생각과 바람이 섞이면서 이루어졌을 것이다. 이 작품에는 인물에 대한 풍부한 묘사와 더불어 당대의 생활 모습과 심리 등이 생동감 넘치는 어휘 등을 통해 구현됨으로써 문학적으로도 높은 성취를 완성했다. <춘향전>의 미덕 가운데 하나는 두 주인공에게만 초점이 집중되는 것이 아니라, 월매, 향단, 방자, 농부 등 다양한 주변 인물이 다양하게 묘사됨으로써 당대 기층 민중들의 고단한 삶과 그 사

이에 존재하는 익살과 풍자를 보여준다는 점이다. 거기에는 민중의 염원이 다양하게 표출됨으로써 문학적 대리 만족의 부수적 효과도 크다. 엄격하게 존재하는 반상班常의 차별과 격차, 그에 따른 부조리와 비인격성 등 많은 백성들이 체감했을 모순들이 날카롭게 풍자되기도 하고 변학도로 대변되는 타락한 수직적 위계를 전복시키는 쾌감을 발산하기도 했다.

그러나 <춘향전>의 가장 큰 주제는 '신분을 뛰어넘는 지고지순한 사랑'이다. 우리는 늘 그렇게 배웠다. 양반의 자제인 이몽룡과 천한 기생의 딸인 성춘향이 신분의 차별과 격차를 뛰어넘는 사랑을 감행함으로써 겪는 온갖 질곡들은 당시 사회의 모순을 대변하고 민중의 분노를 자아냈을 것이다. 그리고 마지막에 끝내 그 사랑이 완성됨으로써 사랑의 위대함뿐 아니라 억압된 계급사회의 모순을 풍자하는 통쾌함을 맛보았을 것이다. 어느 누구도 그 사랑에 시비하지 않는다.

그러나 정말 그런지 다른 시선으로 따져보면 전혀 달라질 수 있다. 그 시선은 우격다짐이 아니라 합리적 의심이다. 고전을 바라보는 방식은 이원적이어야 한다. 하나는 당대의 시선으로 보는 것이고 다른 하나는 그것을 현대의 시선으로 해석하는 것이다. <춘향전>도 예외는 아니다. 아니, 예외가 아닌 정도가 아니라 시선 하나만 바꿔도 그 본질이 완전히 뒤바뀌는 것을 경험할 수 있다. 물론 문학은 단순한 사실의 묘사에 그치지 않고 다양한 심리와 기원이 예술적으로 표상된다는 점에서 그것이 반드시 현실과 일치해야 하는 건 아니라는 점은 분명하다.

변학도는 억울하다?

분명 이 소설의 주제는 춘향과 몽룡의 신분을 뛰어넘는 애틋한 사랑이다. 그러나 현실의 눈으로 본다면 주제와는 별도로 내용을 달리 읽을 수 있다. 신분을 뛰어넘는 순수한 사랑은 그 자체로 위대하고 아름답다. 그러나 내용을 하나하나 체크해보면 조금 의아한 부분들이 많다.

먼저 이몽룡은 높은 지위를 지낸 사대부의 자제라는 점에서 우월하지만 요즘 식으로 따지면 '수험생'이다. 세상에서 가장 지겹고 힘든 일은 '시험'을 위한 공부다. 과거시험을 준비하던 이몽룡은 단오에 광한루에 놀러 가자는 방자의 꼬드김에 솔깃해진다. 단오면 음력 5월 5일이니 양력으로 5월 말이나 6월 초쯤이라 봄의 노곤함과 초여름의 짜증이 살짝 겹치기에 가뜩이나 공부하기 싫을 때다. 단오가 농민들과 아랫사람들 위한 축제이니 당연히 방자도 그걸 누릴 권리가 있다. 혼자 가기 눈치 보였을 수도 있고 몽룡의 처지를 이해하니 함께 가자고 했을 것이다.

거기에서 몽룡은 그네 타는 춘향의 모습을 보고 첫눈에 반한다. 자연스러운 일이다. 게다가 춘향은 다른 사람들에 비해 의상이나 화장 등 유리한 조건(?)이니 더욱 눈에 띄었을 것이다. 두 사람은 바로 그날 밤 만났다. 여기서 우리는 물어야 한다. 어떻게 그런 초스피드가 가능한가? 요즘 세상에도 그런 경우 흔하지 않다. 물론 사랑이겠지만 과연 그럴까? 어떻게 첫눈에 그런 사랑이 가능할까? 냉정하게 말하자면 신분의 격차 때문에 가능했을 것이다. 남원 최고 유지의 아들이 천한 기생의 딸(춘향은 자신의 아비가 양반이라 우기지만 조선 시대 신분은 모계를 따랐다)에게 그런 요구는 어렵지 않았을 것이다. 춘향의 입장에서도 유지인 사대부 양반의 자제가 요구한 때문이기도 했겠지만 내심 그 신분이 싫지는 않았을 것이다.

판소리 춘향전을 듣다 보면 낯이 화끈거리는 대사가 이어진다. (예전 국립극장에서 명창 고 박동진 선생이 사랑가를 부르다 '춘향아, 이리 와 업고 놀자'라는 대목에서 잠깐 멈추더니 '춘향아, 이리 와 벗고 놀자'로 바꿔 부르시며 껄껄 웃던 게 생각난다.) 두 사람의 밤은 그야말로 화끈한 향연이다. 춘향은 지체 높은 고객으로 응했지만 사랑의 감정을 느꼈을 것이다. 그건 몽룡에게도 가능한 일이다. 어쨌거나 두 사람은 이후 뜨겁게 사랑했다. 고작 나이 열여섯(이팔청춘)에. 지금 나이로 따지면 '중3'이다. 하기야 로미오와 줄리엣이 사랑에 빠진 나이는 그보다 더 어리다. 두 주인공이 비극적 사랑을 시작해 죽음으로 마무리하기까지 걸린 시간은 불과 나흘. 로미오와 줄리엣의 나이는 열세 살이었다.

수험생인 몽룡의 학업이 제대로 될 리 없다. 여기서 삼각관계(?)의 주인공 변학도가 등장한다. 남원목사는 그저 그런 만만한 지방 관료가 아니었다. 남원은 호남 곡창의 곡물들이 집산되는 중요한 곳이었다. 나주가 해안을 끼고 있어서 유리했지만 지역적으로 거리의 등가성 문제도 있고 무엇보다 왜구가 약탈할 수도 있었기에 남원이 일차적 집산지였다. 조선 시대 목사는 정3품의 직책이었지만 남원목사는 특별했다. 조세의 주 대상인 곡물의 집산지였던 곳에 아무나 보내지는 않았을 것이다. 광한루는 그 방증의 하나다. 누각이나 정자는 흔히 명승지에 있다. 평지 그것도 시내 중심에 있는 누각은 남한에는 경회루와 광한루가 대표적이다. 광한루는 권력자 목사가 누릴 수 있는 일종의 '테마파크'였다. 그만큼 남원목사의 위세는 대단했다. 당연히 그를 파견한 권력자는 대단한 힘을 가진 존재였을 것이다.

지방관의 가장 큰 업무는 조세였고 그다음은 선정이었다. 당연히 지방의 유지들을 잘 관리하며 중앙정치의 흐름에 호응하도록 유도하는 것도 그의 주요한 업무다. 그러니 변학도의 관리 대상 1호는 몽룡의 부친인 이한림이었을 것은 자명하다. 그런데 아전들이 주중 업무 보고(?)를 올린 걸 보니 그 아들 몽룡이 기생의 딸에 빠져 학업을 등한시하고 있다고 한다. 변학도는 그 사태를 직감적으로 파악했을 것이다. 자신도 그런 경험이 있었을 것이다. 그래서 몽룡의 부친과 대책회의(?)을 열어 사태 해결에 나섰을 수 있다. 몽룡의 부친도 사태를 파악했다. 자신도 그런 경험이 있었을 것이다. "선배님, 아무래도 자제를 여기에 두면 안 되겠습니다. 춘향이는 제가 맡을 테니 자제분은 선배님께서 조처해주시지요." 아마도 그렇게 업무 분담(?)을 했을지 모른다.

몽룡이 갑자기 남원을 떠나는 건 그런 이유 아니었을까? 지금으로 따지면 신림동 고시촌에 보내 공부에 전념하라는 배려였겠지만 실상은 춘향이를 떼어놓기 위해서였을 것이다. 그런 상황에서 변학도도 자신의 역할을 수행하기 시작한다. 그는 기생 점고로 춘향을 불렀다. 점고點考란 명부名簿에 하나하나 점을 찍어 가면서 수효를 조사하는 것으로 지금으로 따지면 일종의 재물점검과도 같다. (군대에서 점호를 취하는 게 바로 그런 사례다. 군인은 국방부의 자산이니 늘 점검해야 한다.) 그렇게 기생들을 불러 모아 점고를 취하면서 춘향에게 수청을 명한다. 지금으로 따지면 그건 권력을 동원한 성폭력 혹은 성착취지만 당시의 관점에서 보자면 정당한 공무(?)다. 실제로 수청守廳이란 한자에서 보듯 '관청에서 높은 벼슬아치 밑에서 심부름을 하던 일'이다. 물론 거기에는 아녀자나 기생이 높은 벼슬아치에게 몸을 바쳐 시중을 들던 일을 포함한다. 백성들에게는 그 수청이 매우 역겨운 일이거나 치욕적인 일이어서 원망의 대상이었을 것이다. 어쨌거나 '당시의 관점에서 보자면' 변학도가 춘향에게 수청을 요구한 것은 정당한 정치 행위였다.

그러나 우리의 춘향에게 그런 야비한 짓은 통하지 않았다! 그녀는 그 명령을 거부했다. 그러니 명령불복종 혹은 항명으로 죄를 물어 한 달쯤 옥에 가뒀을 수 있다. 그런데 춘향의 거부 이유는 그 정도의 죄목으로 다스리기 어려웠다. 이른바 '일부종사一夫從事' 논리였다. 그것은 여염의 중요한 덕목이지만 기생에게는 해당 사항이 없을 뿐 아니라 오히려 직업강령(?)에 어긋나며 반상의 질서를 농락하는 위험한 도발이었다. 심하게 따지면 그것은 일종의 국기문란 행위였다. 그저 며칠 가두고 몽룡을 잊으라고 이르면 될 것이라 여겼는데 이미 그 선을 넘었다. 물론 소설에서 변학도라는 인물이 탐관오리에 여색을 즐기는 자라는 식으로 묘사했으니 분명 다른 음흉한 뜻이 있었겠지만 그렇다 하더라도 당시의 관점에서는 충분히 가능한 일이었고 그게 목사를 파면하거나 입건할 문제는 전혀 아니었다.

정말 순수한 사랑이었을까?

사랑에 빠진 두 청춘의 신분은 비대칭적이었다. 몽룡은 강자였고 춘향은 약자였다. 강자는 강제로 한양으로 떠나 과거시험에 매달렸고 약자는 그 강자를 사랑한 죄로 옥에 갇혔다. 다행히 몽룡은 장원급제했다. 드디어 아픈 사랑의 전환점이 생긴 것이다!

그런데 따져보자. 자기 때문에 춘향이 옥에 갇혔다는 소식을 들었을 것이다. 그렇다면 그녀에게 용기를 잃지 말라는 편지쯤은 보냈어야 하지 않았을까? 물론 아버지가 모든 소식을 차단했겠지만 본인의 의지만 있다면 능히 할 수 있었다. 그러나 몽룡은 그러지 않았다. 그래도 장원급제를 했다면 속히 그 소식을 옥에 갇힌 춘향에게 알렸어야 한다. "춘향아, 나 수석 합격했어. 너 이제 고생 끝이다." 그러나 '의뭉스러운' 몽룡은 그러지 않았다. 그러더니 엉뚱하게 파락호로 위장해서 남원으로 향했다.

우리는 여기서 두 가지 질문을 던질 수 있다. 첫째, 왜 소식을 전하지 않았을까? 그는 춘향을 믿지 못했다. 과연 그녀가 끝까지 절개를 지켜 자신과의 사랑을 간직하고 있을까? 쉽지 않을 것이다. 만약 그녀가 무너졌다면 자신이 굳이 천한 기생을 위해 위험을 감수할 까닭이 없지 않은가. 둘째, 왜 그는 남원으로 갔을까? 이 문제는 심각하다. 과거에 급제한 그는 공무원이 되었다. 공무원은 선공후사가 기본 윤리다. 그런데 그는 사적인 목적을 위해 남원으로 갔다. 그건 상피제相避制[*] 위반이다. 연고지 남원에 갈 처지가 아니다. 그런데도 사적인 목적을 위해 이제 막 공무원에 임명된 자가 그랬다는 건 싹수가 노랗다는 뜻이다.

우리는 흔히 어사라고 하면 박문수 같은 유명한 어사를 떠올린다. 그런 어사의 임무는 지방에 심각한 문제가 발생해서 신속하게 대처하지 않으면 자칫 큰일을 초래할 수 있다고 판단해서 왕명을 받들고 해결하는 일이다. 그래서 그 명칭 앞에 '순무巡撫'니 뭐니 하는 말이 붙는다. 그러나 몽룡의 경우는 다르다. 장원급제 했다고 당장 고위직에 오르는 게 아니다. 사법고시 수석하면 지검장 되는 게 아니듯. 그는 요즘 식으로 따지면 사법연수원생쯤 된다. 막 급제한 초급자들을 어사로 임명한

---

[*] 관료 체계의 원활한 운영과 권력의 집중·전횡을 막기 위하여 일정 범위 내의 친족 간에는 같은 관청 또는 통속 관계에 있는 관청에서 근무할 수 없게 하거나, 연고가 있는 관직에 제수할 수 없게 한 제도.

건 일종의 현장 실습 차원이었을 것이고 감사의 역할도 함께 수행하는 목적이었을 것이다. 그런데 우리는 어사라고 하면 모두 대단한 직책이라고 착각한다.

지방 행정을 연수할 겸 감사의 역할도 수행하는 공무니 당연히 그 비용을 조정이 부담한다. 그 징표가 바로 마패다. 흔히 "암행어사 출도요!" 외치며 꺼내는 증명이 마패로 알지만 사실은 그것은 역驛이나 원院에서 신분을 확인하는 징표인 동시에 이동수단(말)과 숙식의 편의를 제공하는 공적 징표였다. 요즘 식으로 따지면 공무원의 공무용 카드인 셈이다. 역이나 원에서 마패를 꺼내 보이면 아전 등이 굽신거리며 자신을 챙겨주니 뿌듯한 마음이 드는 건 이해할 수 있겠지만 그게 무소불위의 증명서도 아닌데 정3품(실질적으로는 그 이상 될) 남원목사를 꿇릴 수 있는 게 아니다. 어린 나이니 그런 감정이 생기는 건 이해할 수 있지만 그건 권력 남용이거나 블랙코미디일 뿐이다. 어사와 마패의 직분과 역할에 대한 민중의 과도한 해석이 빚은 결과다.

어찌 되었건 몽룡은 남원에 가서 옥에 갇힌 춘향이를 면회한다. 그전에 춘향의 모친인 월매를 만나 속을 홀딱 뒤집어놓고. 춘향의 입장에서는 오매불망 사랑하는 몽룡의 성공이 유일한 희망이다. 그런데 나타난 몽룡의 몰골을 보니 영락없는 파락호가 아닌가. 몽룡은 그런 모습으로 춘향의 속마음을 떠본 것이다. 그게 과연 신분을 뛰어넘는 지고지순한 사랑인가? 나는 결코 동의할 수 없다. 몽룡의 나이가 마흔쯤 된다면 세파에 닳고 닳아 그럴 수 있다고 백번 양보할 수 있어도 스물도 되지 않은 청춘이 아닌가! 그 나이의 사랑이라면 죽음도 불사하는 순수하고 뜨거운 사랑이다. 내가 과문한 탓인지 모르겠지만 나는 몽룡이라는 어린놈처럼 치사하고 비겁하며 이기적인 사랑을 듣도 보도 못했다. 그러니 적어도 그 녀석에게 순수한 사랑 따위의 말은 적합하지 않다. 그놈은 야비하고 어리고 교만한 작자일 뿐이다.

그러나 춘향은 그런 몽룡의 모습에도 사랑을 포기하지 않는다. 거기에서 춘향의 지순한 사랑을 볼 수 있다. 그녀는 이미 희망을 잃었다. 하지만 그것보다 사랑하는 남자의 옹색한 행색 때문에 마음이 아렸다. 그래서 모친에게 자신의 이런저런 걸 처분해서 옷도 사 입히고 용돈으로 쓰도록 해달라고 부탁한다. 그녀는 자신이 선택한 사랑에 대해 실망하거나 분노하지 않고 그 사랑을 열매 맺지 못하게 만든 남자를 원망하지 않는다. 적어도 춘향의 사랑은 끝까지 순수했음을 보여준다.

춘향의 사랑을 확인한 몽룡은 다음 날 변학도의 생일잔치에 나타나 잔치판을 망쳐놓는다. 수령의 생일이 거창하니 지금의 우리에게는 반감이 날 법도 하지만 지방관의 임무 가운데 하나가 지방 유지들과 좋은 관계를 돈독히 함으로써 왕권과 사회를 안정되게 한다는 점에서 마땅한 일이다. 물론 그걸 빌미로 온갖 뇌물을 주고받으며 민폐를 끼치는 일이 더 많아서 원망의 대상이었음을 능히 짐작할 수 있는 일이지만.

초대도 받지 않았지만 양반이랍시고 술상을 받자 축사는커녕 분위기 확 깨는 시를 읊더니 난데없이 '공무수행용 법인카드(마패)'를 꺼내 남원목사를 제 앞에 꿇린다? 이제 막 임명된 초급공무원이? 그건 마치 실습 나온 교생이 자기가 학교에 왔을 때 교장선생님이 교문에서 정중하게 맞아들이지 않았다고 교장실에 들어가서 행패를 부리는 것과 다르지 않다. 철딱서니 하고는! 그리고 설령 그렇다 하더라도 그 치죄가 전적으로 공적이라고 할 수 있을까? 춘향을 둘러싼 사심은 없었는가? 사랑의 복수심이 조금이라도 개입되었다면? 물론 우리는 소설을 읽으면서 이 대목에서 가장 큰 카타르시스를 느낀다. 탐관오리를 징벌하고 정의를 세우며 사랑을 쟁취하는 해피엔딩이니까. 그러나 현실적으로 그건 오버도 아주 심한 오버다. 물론 소설은 허구적 구성을 통해 희망 사항을 문학적으로 승화시켜 응어리를 풀어내는 힘과 묘미를 지녔지만 당시의 현실을 냉정하게 비춰보면 그렇다는 뜻이다.

스테레오타입을 깨뜨려야

현실적으로 거의 불가능한 일도 소설에서는 충분히 가능하다. 그게 문학이 주는 힘이고 묘미다. 그러나 그게 스테레오타입으로 굳어지면 현실과 비현실을 혼동하게 될 뿐 아니라 실제로는 심리적 배설로 대신 하면서 현실의 부조리에 눈감는 나쁜 결과를 빚어낼 수도 있다.

아무리 잘 알려지고 많은 사랑을 받는 고전이라 하더라도 비판과 새로운 해석은 가능한 일이다. 당대의 시점과 현재의 시점을 동시에 읽어낼 뿐 아니라 각각의 장점과 모순을 함께 짚어볼 수 있어야 한다. 우리는 권위적 해석에 익숙하고 거기에 길들여지기 쉽다. 현실에서는 힘에 억눌려 그럴 수 있다손 치더라도 문학에서까지 그래야 할 까닭은 없다. 오히려 문학은 그러한 비판의식이 깨어나게 함으로써 현실을 응시하고 그릇된 현실을 고치고 올바름을 실현하는 힘의 원천이어야 한다.

물론 이러한 논리가 전적으로 옳은 것은 아니다. 그게 바로 문학과 비문학의 차이다. 사회학이나 철학 등 실증적이고 논리적인 분야의 책들은 엄격하고 분명한 합리성과 논리성을 갖춰야 하지만 문학은 때로는 풍자와 야유, 그리고 비틀기와 투사projection 등을 자유롭게 구사함으로써 그 너머의 가치를 만들어낼 수 있는 힘을 가졌기 때문이다. 신분제의 상당 부분이 무너진 조선 후기였지만 여전히 매우 강한 신분제가 작동하던 환경에서 당시 민중이 느낀 탐관오리의 가렴주구와 학대, 양반 계급의 탐욕과 모순적 행동에 대한 반감이 이 소설을 통해 투사되었을 것이다. 그리고 그 격차와 모순을 사랑이 뛰어넘는다는 상징은 매우 큰 의미를 가졌을 것이다.

<춘향전>이 신분을 초월한 영원하고 순수한 사랑, 신분제도를 타파하려는 인간 해방의 보편적 가치라는 주제를 담고 있음은 분명하다. 그것은 결코 깎아낼 수 있는 주제나 가치가 아니다. 하지만 작품 안팎의 다양한 역사적 현실성에 대해서도 주목할 수 있을 때 우리는 지금 우리가 살고 있는 현실에서 겪는 모순과 병폐를 직시할 수 있고 저항할 수 있다. 그런 날카로운 시선으로 <흥부전>을 읽어보면 새로운 해석이 가능할 것이다. 그러니 기존의 해석에 순응하지 말고 대담하게 대들며 따지며 읽어볼 일이다.

올레,
걷는 게 능사가 아니다

대한민국은 걷기 열풍에 휩싸였다. 좋은 일이다. 높은 산에 오르거나 마라톤처럼 극한의 달리기는 아무나 할 수 있다고 여기지 않지만 걷기는 누구라도 할 수 있다. 그리고 걷기는 느리다. 그 '느린 이동'에 열광하는 건 그만큼 우리의 삶이 바쁘다는 방증이기도 하다. 멀리 스페인까지 날아가 산티아고 순례길을 다녀오는 이들도 많아졌다. 이제는 각 지역마다 온갖 이름의 둘레길이 생겨나서 마음만 먹으면 쉽게 걷기 열풍에 동참할 수 있다. 의사들도 걷기를 적극적으로 권장한다. 몸에 무리를 주지 않으면서 할 수 있는 적절한 운동으로 그보다 나은 게 흔치 않다.

달릴 때는 생각하기 어렵다. 달리는 행위는 목적지를 향해 빠르게 이동하는 행위일 뿐 아니라 비일상적인(?) 운동이기에 정신도 거기에 집중하게 되기 때문이다. 반면 걸을 때는 저절로 생각의 꼬리를 물게 된다. 생각의 주제를 정하건 무념의 상태건 차분히, 그리고 천천히 생각의 너비를 넓히고 깊이를 더하는 걷기는 그런 점에서 철학적 가치를 지니기도 한다. 그래서 많은 사상가들이 걷기나 산책의 매력을 노래한다.『걷기 예찬』의 다비드 르 브르통David Le Breton이나『고독한 산책자의 몽상』의 장 자크 루소Jean Jacques Rousseau가 그렇고『산책자』의 로베르트 발저Robert Walser가 그렇다. 헤르만 헤세Hermann Hesse는 산책의 매력에 흠뻑 빠진 작가였다. 그의 작품은 산책의 열매이기도 하다. 우리의 걷기 열풍도 이제는 그런 단계로 진화할 때도 되었다. 애석하게도 아직은 그런 경지에까지 이르지는 못한 것 같지만 결국은 그렇게 될 것이다.

대한민국에 걷기 열풍을 일으킨 가장 큰 계기는 바로 '제주 올레'라는 데 이견은 없을 것이다. 수많은 사람들이 비행기나 배를 타고 제주도에 '걸으러' 간다. 비싼 비용과 시간을 기꺼이 지불하면서 걷는다. 올레는 분명 이제 제주도의 대표적 상품이 되었다. 제주 올레는 국내에 국한되지 않는다. 이미 일본의 규슈에 올레가 수출되어 많은 사람들이 그 길을 걷고 있다.

누구의 길인가

걷기에 좋은 길이 많다. 그런 길을 찾아내거나 찾아간 사람들이 블로그에 올리기도 하며 명성이 퍼진다. 소문이 나면 사람들이 몰린다. 그 원조는 분명 제주 올레다. 2007년 9월 시흥초등학교에서 광치기 해변까지 총 15킬로미터에 이르는 제1코스가 올레의 시작이었다. 2012년 5월 20코스까지 개장되어 원하는 길을 골라서 다양하게 걸을 수 있다. 대략 15킬로미터 안팎의 길이로 대여섯 시간쯤 걸을 수 있는 코스들이다. 코스만큼이나 형태도 매우 다양해서 골목길, 산길, 들길, 해안 길뿐 아니라 오름에 연결된 길도 있고 제주 주변의 작은 섬을 도는 코스도 있다. 사단법인 '제주올레'에서는 지속적으로 코스를 개발하고 있다. 분명 올레는 제주도의 관광 사업에 크게 이바지했고 앞으로도 그럴 것이다.

나도 제주 올레를 몇 차례 걸었다. 좋다. 스페인의 산티아고 순례길을 가보지는 않았지만 히말라야 안나푸르나 라운딩은 해봤는데, 제주 올레만큼 뛰어난 풍광을 지닌 곳은 드물다. 그러나 그래서 그 길은 아쉽다. 풍광이 너무 좋다! 그래서 자꾸만 마음을 풍광에 빼앗긴다. 물론 행복한 푸념이기는 하지만 사색에 빠지거나 자신과 대화를 하며 걷기에는 적절하지 않다는 엉뚱한 생각이 절로 든다. 그리고 처음보다는 많이 나아졌지만 무리를 지어 다니는 사람들이 너무 많고 그런 사람들은 약속이나 한 듯 내내 왁자지껄 시끄러워서 걷기의 평화가 깨지기 일쑤였다. 물론 나의 푸념은 애교로 넘길 수 있는 것이다.

해마다 몇 차례 제주도에 강연하러 갈 때마다 정작 제주도민들 가운데 상당수가 제주 올레에 대해 못마땅해하는 이들이 많다는 사실에 놀랐다. 처음에는 많은 이가 제주도를 찾아와 올레에 감탄하는 모습에 뿌듯했지만, 올레를 찾아오는 사람들 가운데 상당수가 무례하거나 시끄럽기만 하고 딱히 제주도의 경제, 특히 올레 코스에 있는 사람들의 경제에 큰 기여를 하는 것도 아니라며 솔직히 그만 왔으면 좋겠다는 불만을 토로하기도 한다. 그렇기도 할 것이다. 양해를 구하지도 않고 남의 집에 불쑥 들어와 집 구경한다거나 동네에서 시끄럽게 떠들어대는 통에 한시도 조용하지 않으니 제발 그만 오라고 손사래 치는 것도 무리는 아닐 것이다.

제주도 올레길을 걷다 마을 안길에 들어서면 아늑한 느낌과 더불어 뭔가 따뜻하고 평온한 느낌을 얻게 된다. 마을 안길은 특이하게도 길가에 대문을 내지 않은 경우가 많고 길과 집과의 사이에도 나무가 들어서 시선을 막아주는 느낌이 확연하다. 그래서 마을 안길이지만 마을 바깥길을 걷는 느낌을 받는다. 마을의 그 길들은 곧게 뻗어 있지 않다. 부드럽게 휘어진 모양의 길은 담을 타고 들어온 바람조차 다독이며 흐르게 만든다. 곡선의 길은 직선에 익숙한 생각도 곡선적 여유로 채운다. 그 또한 올레의 매력이다. 늘 바쁘게 달려온 삶에 익숙한 사람들을 치유한다. 올레의 끝부분을 자세히 보면 대개 구부러져 있다. 그래서 안거리의 정면을 빗겨 보이게 함으로써 곧은길을 피한다. 구부러진 길이 바람의 속도를 완화시키고 마을 입구에 들어서는 사람들에게 집 안을 그대로 들여다보이지 않도록 하는 기능도 한다. 그러면서 길고 지루한 느낌도 덜고 마당과 서로 넘나드는 묘한 매력을 지녔다. 같은 골목인데도 같은 폭이 아니라 넓기도 하고 좁아지기도 하다.

제주의 집은 도회의 집과는 달리 폐쇄적인 문이 별로 없다. 도둑이 없기 때문이기도 하겠지만 고온다습하고 바람이 심한 지역이라 강풍에 쉽게 무너지고 썩기 때문에 굳이 문을 달지 않는 지혜의 산물이기도 하단다. 바람에 문이 흔들리고 쓰러지면 담까지 무너지는 걸 알기에 얻은 지혜다. 잘 관찰해보면 문이 꼭 필요하면 이문간이라 해서 부속채에 문을 덧붙여놓은 것을 볼 수 있다.

올레를 세심하게 들여다보면 흥미로운 것들은 이것 말고도 많다. 어귀라 부르는 올레의 입구에는 큰 자연석으로 담이 시작하는 부분의 밑에 어귓돌을 놓아서 마을 집들의 입구가 시작된다는 걸 알려준다. 또한 올레 바닥 양옆에 '다리팡돌'이 있는 곳들도 많은데 비가 올 때 신발에 흙이 묻지 않게 걸을 수 있도록 한 놀라운 지혜의 산물이다. 그 돌들은 미학적으로도 아름다울 뿐 아니라 자연스럽게 집의 내부로 이어주는 기능을 수행한다. 이런 것들 놓치며 그냥 골목을 누비는 건 아까운 일이다. 올레는 이렇게 다양한 매력을 갖고 있다. 그 멋진 올레의 시작은 그리 오래되지 않았다.

올레는 오랜 언론인 생활을 마치고 지친 심신을 위로하기 위해 스페인 산티아고 길로 떠났던 서명숙 이사장의 힘 덕분에 시작되었다. 3년을 꿈꿨던 산티아고 순례길이었고 36일을 투자했다. 온 세상 여러 나라에서 온 순례자들을 이끄는 산티아고 길은 분명 특별한 매력을 지녔을 것이다. 그러니 지금도 그 길을 계속해서 걷는다. 그 길을 걷고 돌아온 서명숙 이사장은 '제주도에 길을 내야겠다'라고 마음먹었다. 그 다짐은 그가 여행을 다녀온 후 여행 후기 칼럼을 기고하면서 구체화되기 시작했다. 그녀는 나중에 인터뷰에서 걷기를 선택한 건 자신의 입장에서 가장 품을 안 들이고 시작할 수 있는 운동이었기 때문이었다고 고백했다. 여행 중에 만난 영국인 친구가 한국에야말로 그런 길이 필요하다며 그녀가 그 길을 내는 것이 어떠냐는 제안했고, 그 말이 그녀를 움직였다. 그녀는 본능적으로 자신이 태어나고 자랐던 고향 제주에 그런 길을 내면 훨씬 더 아름답겠다고 생각했다. 그런 생각에 미치자 한국에 충분히 걷기 좋은 지역이 있는데 정작 우리가 걷지 못하고 있다는 게 안타까웠고 그 단순하고 꾸준한 물음이 행동의 결심으로 이어졌다고 한다.

그러나 그게 그리 쉽고 녹록한 일이 아니다. 누가 제주도까지 찾아와 '관광'을 하는 게 아니라 그냥 걷는다는 말인가. 반대하는 건 어쩌면 당연한 일이었을 것이다. 무엇보다 길을 내어줄 사람들을 설득하는 일이 관건이었다. '올레'는 '골목' 혹은 '집에서 거리까지 나가는 작은 길'이라는 뜻의 제주도 방언이다. 골목이란 어떤 공간인가? 현대 도회의 삶에서는 골목의 개념이 많이 사라졌지만 골목은 '사적이면서 공적인 공간'이고 '개방적이면서 폐쇄적인 공간'이다. 달리 말하자면 골목은 그 동네가 공동으로 소유하고 향유하는 독특한 공간이다. 드나드는 이별로 없는 골목을 동네 사람들은 허물없이 드나든다. 그래서 파자마 바람으로 잠깐 골목에 출현해도 탓하는 이 없다. 그런 점에서 골목은 사적 공간의 연장선에 있다. 그러나 골목은 엄연히 공적인 공간이다. 타인의 출현은 골목에 공적인 공간의 위상을 요구한다. 골목은 다른 공간으로 이어지는 입구며 동시에 출구다. 그러니 어느 누가 그런 골목을 낯선 이들이 휘젓고 다니는 것을 허락하겠는가. 그저 노선만 정한다고 될 일이 아니다. 가장 큰 관건은 그 골목을 공유한 사람들을 설득하는 일이었다.

서명숙 이사장의 남동생인 서동철 씨가 그 궂은일을 맡았다. 제주 전역에 모르는 사람이 거의 없는 마당발에 친화력이 뛰어날 뿐 아니라, 지역 관련 역사를 꿰뚫고 있었던 그가 동네 주민들을 설득했다. 서 이사장이 막연히 '길을 내겠다'라고 생각했다면 그 길을 뚫어내고 거기에 이야기를 입힌 사람은 바로 서동철 씨였다. 그러나 진정한 주인공은 그 길을 기꺼이 내준 올레의 주인들, 즉 골목에 사는 주민들이었다.

주민들도 처음에는 뿌듯했을 것이다. 제주도에 오면 유명한 관광지에나 사람들이 몰릴 뿐 자신들이 사는 동네에 올 것이라고는 꿈에도 생각하지 못했는데 많은 이들이 일부러 찾아오니 놀랍기도 하고 흐뭇하기도 했을 것이다. 처음에는 '이게 무슨 도움이 되느냐'라며 지역 주민과 상인들뿐 아니라 정치인들까지 반대했지만, 나중에는 '왜 우리 동네에는 올레길이 지나가지 않느냐'라며 서운해할 정도였단다. 하지만 시간이 지나면서 그 환상은 조금씩 깨지고 금 가기 시작했다. 의도한 바는 아니지만 사람들이 몰리면서 엉뚱하게 제주도의 땅값이 상승했고 그 여파를 고스란히 제주도 사람들이 감내해야 했으니 그렇게 해서 돈을 제법 만진 사람을 제외하고는 예전보다 집이나 땅을 사는 게 더 어려워졌다. 게다가 찾아오는 관광객들 가운데 많은 사람들이 무례하고 시끄러울 뿐 아니라 남의 집에 불쑥 침입하는 일이 비일비재하니 반가울 까닭이 없다. 그저 자기처럼 걷는 사람들이 많아졌으면 하는 바람, 정신없이 앞만 보고 달리는 우리나라 사람들이 제주 올레길을 걸으면서 여유를 찾았으면 하는 바람으로 시작한 서명숙 이사장의 희망은 여전히 유효하다. 그러나 현실은 자주 바람을 배신한다.

마음을 읽고 감사하고 나눌 수 있어야

제주 올레의 진짜 가치가 무엇인지 이제 분명해졌다. 그걸 놓치니 길을 내준 사람은 실망하고 길은 걷는 사람은 거죽만 누린다. 그런데도 그게 도드라지지 않는 건, 둘의 이해관계가 충돌하지 않을뿐더러 길은 내준 이들이 속으로는 못마땅하거나 부글부글 끓는 불쾌함이 있어도 찾아온 손님들을 야박하게 내쫓을 수 없다고 생각하는 너그러움 덕택이다. 제주 올레를 걸으면서 그 길을 내준 사람들의 마음을 읽지 못한다면 그건 헛된 길이다. 그러니 올레에서 만나는 제주도 사람들에게, 특히 본디 의미로서의 올레, 즉 마을길에서 만나는 이들에게 "이 좋은 길을 내주셔서 정말 고맙습니다"라고 인사하는 건 어떤가. 인사하는 사람도 행복하고 그 인사 받는 사람도 뿌듯할 것이다. 인사 받자고 길 내준 건 아니지만 누구나 자신의 마음을 읽고 고마워할 줄 알며 그것을 표현해주는 예의 바른 사람에게 마음이 열린다. 이미 그 인사 하나만으로 올레는 세상에서 가장 행복하고 평화로운 길이며 따뜻한 골목이 된다. 풍경에만 마음 뺏기지 않고 사람의 마음을 읽고 얻는 순례객들 또한 그 가치를 자신들이 사는 곳으로 돌아가서 실천할 수 있다면, 그것만으로도 제주도 올레의 힘과 가치는 대단히 매력적이지 않은가.

더 나아가 그 길을 우리나라 사람들뿐 아니라 이웃 나라 일본과 중국 사람들도 찾아와 누리면서 그 가치를 실감하고 돌아가 자신들도 그런 가치를 실천한다면, 그것은 아시아의 미래를 위해서도 엄청난 매력이 아닐 수 없다. 한국, 일본, 중국에서 스무 명씩 모아 함께 제주 올레길을 걸으면서 그런 나눔과 베풂 그리고 공존의 가치를 몸으로 느낀다면, 그리고 그들이 훗날 어른이 되어 각자의 사회를 이끄는 세대가 된다면 그것만으로도 평화의 자산이 된다. 말로만 '평화의 섬' 제주도라고 할 게 아니다. 그리고 어차피 제주 올레를 이미 일본 등에 수출했으니 앞으로는 올레를 수출할 때 풍광이나 코스가 중심이 아니라 나눔과 베풂이라는 인류의 가치를 확산시키는 계기로 삼는 것도 좋을 것이다.

그냥 시끄럽게 외친다고 되는 일이 아니다. 제주국제공항에 한글, 일본어, 중국어, 그리고 영어로 "올레에 오신 것을 환영합니다. 올레는 골목을 내준 이들의 마음이 만들어낸 아름다운 길입니다. 그 마음을 담고, 닮아가는 건 어떨까요?" 그런 내용의 글귀의 광고판을 걸어놓기만 해도 사람들은 자연스럽게 그리고 기쁘게 그 뜻을 따를 것이다. 그게 서명숙 이사장이 인터뷰에서 밝힌 것처럼 제주 올레를 지점과 지점을 '선'으로 엮어내는 올레길에서 마을과 마을을 '면'으로 엮어내는 방향으로 진화시키자는 의도에도 부합할 것이다. 또한 그녀가 추구하는 두 번째 단계인 동북아시아 지역의 도시들에 제주 올레를 도입하게 하려는 시도에도 그 핵심적 가치가 될 수 있을 것이다. 올레의 아름다운 길을 걷기만 하는 게 능사가 아니다. 그 길에 담긴 깊은 '사람의 향기'를 놓치면 아무리 아름다운 풍광의 길을 누린다 해도 뭔가 허전할 일이다. 거창하게 떠들어댈 게 아니라 작은 글귀 하나 마련하는 것만으로도 그 본질을 충분히 살려낼 수 있지 않은가. 수많은 올레객들이 그 가치를 공감하고 공유할 때 세상은 한 뼘 더 멋지게 변화할 것이다.

우리가 배웠던 길이 옳은 길은 아니다

작명권을
내주지 말라

①

올림픽의 꽃은 누가 뭐라 해도 마라톤이다. 사실 그 이름의 기원이
되는 마라톤 전투와는 상관이 없는, 혹은 왜곡된[*], 인간의 이 위대한
달리기가 올림픽 경기의 마지막을 장식하는 것만으로도 분명 꽃이라
할 수 있다.

마라톤 전투는 이른바 '페르시아전쟁'의 중요한 한 장면이었다. 세
계 최초의 제국을 이룬 페르시아는 그들이 정복한 이오니아 식민지에
밀레투스가 지원을 요청하자 무장 군대를 파견한 아테네와 에레트리
아를 응징하기 위해 그리스를 침공했다. 페르시아와 그리스가 전쟁을

---

[*] 페르시아와의 전투에서 승리한 것을 전달하기 위해서라는 설, 지상전에서 승리하고 곧바
로 전력을 해전으로 전환해야 하는 아테네의 사정 때문에 그 소식을 전하기 위해 죽어라
달려야 했다는 설, 스파르타 등 동맹국에 지원을 요청하기 위해서였다는 설 등이 다양한
것만 봐도 정확한 사실이 아님을 방증하는 것 아니겠는가.

벌였다. 그런데 '페르시아전쟁'이라? 우리가 그리스인이거나 유럽인인가? 그들의 입장에서 보자면 페르시아와 벌인 전투이니 그렇게 부를 수 있지만 '제3자'인 우리가 그렇게 불러야 할 까닭이 있을까? 따라서 '그리스-페르시아 전쟁' 혹은 '페르시아-그리스 전쟁'[❖]이라 부르는 게 옳다. 유럽인들이 기술한 방식을 우리가 그대로 따르는 이유는 훗날 강자였던 서구인들의 시각을 그대로 따랐기 때문이다.

②
──

극동방송이라는 방송사가 있다. '극동'이란 아시아의 가장 오른쪽 끝, 태평양을 마주 보고 있는 지역을 지칭한다. 근동이니 중동이 하는 말도 일상적으로 쓰인다. 아시아 대륙이다. 그런데 아시아 대륙에서 보면 동아시아, 서아시아 등으로 부르는 게 옳다.

현대 지리학 초기에 동양을 세 지역으로 나눴다. 그 지역의 중심부가 근동近東이다. 지중해에서 페르시아만까지 걸쳐 있는, '유럽에서 가장 가까운' 지역이다. 중동은 페르시아만에서 동남아시아에 이르는 지역을 가리키며, 극동은 앞서 말한 대로다. 이후 제2차 세계대전을 전후해서(영국은 이집트 주둔 영국군 부대를 '중동육군지휘부'라고 불렀다) 중동은 터키, 시리아, 레바논, 팔레스타인, 요르단, 이라크, 이란과 아라비아반도의 여러 나라를 지칭하는 의미로 변모했다. (뜻밖에도 미국은 중동보다

<hr>

❖ 연세대학교와 고려대학교가 매년 정기전을 벌이는 것을 한 해는 '연고전' 다음 해는 '고연전'으로 부르는 것도 그런 객관성과 균형의 발로다.

우리가 배웠던 길이 옳은 길은 아니다.

근동이라는 용어를 '공식적으로' 자주 사용한다. 미 국무부에는 '근동 및 남아시아 문제 담당 사무국'이 있고 책임자가 국무차관보다.) 최근에는 그 지역 주민의 동질성을 중심으로, 즉 이슬람교를 믿는 아랍 세계의 문화적 요소가 가미되어 쓰이기도 한다. (그래서 그런 경우 이스라엘은 그 용어가 가리키는 나라에서 빠진다.) 결국 유럽인들이 자신들의 입장에서 아시아 대륙을 편의적으로 구분한 용어가 극동이니 중동이니 하는 것들이다.

③

이른바 오리엔탈리즘적 관점에서만 '오염된' 용어만 있는 게 아니다. 우리 역사 내에서도 그런 말은 비일비재하다. 성공하면 반정反正이지만 실패하면 역모가 된다. 그거야 어디나 있는 일이다. 그런데 우리가 흔히 쓰는 '임진왜란'이라는 명칭도 가볍게 볼 게 아니다. 말 그대로 풀면 '임진년에 왜놈들이 일으킨 난리'다. 우리가 침공한 게 아니니 그렇게 부를 수 있겠지만 전쟁은 국가 대 국가가 치른다. 그러므로 '임진년 조일전쟁'이 맞다. '왜'라는 나라도 민족도 없다. 또한 전쟁을 예방하지 못하고 당한 쪽에도 '책임'이 있다. 그런데 책임은 쏙 빼고 그저 '왜놈들이 일으킨 난리'다. 조선의 조정과 기득권은 그렇게 부르고 싶었을 것이다. 그러나 역사는 자존심만의 문제가 아니다. 정확한 인식과 사실에 토대를 둬야 한다. 따라서 정유재란도 '정유년 제2차 조일전쟁'이 맞다.

그런 관점에서 보자면 '정묘호란'이나 '병자호란'도 마찬가지다. '병자년에 오랑캐가 일으킨 난리'라는 뜻이다. 그것도 앞의 관점에서 칭하자면 '병자년 조청전쟁'이 맞다. 사실 병자호란은 능히 피할 수 있었던 전쟁이고 좀 더 노골적으로 말하자면 '자초한' 전쟁이다. 국제관계를 냉정하게 인식한 광해군 때 기껏 마련한 등거리 외교를 무너뜨리고 사대외교를 고수한 인조와 조정이 자초한 전쟁이다.

이미 일반화된 용어인 임진왜란이나 병자호란을 굳이 새로운 명칭으로 바꿔 부를 까닭이 없다 하더라도 인식은 객관적이고 냉정해야 한다. 지금도 그런 일들은 비일비재하게 일어나고 있지 않은가. 이른바 '동란'이나 '사변'이라는 말도 그렇고 특히 '사태'도 그렇다. 지금은 '광주민주화운동'이라고 부르지만 군부정권 시절에는 '광주사태'라고 불렀다. 사전적 의미의 '사태'란 '벌어진 일의 상태나 일의 되어가는 형편'이다. 아무런 가치 평가가 개입되지 않는다. 그러나 대부분 그런 명칭은 가해자가 작명한다. '사태'라는 명칭에는 가해자와 피해자의 구조가 철저하게 무시된다. 유신 시대에 '부마항쟁'도 그저 '부마사태'라고 불렀다. 그러니 그런 작명의 당사자는 대개 가해자일 확률이 높다고 할 수 있을 것이다.

④

경기고등학교가 있고 경기여자고등학교가 있다. 아무런 거부감이 없다. 익숙한 이름이니 이상한 느낌이 들지 않는다. 그런데 정말 그럴까? 여학생만 다니는 학교니 이름에 '여자'가 붙는 건 자연스럽다. 그렇다면 남학생만 다니는 학교의 이름에도 '남자'가 붙어야 한다. '경기남자고등학교'라고 불러야 옳다. 그게 양성평등의 올바른 이름이다. 20세기에는 교육의 우선권이 남자들에게 편중되었다. 집은 가난하고 자녀들은 많으니 아들은 악착같이 학교에 보냈지만 딸들은 적당히 가르치고 일자리를 얻어 오빠나 남동생 뒷바라지 하는 게 그들의 몫이었다. 혹은 소수의 개명한 부모들이 딸도 학교에 보냈다. 그래서 여학생만 다니는 소수의 학교에는 '여자'라는 말이 붙었다. 여자들이 대학에 진학하는 비율도 매우 낮았다. 그러나 지금은 그렇지 않다. 이른바 '알파걸'의 시대이기도 하다. 그런데도 여전히 '여자'중학교와 '여자'고등학교가 존재한다. 그리고 그게 아무렇지도 않다. 한심한 일이다. 여자중학교와 여자고등학교가 존재한다면 남학생들만 다니는 학교도 남자중학교, 남자고등학교라는 말이 붙어야 옳다. 아니면 '여자'라는 이름을 학교 이름에서 떼야 한다. 큰돈 드는 것도 아니다. 문제는 생각이 굳었다는 점이다.

⑤

에이브러햄 링컨Abraham Lincoln 하면 흑인 노예해방을 떠올리고 자연스럽게 '남북전쟁'으로 이어진다. 미국이 남과 북으로 나뉘어 전쟁을 치렀으니 그렇게 부를 수 있다. 그러나 그건 엄밀하게 말하자면 내전이다. 즉, '미국내전'이다. 내전을 영어로 'civil war'라고 부른다. 그런데 'The Civil War'라고 하면 미국에서 일어난 내전의 고유명사로 변환되며 그걸 우리는 '남북전쟁'이라고 부른다. 사실 남북전쟁이라는 명칭은 오히려 '한국전쟁(일반적으로 6.25사변이나 6.25동란)'에 어울리는 말이다. 노예제도 폐지를 주장한 북부연방과 존속을 외친 남부연방의 내전이다. 거기에는 이미 '가치'의 개입이 들어 있다는 점을 무시하기 어렵다.

종교에서도 명칭의 문제는 가볍지 않다. 마태오의 복음을 '마태복음'으로 루카의 복음을 '누가복음'으로, 그리고 마르코의 복음을 '마가복음'이라 부르는 건 서양식 이름을 한자로 음차하며 생긴 것이니 그럴 수 있다 치자. 그러나 구약성서의 '출애굽기'는 해괴하기 그지없다.

'Exodus'를 옮긴 말이다. 이집트에서 탈출한 사건을 중심으로 전개되는 구약성서. 이집트를 한자로 '애급埃及'으로 쓴다. 따라서 '출애급기', 즉 '애급'에서 '탈출'한 사건을 다룬 성서이다. 그런데 개신교 성경에는 '출애굽기'로 명칭한다. 실제로 컴퓨터에서 '출애급기'라고 쓰면 밑에 빨간 줄이 쳐지며 '틀린' 용어로 규정하고 '출애굽기'로 쓰면 아무런 지적이 없다. '급'을 원순모음화해서 '굽'으로 읽는 습관이 관행이 되고 굳어진 까닭일 것이다. 굳이 따지자면 해괴한 일이다.

사실 '종교'라는 명칭도 불교에서 비롯된 말이다. '마루 종'을 썼으니 '가장 높은 가르침'이란 뜻이다. 구체적으로는 부처님의 가르침을 뜻한다. 그게 가장 높은 가르침이니 그렇다. 지금 우리가 쓰는 여러 종교의 용어들이 불교 용어에서 비롯되었다. '천주'도 그렇고 '장로'도 그렇다. 그걸 누가 주도적으로 쓰느냐, 그리고 누가 더 힘이 세느냐 따위에 의해 정리되는 용어들이 뜻밖에 많다.

1517년 독일의 비텐베르크 성당에 '95조의 반박문'이 게재되었다.

우리가 배웠던 길이 옳은 길은 아니다.

아우구스티누스 수도회의 신부 마르틴 루터Martin Luther가 교회와 교황권의 타락을 신랄하게 비판한 대자보였다. 그것을 기점으로 유럽의 교회는 분열과 개혁을 겪었다. 우리는 그 사건을 '종교개혁'이라고 부른다. 그러나 이 용어에는 위험이 내재되어 있음을 놓치지 말아야 한다. 유럽인들에게는 그리스도교라는 '하나의 종교'가 있었다. 따라서 그 종교와 교회의 개혁을 그들은 'The Reformation'이라고 칭한다. 그런데 그걸 우리말로 번역하면서 '종교개혁'이라고 바꿨다. 아마도 일본이 번역한 말을 그대로 따르면서 그런 명칭을 사용했을 것이다. 하지만 그 명칭에는 종교란 오직 그리스도교뿐이라는 오만이 깔려 있다는 점을 부인할 수 없을 것이다. 따라서 '유럽 교회의 개혁' 혹은 '유럽 교회의 분열' 등으로 부르는 게 옳다.

이름을 붙이는 자가 권력자다

조선의 임금 칭호에는 조祖나 종宗이 붙는다. 구분이 모호하기는 하지만 일반적으로 국가에 공적이 있다고 평가되는 왕의 묘호에는 '조'를, 덕치로 국가를 평화스럽게 다스린 왕에게는 '종'을 붙인다. 예를 들어 건국한 이성계는 태조, 임진왜란·병자호란·홍경래의 난 등을 평정(?)하거나 극복한 임금은 각각 선조·인조·순조라는 묘호를 갖게 되었다.

사실 인조는 실리적인 외교를 펼쳐 명과 청 사이에서 조선의 이익을 최대한 취한 광해군의 조정을 맹목적 숭명사대사상으로 축출하고 집권하면서 어리석게도 청의 침략을 자초했다. 그뿐 아니라 삼전도의 비극이라는 역사적 수치를 겪고 세자와 왕자를 인질로 보내고 여러 관료와 수많은 백성을 청나라에 끌려가게 했으며, 그 이후에도 지리멸렬한 정치로 일관했다. 그럼에도 그에게 '인조'라는 명칭이 부여되었다는 것은 그가 죽은 후에도 숭명사대파들이 집권하고 있었음을 의미한다. 진정한 자주독립과 안정을 위해서는 국제 정세에 대한 냉정한 인식이 필요함에도, 여전히 과대망상적인 사고에 휩싸여 말만 앞서는 이른바 북벌론자들이 득세했던 것을 보면 능히 짐작할 수 있는 일이다. 이름 붙이는 자가 권력자라는 점을 여기서도 쉽게 확인할 수 있다.

그러나 때로는 이름에 위민爲民의 뜻이 담긴 경우도 있다. 태조 이성계와 정종 이방과, 그리고 태종 이방원의 경우는 자신들이 왕손으로 태어난 것이 아니라 삶의 과정 중에 왕위를 얻은 것이니 어쩔 수 없지만, 세종은 왕손으로 태어났으며 이름은 이도李祹였다. 이른바 기휘忌諱 탓이었다. 기휘란 일반 백성이 임금의 이름을 쓸 수 없도록 하는 조치였다. 즉, 백성들의 이름에는 세종의 이름인 '도祹'를 쓸 수 없었다. 만약 왕의 이름이 두 글자고 흔한 것이라면 어찌 될까. 이름 짓기 어려웠을 것이다. 그래서 왕자의 이름은 한 글자로 짓되 가능하면 흔하지 않은, 즉 여러 사람들이 쉽게 쓸 수 있는 단어를 건드리지 않는 글자 가운데 찾게 되었다. (왕의 아들이 아니었던 인조는 이천윤, 철종은 이원범, 고종은 이재황이었다.)

향珦(문종), 유琿(세조), 황晄(예종), 혈娎(성종), 융懌(연산군), 역懌(중종), 호岵(인종), 환峘(명종), 연昖(선조. 원래는 '균'이었으나 개명), 혼琿(광해군), 순焞(숙종), 윤昀(경종), 금昑(영조), 산祘(정조), 공玜(순조), 환奐(헌종), 척坧(순종) 같은 글자는 모두 흔히 쓰는 한자가 아니다. 혹여 기휘 때문에 왕이나 성현의 이름자를 쓰지 못하게 되면 백성들이 불편할 것이기에 외자 이름에, 그것도 희귀하거나 심지어는 사전에도 없는 글자를 만들어 쓰기도 했다. (연산군의 이름인 융㦀은 '忄+隆'으로 조합한 글자다.)

　이름을 붙이는 게 권력자라고 해서 무조건 자기 멋대로 휘두르는 건 횡포요 폭력이다. 정권을 탈취하고 광주에서 수많은 사람들을 살상한 전두환의 군부 세력이 만든 정당인 민정당이 '정의 구현'을 외쳤던 건 콤플렉스에 기인한 일이었지만, 그 자체로 정의를 희롱한 폭력이었다. 이명박이 '정직'을 자랑했던 건 그야말로 웃기는 노릇이었고 박근혜가 '사심 없이' 정치한다는 것도, '올바른 역사관' 운운하며 국정교과서라는 시대착오적인 패악을 저지른 것도 마찬가지였다. 정의롭지 못한 자가 정의를 운운하고 반민주주의적 정치인이 민주주의를 입에 올리는 건 사실은 정의와 민주주의를 내걸고 자신들에게 대들지 못하게 하려는 원천봉쇄의 방식에 불과하다. 종북이니 좌빨이니 하는 식으로 프레임을 짜는 것도 결국은 의제를 선점하여 용어를 독점함으로써 자신의 세력을 공고하게 만드는 방식이다. 따라서 나쁜 권력자들과 거기에 부역하고 기생하는 자들이 이름 짓는 방식은 결국 자신들은 결코 그 가치를 실천할 생각도 없을 뿐 아니라 남들도 그런 일을 하고자 하면 처벌하겠다는 교묘한 수사에 지나지 않을 뿐이다. 그러니 그런 놈들에게 작명할 수 있는 권력 자체를 주면 안 된다.

수구언론의 작명 악습

　언론은 현재의 사관史官이다. 따라서 눈은 예리하고 발은 신속하며 손은 정직해야 한다. 언론인은 그런 가치에 충실하고자 하는 사람들의 몫이어야 한다. 그러나 때론 그런 것들을 거부하고, 곡학아세하고, 치부를 부끄러워할 줄 모르며, 권력을 탐하는 자들이 언론을 장악하는 경우가 많다. 불행히도 대한민국의 이른바 메이저 언론이라 부르는 회사들(그렇다. 언론사가 아니라 자신의 이익만을 추구하는 '회사'가 너무 많다)은 작명권을 독점하고 온갖 패악을 대놓고 저지른다. 그러면 수구 정당이 그 용어를 입에 올리며 자신들의 이익에 부합하게 재생산하고, 그걸 다시 뻔뻔한 언론이 확대 재생산한다. 그렇게 딱 한 번만 회전시키면 '상식적인 보편어'가 된다. 그 낱말이 몇 차례 '거래'되면 사회 전체가 딱 그 프레임에 갇힌다. 그러니 그런 능력을 지닌 언론은 자신들이 엄청나게 똑똑하고 강한 영향력을 가졌다고 착각하는 웃기는 일이 벌어진다.

2018년 7월 24일 《조선일보》 1면은 그런 프레임 놀이의 압권(?)이었다.* 고등학교 야구대회에서 우승한 선수들이 물을 뿌리며 기쁨을 만끽하는 사진이 크게 실렸고 그 옆에 스스로 목숨을 끊은 노회찬 의원 기사를 올리면서 제목을 '노회찬의 마지막 후회'라고 뽑았다. 매우 객관적인 사실을 보도한 것이라고 강변할지 모르지만** 평소에 보여온 그 신문의 행태를 보면 시민들의 분노와 비난은 엉뚱한 게 아니다. 그

---

* 자사 주최 대회지만 그렇게 1면 복판에 사진을 실었던 적은 거의 없다. 2017년 7월 17일자 1면에는 청룡기에서 우승한 배명고의 사진이 오른쪽 하단에 작게 실렸고, 2016년 7월 16일자에 실린 덕수고의 청룡기 우승 사진 위치도 왼쪽 하단 구석이었다. 세상을 떠난 정치인에 애도가 이어지고 국민적 상실감이 큰 상황에서 이와 같은 편집은 논란의 요소가 적지 않았다. 그 신문은 노 의원이 사망하기 전인 같은 달 21일자 지면에 실린 '노동자 대변한다면서 아내의 운전기사는 웬일인가요'라는 기사로 입길에 올랐다. 기사 도입부엔 "집안에 아내 전용 운전기사가 있을 정도로 재벌 아닌가. 이런 사람들이 노동자를 대변한다?"라는 인용구가 쓰여 있다. 그러나 팩트는 기사에서 운전기사로 지칭된 사람은 자원봉사자였고 그것도 선거운동 기간에만 그 일을 했다는 점이다.

** 편집자 의도를 확인하지 않는 한 해석의 영역으로 남을 뿐이다. 박두식 조선일보 편집국장은 24일 통화에서 사진 편집이 부적절하다는 여론을 전하자 "마음대로 해석하라"며 전화를 끊었다고 한다.

우리가 배웠던 길이 옳은 길은 아니다.

릇된 언론일수록 자신들이 프레임을 짜면 시민들은 자연스럽게 거기에 빨려든다고 착각하는 경향이 강하다. 물론 그게 비단 우리나라만의 문제는 아니다.

나폴레옹Napoleon Bonaparte이 권좌에서 쫓겨난 뒤 유배지에서 탈출했을 때 프랑스 언론은 "악마가 탈출했다"라는 머리기사를 썼지만, 그가 점점 더 파리에 접근할수록 호의적으로 변모했고 마침내 그가 파리에 입성했을 때는 "황제 폐하 만세!"를 외쳤다. 이는 펜이 칼보다 강하기는커녕 아부의 수단이 되기 쉽다는 방증이기도 하지만, 그래도 그건 옛날이야기다. 그런데 지금도 대한민국에서는 그런 일이 태연히 벌어지고 있다. 한때 직필로 쫓겨난 기자들이 결성한 동아투위(동아자유언론수호투쟁위원회) 등의 결기도 있었지만 지금의 그 신문에서 그런 의기는 눈 씻고 봐도 찾을 수 없다. 오히려 괜히 그러다가 자신만 힘들어진다는 걸 보여주는 반면교사로만 읽어내는 언론의 현실은 여전히 작명을 무기로 세상을 조롱하고 있지 않은가.

언론은 최소한의 산술적 중립성조차 무시하는 경우가 허다하다. 예를 들어 호남 출신의 3선 이상 국회의원을 '호남중진의원'이라 부른다. '중진'이란 '어떤 집단이나 분야에서 지도적인 영향력을 가진 중요한 인물'을 의미한다. 그러니 중진이라는 말을 싫어할 정치인은 별로 없다. 하지만 그 말에는 교묘한 프레임이 숨어 있다. 막대기만 꽂아도 선출되는 국회의원으로 몇 선인들 그게 뭔 대수냐는 비아냥거림과 이제 그쯤 했으면 물러나야 하지 않겠느냐고 압박하는 의도도 개입되어 있다. 그렇다면 최소한 산술적 중립을 따라 '영남중진의원'이라 지칭하는 말이 있어야 한다. 그러나 언론에서 그런 용어를 쓰는 경우를 나는 거의 보지 못했다. 인구로 따지면 호남은 결코 영남을 선거에서 이길 수 없다. 그러니 가장 쉬운 방식이 지역감정을 이용해서 패거리를 짓는 일이다. 그런 농간에 언론이 그저 툭 붙이는 말 하나가 얼마나 위험한 독을 품고 있는지 간파해야 한다. 이런 일이 너무나 흔하다.

국내 언론뿐 아니다. 같은 내용도 어떻게 이름 짓느냐에 따라, 심지어 수식어 하나를 어떤 의도로 붙이느냐에 따라 전달하는 목적이 완전히 달라지는 경우가 허다하다. 동일한 문제를 어떻게 명명하느냐에 따라 그 방향이나, 심지어 내용까지 달라질 수 있다. 예를 들어 '지구온난화global warming'라는 말에는 지구가 점점 따뜻해진다는 의미를 넘어 그렇게 만드는 원인인 '인간의 활동'이라는 문제를 함축한다. 온난화를 야기한 건 에너지를 많이 쓰는 사람들이다. 선진국 사람들이다. 그들이 온난화에 대한 책임을 져야 한다. 그래서 그것을 매우 중립적인(?) 의미로 변환하려는 말이 '기후변화climate change'다. 누가 일으킨 게 아니라 자연의 변화일 뿐이므로 책임의 주체가 모호하다. 그런데 미국의 트럼프 행정부는 한 걸음 더 나아가 기후변화 대신 '극단적 기후weather extremes'라는 용어를 쓰도록 기후변화 관련 부서에 지침을 내렸다. 그래서 '기후변화 적응'을 '극단적 기후에 대한 탄력성'으로 '온실가스 감축'은 '토양 유기물 증강과 영양소 효율성 증가'로 대체한다. 그것은 일종의 '용어 블랙리스트'다. 트럼프의 미국이 파리기후변화협정에 탈퇴한 것은 바로 이러한 일련의 흐름이 이끌어낸 결론이다.

TV 뉴스에서 그린벨트(개발제한구역) 해제에 관한 공청회가 난장판이 되는 모습을 보여주면서 흔히 쓰는 말이 '지역 이기주의'의 폐해라는 것이다. 얼핏 보면 그 말이 그럴듯해 보일지 모르지만 그건 '가해자의 시선' 또는 '이익을 얻은 자가 바라보는 시선'의 다른 말이다. 당사자의 입장에서 보면 전혀 다르다. 분명 그린벨트는 여러 사람에게 이익을 준다. 도시의 난개발도 막을 수 있고 맑은 공기를 제공하는 '도시의 허파'를 갖게 되니 마다할 일이 아니다. 그러나 당사자의 경우는 어떤가. 그 구역을 정할 때 양해를 구한 것도 아니고 보상해주지도 않았다. 거기 사는 이들은 상대적으로 약자들이었다. 그게 수십 년을 넘겼다. 예전에는 힘이 없으니 권력으로 누르면 꼼짝도 할 수 없었다. 그러나 이제는 인식도 달라지고 상황도 변했으며 지금까지 감당한 불이익이 너무 컸다. 당연히 거부할 수 있다. 그건 시민의 권리다. 그런데 그 요청을 폭력이라고 이름 붙이고 지역 이기주의라고 하는 건 고약한 일이다. 진정 그린벨트의 효과를 지속적으로 원한다면 당연히 그 값을 치러야 한다. 그게 최소한의 정의다. 지역 이기주의라는 용어에 담긴 폭력성을 인지했다면 마땅히 다른 용어로 바꿔야 하고 권리와 정의에 대한 구체적이고 실천적인 대안을 제시했어야 한다.

심지어 같은 사안에 대해 각 언론사가 명명하는 방식에서 확연한 차이를 확인할 수 있다. 힘과 돈을 소유한 쪽에서는 자신들에게 유리한 프레임과 용어를 생산하는 언론에 투자(광고 등)를 한다. 언론도 그런 점을 잘 안다. 그래서 그들에게 유리한 프레임과 용어를 '창조'한다. '정의'니 '창조'니 '융합'이니 하는 좋은 용어들도 삐뚤어진 시각과 의도를 가진 자들이 점유하게 되면 왜곡되고 희화화된다. 그러니 '이름'을 짓는 일에 각별히 관심을 갖고 악당들이 제멋대로 제 입맛대로 이름을 만들어내지 않는지 감시해야 한다.

우공이산愚公移山은
환경파괴의 주범이다

우공은 참 웃기는 노인이다

불가능한 일은 끝내 해내는 집요한 노력과 끈기를 일컬을 때 우리
는 흔히 우공이산愚公移山의 고사를 인용한다. 우공이산에 얽힌 고사는
원래 어리석은 영감이 산을 옮긴다는 이야기로『열자列子』「탕문편湯問
篇」에 나오는 이야기다.

옛날 중국 태행산太行山, 太形山과 왕옥산王屋山에 아흔 살 노인이 살았
다. 노인은 이 두 산 때문에 바깥출입이 불편하자 아들들과 함께 그 산
들을 깎아 너른 길을 내기로 했다. 다른 식구들은 찬성했지만 아내는
말도 안 된다며 반대했다. 아내의 반대는 당연하고 합리적이다. 도대
체 어느 누가 돌아가는 길 불편하다고 산을 깎는단 말인가! 그러나 고
집 센 노인은 세 아들과 손자까지 데리고 산을 깎기 시작했다. 언젠가
는 태행산과 왕옥산을 다 깎아 너른 길을 낼 거라는 신념으로. 굳은 신
념은 높이 평가할 일이다. 그러나 과하면 탈 난다. 산을 깎는 일을 자기

가 다 못 해도 손자의 손자에까지 이르게 하다 보면 언젠가는 될 거라고 믿었다는 말을 덧붙였으니, 그 신념이 얼마나 단단한 것인지 첨가하는 건 애교라고 해두자.

조용하던 산에 난리가 났을 수밖에. 깜짝 놀란 산신령이 옥황상제에게 어떤 노인이 산을 깎고 있다고 이르자, 옥황상제는 노인의 끈기에 감동해 역신力神인 아들을 시켜 두 산을 멀리 옮겨놨다는 얘기다. 지성이면 감천이라는 대표적 사례로 이보다 더 화끈하고 감동적인 이야기를 찾기 쉽지 않을 것이다. 그래서 두고두고 사람들은 이 이야기를 신념의 힘이 세상을 바꾼 사례로 든다. 이 노인이 바로 '우공愚公'이고, '우공이산'은 아무리 크고 힘든 일이라도 끊임없이 노력하면 꼭 이루어진다는 교훈을 담은 고사성어로 쓰인다. 그러나 나는 이 노인이야말로 정말 이름처럼 '어리석은 노인'이라고 생각한다. ('우공'을 '어리석은 노인'으로 해석하기도 하지만, 학자들은 '우 씨愚氏 노인'으로 해석하기도 한다.)

우공, 참 웃기는 노인이다! 산이 있으면 돌아서 가면 되고, 정 그게 싫으면 다른 곳으로 이사를 가면 될 일이 아닌가. 이도 저도 싫으니 거추장스러운 태행산과 왕옥산을 깎아 길을 내겠다는 발상이야말로, 비합리적이고 불가능할 뿐 아니라 설령 가능하다고 해도 반환경적이기 비할 데 없다. 산업화니 도시화니 하면서 제멋대로 깎고 깔아뭉갠 자연이 얼마나 많았는가? 얼마 전까지만 해도 좁은 땅 넓힌다고 서해안 여기저기에 둑을 쌓고 논으로 만들었다. 간척사업은 이 나라 농업이 획기적으로 변화한 상징이며 잘사는 조국의 자랑스러운 모습으로 여겨졌다. 그러나 이제는 어떤가? 대규모 간척사업은 기존의 환경을 완전히 바꿔 주변 지역의 환경과 기후를 판이하게 변질시켰고, 그곳에 사는 사람들의 삶까지 바꿔놓았다. 그래서 일본뿐 아니라 우리나라에서도 간척지를 막았던 둑을 허물어 원상태로 복원하자는 논의가 몇몇 곳에서 떠오르고 있다. 충남 서해안 보령방조제는 농업용수를 조달할 목적으로 조성된 간척호수지만, 지금은 오염이 심해서 농업용수 사용이 불가하다는 근거로 원상 복원을 요구받고 있다. (물론 이젠 쌀 걱정은 하지 않는 상황으로 바뀐 까닭도 있겠지만.)

우리도 1970년대나 1980년대 같았으면 새만금 간척사업의 위대함을 두고두고 우려먹으며 자랑하고 뿌듯해했겠지만, 이젠 그 사업이 가져온 환경 파괴가 얼마나 위험한지 경고하는 목소리에 묻혀 그저 쥐죽은 듯 지내고 있지 않은가! 그런데도 새만금 간척사업은 밀고 당기는 논쟁 끝에 결국은 강행되었으니 그게 올바른 판단이었는지는 두고 볼 일이다. 처음에 발표했던 농업용지로의 기능은 이미 없어졌음을 정부 스스로 인정하고 있다는 점만 봐도, 그냥 땅 늘리는 데에만 신경 썼지 처음부터 환경이나 다른 요인들은 생각하지 않은 것이 분명하다. 산업단지, 관광단지 운운하지만 과연 실효가 있는 계획인지, 설령 실효가 있다 해도 그렇게 투자하거나 파괴할 가치가 있는지 의문이다. 세상이 바뀌면 생각이 변한다. '자연보호'라는 표어가 여기저기 내걸리기 시작한 건 이미 자연의 반격이 시작되어 인간의 생존이 자연에서 벗어날 수 없다는 걸 뒤늦게 깨닫게 되면서부터다.

이명박 정권은 이른바 대운하사업을 공약으로 내걸었다. 엉터리로 조작되고 왜곡된 타당성 조사를 근거로 그 엄청난 일을 저질렀다. 물론 거기에 혹한 사람들이 일자리 수십 만 개가 생긴다는 말도 안 되는 말을 믿고, 경제가 살아날 것이라는 헛된 희망을 품고 그에게 표를 던졌다. 그러나 광우병 파동이 촉발한 촛불집회에 깜짝 놀란 정권은 대운하사업을 포기한다며 그걸 4대강사업으로 개명했다. 홍수와 가뭄을 위해 꼭 필요하다며 밀어붙였다. 반대하는 학자들에게는 온갖 압력을 가하고(토목사업에 대한 타당성 조사를 용역에서 제외하는 등의 구체적인) 온갖 거짓 선전을 일삼았다. 정 그게 꼭 필요하다 해도 그 정부 임기 내에 해결할 일이 아니었다. 미국 텍사스의 한 도시는 인공호수를 만들 것인지를 두고 수십 년 동안 주민 토론을 했다. 4대강사업이 꼭 필요했다면 한 강에만 먼저 시행해서 그 성과를 확인하고 다른 강까지 확대하면 되는 일이었다. 그러나 이명박정권은 네 개의 강을 한꺼번에 해치웠다. 공식적으로 22조 원이 투자되었고 수자원공사는 그 비용을 분칠하기 위해 8조 원의 비용을 다른 명목으로 떠안았다. 그러니까 실제로 최소한 30조 원을 퍼부은 셈이다. 관리 비용 또한 천문학적이다. 그런데 그 성과는 어떠했는가? 영국의 《가디언》은 세계 각국의 건축물이나 시설 열 개를 '하얀 코끼리White Elephants'[*]로 선정했는데 4대강사업이 '당당히(!)' 세 번째로 소개되었다. 언젠가는 드러나겠지만 그 공사에서 챙긴 엄청난 리베이트 비용 때문에 그렇게 강행했을 것이라는 추론이 과한 건 아닐 것이다. 그 사업을 우공이산의 의미로 견강부회한 자들을 끝까지 추적하고 죄를 물어야 한다.

지금도 고속철도 놓는다고, 순환고속도로 낸다고 산허리 자르고 뚫는 일은 끊임없이 일어나고 있다. 그리고 그게 모두 잘사는 일이라고

---

[*] 고대 태국에서 왕이 마음에 들지 않는 신하에게 하얀 코끼리를 선물한 데서 유래한 표현이다. 신성시됐던 하얀 코끼리를 왕에게서 하사받은 신하는 코끼리를 정성 들여 키울 수밖에 없었는데, 엄청나게 먹어치우는 사료의 부담으로 이러지도 저러지도 못했다고 한다. 결국 하얀 코끼리를 선물받은 신하들은 이를 견디지 못해 파산하는 경우도 있었다고 한다. 이 용어는 원래 스포츠계에서 유지·관리에 거액을 잡아먹는 쓸모없는 경기장을 지칭하며 일반화되었는데, 돈만 많이 들어가고 쓸모는 없는 멍청한 사업을 지칭하는 말로도 많이 쓰인다.

칭송한다. 합리적 비판도 그 앞에서는 맥을 못 춘다. 게다가 여전히 토건족들이 자기 이익을 위해 끊임없이 이런 사업을 만들어낸다. 아직도 부동산경기가 경제의 가장 중요한 지표인 듯 착각하는 경제학자들이나 관료들이 있는 한 그런 생각은 크게 바뀌지 않을 것이다. 그리 머지 않은 미래에 있을 더 큰 낭패를 면하지 못할 상황이 올 수 있다. 우리의 예상보다 훨씬 빠르게.

그렇다고 자연을 지키기 위해 싸우는 자들의 불굴의 의지를 마냥 칭송한다고 능사는 아니다. 그들 또한 합리적 대안을 제시함으로써 상대와 타협하고 최선의 대책을 마련할 수 있는 조건을 만들어야 한다. 환경보호론자와 개발론자의 대립은 그 문제에 최우선적으로 집중되어야 한다. 다수가 수용할 수 있는 '지속 가능한 발전'을 얻어내려는 생산적 대립이기를 바란다면 우물에서 숭늉 찾는 격일까?

교조적인 가르침이 삶을 망친다

"안 되면 되게 하라!" "하면 된다!"

이 말처럼 한국인이 좋아하는 표어가 또 있을까? 한국인의 불굴의 추진력은 정말 높이 사도 모자랄 판이다. 이와 비슷한 말로 "한 우물만 파라"도 있다. 이런 말들은 어쩌면 우공이산을 맹신한 데서 비롯되는 건지도 모른다. 아무리 힘들고 어려워도 좌절하지 않고 끝까지 하면 무슨 일이든 이루어진다는 강한 신념은 분명 가치 있다. 하지만 안 되면 포기해야 할 때가 많다. 해도 해도 안 되는 일이 많은 게 인생이다.

땅 밑에 물길이 없는데, 아무리 깊이 판들 물이 치솟을 수 있을까?

애당초 그곳에 물이 있을지 면밀하게 조사하고 나서 우물을 파야 할 일이다. 파도 파도 물이 나오지 않으면, 그곳은 그만두고 다른 곳에 구멍을 뚫어봐야 한다. 나오지도 않을 우물을 백번 파봐야 그저 땅 파는 수고 말고는 없다.

하나의 목적이나 목표를 정해 계속해서 파 들어가는 건 수직적 사고방식이다. 예전에는 이처럼 무조건 밀어붙이는 방식이 어느 정도 통했다. 그건 다른 실질적 대안이 없을 때, 어쩔 수 없는 선택이었다. 그리고 그 선택에 '올인'을 하면 뭔가는 이뤄졌다. 그것도 한 사람의 힘이 아니라 모두가 함께 달려들어 온 힘을 기울이면 꿈이라고 여겨졌던 일도 마침내 이뤄내는 감격을 맛볼 수 있었다. 1960년대부터 우리 사회를 휩쓸었던 산업화니 뭐니 하는 게 그런 믿음과 노력의 소산이었다. 물론 군사문화의 밝은 면과 어두운 면이 함께 드러난 경우이긴 하지만, 분명 이뤄낸 게 있었기 때문에 사람들은 그 미련에서 벗어나지 못한다. 도저히 이뤄질 수 없다고 생각했던 걸 마침내 성취해냈을 때의 그 감격을 어찌 무시할 수 있을까? 하지만 엄밀히 따지자면 그 목표를 이뤄내기 위해 치른 값은 생각보다 훨씬 큰 경우가 많다. 이뤄낸 결과에만 초점을 맞추니까 성공의 이면에 있는 희생이 보이지 않을 뿐이다. '한 우물을 판다'라는 건 그 노력을 다른 곳에 쏟았다면 훨씬 더 많고 큰 결과를 얻었을 수도 있었다는 걸 인정하지 않는 미련함일 수도 있다. 정말 해결해야 하고, 총력을 기울이면 할 수도 있는 일이 있다. 그리고 그 일이 큰 가치가 있는 경우도 분명히 있다. 하지만 모든 일을 다 그렇게 '돌격 앞으로!' 하면서 끌고 가려고 해서는 안 된다.

작은 신념이 성과를 얻으면 그것은 점차 하나의 교조로 자리 잡기 쉽다. 교조주의는 무조건적이고 일방통행적인, 수직 위계적 사고를 만든다. 그런 식의 사고는 필요하지도, 또 해서도 안 되는 세상이 되었다. 한 우물을 판다는 건, 어찌 보면 지금까지 팠던 공이 아까워서 그대로 밀고 나가는 미련스러움일 수 있다. 경우에 따라서는 뭔가를 포기해야 하는 지혜가 정말 필요하다(그게 바로 손절매의 용기와 지혜다). 게다가 현대사회가 어떤 세상인가? 경우의 수들이 즐비한 시대다. 하나에만 집착해서 다른 변화에 무심할 때 얻는 바가 과연 무엇일까?

인식적 측면에서 수평적 사고는 어떤 문제에 봉착했을 때 고정관념이나 과거의 지배적 사고만 고집하지 않고 새롭고 다양한 시각으로 문제에 접근하는 것이라고 할 수 있다. 창의력 전문가인 에드워드 드 보노Edward de Bono는 창의력은 수평적 사고lateral thinking에 의해 증가된다고 말했다. 그에 따르면 우리가 수학을 배울 때 더하기를 먼저 배우고 곱하기를 나중에 배운다. 더하기를 아무리 배워도 곱하기의 매커니즘을 이해하려 하지 않으면 수학적 확장은 불가능하다. 수직적 사고는 새로운 지식과 정보를 기존의 유형에 맞춰가게 할 뿐이다. 새로운 가정에 끊임없이 도전하는 게 바로 수평적 사고다. 수직적 사고로는 현대가 요구하는 창의력을 발휘하는 것이 불가능하거나 창의력이 심각하게 제한받을 수밖에 없다.

"안 되면 되게 하라"가 아니라 "안 되는 건 과감히 포기하라", "막히면 돌아가라"라는 것도 수용해야 한다. 그게 수평적 사고방식이다. 길이 막히면 지금까지 온 길이 아까워도 다시 돌아가야 한다. 그렇지 않으면 막힌 길 앞에서 그냥 말라 죽는 수밖에 없다. 그러니 "한 우물만 파라"라는 격언도 이젠 바꿔야 할 때가 되었다.

"파보다 나오지 않으면, 얼른 다른 우물을 파라! 다른 곳에도 얼마든지 우물은 있다!"

그리고 우공이산의 신념도 중요하지만, 그 어리석음도 동시에 볼 수 있는 균형 잡힌 사고가 필요하다. 우공이산은 비합리적이고 수직적인 사고의 대표적 사례이기도 하다. 합리적 판단력을 가진 아내가 반대했는데도 끝까지 우겨서 말도 되지 않는 고집을 부린 우공. 감동적이게도 기적적으로 옥황상제의 도움을 받아서 뜻을 이루었다는 건 그 일이 처음부터 거의 불가능하다는 말이기도 하다. 그런데도 우리는 결과만 본다. 어쩌다 기적적으로 이뤄진 결과만 보면서. 교조주의에 입각한 수직적 사고에서 벗어나야 살 수 있다, 이제는.

맹모삼천孟母三遷,
당신은 맹모盲母인가?

교육환경론자인 맹자 어머니

많은 사람이 가장 교육적인 부모를 꼽을 때 신사임당[❖]이나 맹자의 어머니를 빠뜨리지 않는다. 맹모삼천지교孟母三遷之敎나 단기지교斷機之敎와 같은 고사성어를 두 개씩이나 만든 이가 맹모 말고 또 있을까 싶을 만큼 분명 교육적인 어머님임에는 틀림없다.

어머니가 자신을 가르치기 위해 치르는 희생이 너무 안타까워 공부를 그만두고 일을 해서 어머니를 모셔야겠다고 결심한 맹자에게 긴 말하지 않았다. 어머니는 베틀에 앉아 짜던 베를 가위로 싹둑 잘라냈다.

❖ 사임당師任堂은 이름이 아니다. 당호일 뿐이다. 사임당이라는 당호는 고대 주나라 문왕의 어머니 태임을 본받는다는 의미로, 주문왕의 어머니는 최초로 태교를 본격적으로 실천한 인물로도 널리 알려졌다. 이름은 인선仁善이다. 그러니까 그녀의 '이름'은 신사임당이 아니라 신인선이다. 그런데 의외로 그 이름을 아는 이들이 드물다. '인선'도 실명이 아니라는 설이 있다

잘라낸 베는 아무 쓸모가 없다. 그간 들였던 노력과 공은 수포로 돌아간다. 그 모습에 맹자가 기겁했다. 그랬더니 어머니는 학업 또한 마찬가지라며 중간에 그만두면 아무것도 이루지 못할 것이라고 책망했다. 그녀가 짠 베는 생계 그 자체였다. 그런데도 과감하게, 아들에게 확실한 교훈을 주기 위해 베를 잘랐다. 요즘으로 치자면 확실한 시청각 교육인 셈이다. 그만큼 맹자 어머니는 단호했고 슬기로웠다.

그런 맹자 어머니의 교육열을 가장 극적으로 볼 수 있는 사건은 바로 몇 차례의 이사에 얽힌 이야기다. 아들을 위해 과감하게 집을 옮겼다. 그건 베를 잘라내는 것보다 더 힘든 결정이고 현실적으로도 버거운 일이다. 그런데도 아들을 위해서 과감하게 단행했다. 이른바 맹모삼천지교의 고사다. 자식 둔 부모치고 맹자 어머니를 존경하지 않는 이 없고, 기꺼이 따라 하지 않을 사람 없을 것이다. 그게 부모 마음이다. 문제는 그런 수준을 넘어 지나친 부모들이 이 나라에는 너무 많다는 점이지만.

그러나 여기서 두 가지 문제를 간과해선 안 된다. 우선 우리는 고정관념화된 교훈에만 초점을 맞추느라 그 말이 잘못되었다는 점을 놓친다는 사실이다. 엄밀히 말하면 '삼천三遷'이 아니라 '이천二遷'이다. 모자母子가 처음 살았던 곳은 공동묘지 근처(장소 1)다. 가난하기 때문에 거기에 살았을 것이다. 그런데 아들 녀석은 어디서 방울 하나 주워 와서는 날마다 흔들며 놀았겠다. "이제 가면 언제 오나… 북망산천 날 부르네… 애고 애고…" 이 모습을 본 어머니는 아들이 상여꾼 흉내만 내는 걸 보고 질겁하여 이사하기로 결심한다. 요즘 식으로 말하자면 맹자의 어머니는 '교육환경론자'라고 볼 수 있을 것이다. 그런데 생각이 거기에만 미쳤다. 가난해서 묘지 근처에 살고 있기에 아들이 그 꼴이라고 여기고는 저잣거리로 옮겼다(장소 2, 첫 번째 이사). 가난에 한이 맺혀 가장 땅값 집값 비싼 곳으로 갔던 모양이다. 그러나 거기에서 아들은 장사꾼 흉내를 내며 노는 것이 아닌가? 이 녀석 천 쪼가리를 하나 가득 주워다 쌓아놓고 손뼉을 치며 외친다. "골라! 골라! 날이면 날마다 오는 게 아냐!" 아마 어머니는 기가 찼을 것이고 낙담했을 것이다. 자신으로서는 힘에 부칠 만큼 전 재산을 털어 겨우 시장에서 사글세를 얻어 힘들게 사는데, 아들 녀석은 기껏해야 장사치나 될 싹수다. 그녀는 다시 이사를 결심한다. 그렇게 해서 옮겨간 곳이 서당 근처였다(장소 3, 두 번째 이사). 그랬더니 어디에서 책을 얻어다가 "학이시습지 불역열호學而時習之 不亦說乎" 하면서 책 읽는 시늉을 내며 지냈다. 그렇게 자라서 맹자는 나중에 위대한 학자가 되었다. 그러니 맹자의 성공은 분명 장한 어머니 덕택이다.

그게 최선입니까?

그런데 여기서 따져봐야 한다. 신드롬을 일으키며 여자들을 뒤흔들었던 어떤 드라마에서 남자 주인공이 그랬던가? "이게 최선입니까? 확실해요?" 그 질문은 맹자 엄마에게, 그리고 우리에게 고스란히 해당된다. 차분하게 따져보자. 맹자는 몇 번 이사를 갔는가? 세 번이 아니라 두 번이었다. 살았던 장소는 세 군데였지만 이사는 분명 두 번이었다. 그렇다면 '맹모이천지교'라고 해야 하지 않는가?

옛사람들은 홀수는 남성의 수, 짝수는 여성의 수로 여겼다.✣ 그래서 이 중요한 교훈에 남성의 수인 '3'을 쓴 것이다. 그렇게 3을 쓰겠다면 장소를 나타내는 글자, 즉 처處, 소所, 지地 혹은 있음을 강조하는 재在를 썼어야 옳다. 하지만 강조하고 싶은 건 '이사했다는 사실'이었으니 '천遷'을 고수한 것이다. 세 장소에서 받은 인상을 이용해서 엉뚱하게 세 번의 이사로 눙친 셈이다. 굳이 그런 것까지 칼칼하게 따질 것까지야 있냐고 핀잔하는 사람들도 있을것이다. 그러나 문제는 아무 생각 없이 가르치고 마찬가지로 별 의심 없이 받아들인다는 점이다.

이 교훈은 또 다른 관점에서 생각할 문제를 던진다. 과연 맹자의 어머니는 우리가 알고 있는 것처럼 그렇게 교육적인가? 물론 자식의 교육에 환경이 얼마나 중요한지 깨달았고 그에 따라 실천했다는 점에서는 높은 평가를 받아도 모자람이 없다. 하지만 엄밀히 따져볼 일이다. 만약 자식이 무덤 근처에서 살아서 상여꾼 흉내를 내는 걸 보고 미래를 위해 과감하게 이사를 할 거였으면, 최적의 환경이 어딘지 미리 면밀하게 살폈어야 한다. 그냥 불쑥 생활비도 비싼 시장으로 옮겨본 건 '가난한 자의 오기'에 불과할 수 있다. 환경이 교육에 중요하다는 걸 알았다면 당연히 가장 좋은 환경을 찾아서 더 늦기 전에 이사를 갔어야 했다. 그런데 맹모는 무리를 하면서까지 시장으로 첫 번째 이사를 했다. 가장 생활비가 많이 드는 곳으로. 어머니로서 자식을 위해 어떠한 희생도 감내하겠다는 건 눈물겨운 일이다. 그러나 현명한 어머니라면 그보다 신중하게 선택했어야 한다.

그리고 다행히 그다음 이사한 곳이 서당 근처였으니 아들이 공부

에 취미를 갖게 되어 훗날 대학자가 되었지만, 만일 아홉 번째 이사한 곳이 거기였다면 어땠을까? 아마 서당 근처에서 학동들 주머니나 터는 동네 건달이 되기 십상이었을 것이다. 그래서 맹모구천지교孟母九遷之敎라는 말이 생겨나서 어리석은 어머니가 아무 생각 없이 애만 휘잡다가 망치게 만들 수 있다는 교훈으로 남았을지도 모른다. 천만다행 두 번째 이사한 곳이 서당 근처여서 성공한 것은 엄밀히 말하자면 '소 뒷발에 쥐 잡은 격'이다(영어로는 그걸 'random luck'이라고 한다). 그러니 맹모는 우리가 아는 것과는 달리 '슬기롭되 덜 떨어진' 사람일 수도 있다. 제대로 된 맹모가 되려면 지혜와 판단력이 필요하다. 그저 맹모 시늉이나 내다보면 아이도 망치고 나라도 망칠 수 있다.

그냥 따라만 하는 건 교훈도 교육도 아니다

교육에서 가장 핵심은 '질문의 힘'을 기르는 것이다. 그런데 우리의 현실은 어떤가? 질문은 원천봉쇄 되고 학생들은 오로지 답만 따른다. 답은 하나이다. 그러나 질문은 끝이 없다. 질문하는 능력을 길러야 흔히 말하는 자발적 학습 또는 자기주도형 교육이 가능해진다. 그 바탕은 외면하면서 엉뚱하게 이런저런 방법론에만 매달린다. 그러니 오늘 한국의 맹모孟母는 온갖 정보를 다 수집해 이 학원에서 저 학원으로 우르르 몰려다니는 유목민이며 맹모盲母(정보에만 매달리는 '맹한' 엄마 혹은 '맹꽁이' 같은 엄마)가 되기 십상이다. 우리 교육의 평가 체계가 하나의 답을 묻고 답하는 방식이어서 어머니들의 뛰어난 정보 수집력과 할아버지의 경제적 능력에 따라 이른바 일류 대학 합격 여부가 갈린다는 자조가

우리가 배웠던 길이 옳은 길은 아니다.

넘친다. 그러나 그게 자식들을 좋은 학교에 보낼 수 있는지는 모르지만 멀리 보면 사실 그건 자식 망치는 일이다. 질문하는 건 모르고 답만 습득하고 추종하는 '무뇌아'로 만들기 십상이기 때문이다.

답만 가르치고 무한 반복하여 습득하는 교육은 시대에 뒤떨어진다. 그것은 단지 텍스트text의 추종일 뿐이고 흐름과 맥락context의 창의적 탐구는 외면한다. 텍스트 추종 학습은 두 가지 문제를 야기한다. 하나는 기존의 질서에만 순응하고 새로운 시도를 스스로 포기한다는 점이다. 또 다른 문제는 일단 텍스트를, 즉 하나의 답을 가지고 그것을 통해 사회적 능력을 인정받는 사람들은 그것을 권력으로 여겨서 다른 사람들에게도 그 틀을 요구한다는 점이다. 그렇게 어리석게 기득권에 집착하고 기존의 제도에 순응하며 거기에서 권력을 누리는 데에만 마음 쓴다. 그게 우리 교육의 가장 뼈아픈 대목이다. 교육은 과거의 습득이 아니라 미래에 대한 준비라는 점에서 근본적인 발상의 전환이 필요하다.

불행히도 우리는 그런 틀 속에서 배우고 성장했다. 그런데 이제는 그 틀을 깨지 않으면 생존할 수 없다. 미래는 상상력과 창의력을 요구한다. 그 요구에 따르기 위해서는 통합적 사고가 마련되어야 하고 스스로 맥락과 관계를 엮어내 새로운 가능성을 모색하는 부단한 과정을 따라야 한다. 상상력이나 창의력은 어떤 답 하나만 추종하는 환경에서는 결코 마련되지 않는다. 개인의 주체적이고 능동적인 학습과 부단한 질문을 통해서 마련된다. 그리고 그러한 태도는 과거의 답습과 체제의 순응이 아니라, 보다 더 새로운 가치와 질서를 끝없이 추구하게 함으로써 보다 바람직한 미래를 만들어갈 수 있게 한다. 따라서 하나의 답과 텍스트 추종에서 벗어나서 다양한 질문과 콘텍스트의 생산으로 전환해야 한다. 더 늦기 전에.

이런 의미에서 맹모삼천지교의 가르침은 교훈 그 자체를 부인하자는 게 아니라, 아무 생각 없이 완벽한 답이라고 받아들이는(교사 혹은 부모라는 '권위'의 힘으로 '전달'되는 틀이다) 관습적 사고에서 벗어나야 한다는 반면교사라고 할 수 있다. 뜻과 교훈에만 관심을 가져서 그 사실적 내용에 대해서는 어떤 비판적 시야도 확보하지 못하는 우리의 일방적 사고 체계 또는 교육의 방식을 반성해야 한다.

자유로운 생각의 갈래들과 탐구의 관심과 욕망이 교육의 바탕이어야 한다. 틀에 박힌 생각에서 벗어나 끝없이 질문하고 맥락을 엮어내는 통합적 교육이 상상력과 창의력을 길러낸다. 그것이 미래를 열어가는 힘이다. 과연 우리는 어떤 맹모인가? 맹모孟母인가, 맹모盲母인가?

우리가 배웠던 길이 옳은 길은 아니다.

햄릿은 우유부단한 인물의
전형인가?

햄릿형 인간 vs 돈키호테형 인간

셰익스피어의 4대 비극 모르는 이 없고(어떤 이는 묻는다. 왜 가장 비극적인 <로미오와 줄리엣>은 거기에 낄 수 없냐고. 슬픈 건 사실이지만 거기에는 희곡에서 가장 중요한 요소 가운데 하나인 '성격의 구축the developing of characters'이 약하기 때문이다), 그 가운데 <햄릿> 모를 리 없으니 덧대 말할 것 없다. 다만 이 책을 읽을 때 우리가 정말 제대로 이해하고 읽고 있는지 따져볼 필요가 있다.

흔히 인간의 유형을 편의에 따라 둘로 나눌 때 자주 인용하는 것이 '햄릿형 인간 vs 돈키호테형 인간'일 것이다. 전자는 '우유부단한 사람', 후자는 '저돌적이고 사려 깊지 못한 사람'이라는 스테레오타입이 바로 그것이다. 그러나 이것은 잘못된 이해일 뿐 아니라 매우 위험한 이분법이다.

우선 그 분류의 배경을 이해해야 한다. 1860년 1월 10일, 어려운 처지에 있는 문학인과 학자들을 돕기 위한 모임에서 소설가 이반 투르게네프Ivan Sergeevich Turgenev가 연설하면서 햄릿과 돈키호테에 대해서 언급했다. 그러나 정작 그가 먼저 관심을 둔 것은 같은 시대에 만들어진 작품이라는 사실이다. ✧ 투르게네프는 인물들의 유형을 '햄릿형'과 '돈키호테형'으로 구분했다. 햄릿형은 사색적이며 회의적이어서 매우 현실적이지만 정작 행동을 자제하는 성격의 인물이다. 반대로 돈키호테형은 현실보다는 이상을 추구하고, 행동을 앞세운다. 투르게네프는 햄릿보다는 돈키호테를 더 좋아했다. 투르게네프는 돈키호테 같았으면, 즉 자신이 이상과 진리라고 생각하는 것을 의심하지 않고 무조건 헌신하여 행동하는 사람이었다면, 유령의 말이 끝나기 무섭게 달려가 숙부를 해치웠으리라고 비평했다. 그는 "돈키호테 같은 인물은 대중으로부터 우롱당하고 조소를 당하지만 이를 잘 감당해내고 사람들을 위해 봉사해 결국은 신뢰를 받는다"라며 "햄릿형 인간은 언제나 자신의 일로 머리가 꽉 차 있고 늘 고립돼 인류를 위해 아무런 공헌을 하지 못할 것"이라고 말했다. 19세기 말 변혁의 시대였기에 투르게네프는 이처럼 돈키호테를 선택했다는 점을 고려해야 한다. 그의 연설의 일부를 인용해보자. ✧✧

✧ 윌리엄 셰익스피어William Shakespeare와 미겔 데 세르반테스Miguel de Cervantes Saavedra는 똑같이 1616년 4월 23일에 사망했다. 이날을 기념해 유네스코가 '세계 책의 날'로 제정했다. 두 대문호의 사망일인 책의 날은 스페인 카탈루냐 지방에서 책을 사는 사람에게 꽃을 선물한 성 조지의 날 풍습에서도 유래했다.

✧✧ 1860년에 이 내용을 《햄릿과 돈키호테》라는 제목의 에세이로 출간하기도 했다.

우리가 배웠던 길이 옳은 길은 아니다.

존경하는 여러분!

돈키호테와 햄릿, 이 두 유형의 인물 속에서 인간 본성에 내재되어 있는 두 개의 근본적으로 대립된 특성이 체현되는 듯싶습니다. 모든 사람은 다소의 차이가 있을 뿐 이 두 유형 가운데 하나에 속할 것입니다. 돈키호테는 무엇을 나타내는 것일까요? 피상적이고 하찮은 것에 눈길을 멈추는 그런 성급한 시선으로 그를 관찰해서는 안 될 것입니다. 기사 소설의 조소를 위해 창조된 인물로서 한낱 슬픈 기사의 모습으로만 그를 보아서도 안 될 것입니다.

… 따라서 햄릿과 같은 인물에게는 자기희생과 같은 행위는 결코 있을 수 없을 것입니다. 햄릿형의 인물은 민중에게 결코 유익한 존재가 되지 못합니다. 그들은 민중에게 아무런 영향도 미치지 못하며 민중을 올바른 목표를 향해 이끌어주지 못합니다. 왜냐하면 바로 그 자신이 가야 할 방향조차 알지 못하기 때문입니다. 게다가 햄릿형의 인물은 민중을 경멸합니다. 자기 자신조차 존중하지 않는 자가 어떻게 민중을 존중할 수 있겠습니까?

이 연설문을 잘 읽어보면 그가 구분한 햄릿과 돈키호테의 특징은 사회를 위한 희생 여부와 민중에 대한 기여의 문제가 핵심이다. 나는 이 대목에서, 1968년 시인 김수영이 죽기 직전에 부산 팬클럽이 주최한 문학세미나에서 '시여, 침을 뱉어라'라는 제목으로 한 강연이 떠오른다. 그는 이 강연에서 시의 내용과 형식, 참여시 등에 대한 견해를 밝히면서, 시를 쓰는 것은 '머리'와 '심장'으로 하는 것이 아니라 "온몸으로 밀고 나가는 것"으로, 그것이 곧 시의 형식이라고 강조했다. 시를 논한다는 것은 시의 내용을 가리키는 것으로, 산문의 의미, 모험의 의미를 포함한다는 시대정신을 설파했다. 그래서 투르게네프가 "햄릿을 사랑하기는 힘들지만 돈키호테를 사랑하지 않는 사람은 없을 것"이라고 고백한 것일지 모른다. 다시 말하면 문맥을 통한 정확한 이해가 요구되는 부분이다. 그가 연설했던 그 시대의 제정 러시아는 황실과 귀족의 타락과 탐욕 그리고 비인격성 등으로 사회가 암울하던 시대였다. 그는 농노제를 꾸준히 비판했고 실제로 1850년 말 어머니의 죽음과 동시에 농노를 해방시켰다. 그 일과 지속적 비판으로 당국의 미움을 샀고, 고골의 죽음을 애도하는 글을 썼다는 구실로 체포되고 연금되기도 했다. 그런 투르게네프의 눈으로 보기에 당시의 문학 가운데는 사회 비판적인 것도 일부 있었지만, 많은 문학 작가와 작품이 타락한 사회에 대해 비판하고 맞서기보다 문학의 낭만과 자유 그리고 사랑에만 심취하는 경향이 농후했다. 그래서 그런 비겁과 나약함을 비판하기 위해, '행동하는' 돈키호테를 부각시키기 위해 그런 도식적인 대립 구도를 사례로 만들었던 것이다.

그런데도 그런 이해는 제거하고 단순하게 이분화시키는 것은 매우 위험하다. 이건 꼭 우리만 그런 건 아닌 듯하다. 학부 영문과 시절 미국인 교수도 그런 도식으로 설명하곤 했다. 문제는 이렇듯 정작 제대로 읽지도 않으면서 타인(게다가 그게 권위자나 대가라고 하면 더더욱)의 시선과 해석을 그대로 빌려 하나의 구절만 인용하는 버릇이 여전하다는 점이다.

약한 자여 그대 이름은

결론부터 말하자면 햄릿은 결코 우유부단한 인물이 아니다. 그는 매우 처절한 복수의 화신이고 행동가였다. 햄릿을 제대로 이해하기 위해서는 당대의 종교관을 고려하지 않으면 안 된다. 햄릿의 숙부 클로디어스는 왕위에 대한 욕심 때문에 형을 죽였다. 그리고 왕비를 아내로 맞아들였다. 셰익스피어의 이 희곡을 제대로 읽으려면 햄릿의 입장에서 재해석해야 가능하다. 그리고 그것을 뒷받침할 수 있는 상상력이 필요하다.

햄릿은 황태자crown prince이다. 다음 왕위를 계승할 공식적 위치다. 그러니 클로디어스가 아무리 형을 제거한들 자신이 왕이 될 확률은 없다. 그렇다면 어떻게 하겠는가? 여기에 많은 상상력이 필요한 것은 아니다. 당신이 클로디어스라면 어떻게 하겠는가? 왕위는 차지해야겠는데, 큰 걸림돌인 조카가 있다. 그렇다면 그 걸림돌부터 치워야 한다. 아마도 클로디어스는 형인 왕에게 이렇게 말했을 것이다. "전하, 우리나라가 더 강성해지기 위해서는 군주가 더 현명하고 강해져야 합니다. 그러니 태자를 선진 외국에 유학 보내심이 어떨까요?" 자식을 위해, 그리고 국가를 위해 좋다는데 그걸 마다하지는 않았을 것이다. 그래서 햄릿은 먼 외국으로 보내졌을 것이다. 그 과정을 다 끝내고 왕을 죽였다. 희곡의 1막 1장에서 햄릿이 부왕이 죽은 뒤에 귀국하는 것은 바로 그런 까닭이었을 것이다.

햄릿은 부왕의 서거 소식을 듣고 급거 귀국했다. 그러나 지금과 달리 소식을 전하는 데에 여러 날이 걸렸을 것이고(아마도 의도적으로 천천히 가도록 명령했을 것이다), 또 돌아오는 데에도 여러 날이 걸렸을 것이다. 그사이 숙부 클로디어스는 하루도 왕위를 비울 수 없는 비상사태라며 자신이 날름 왕위에 오른 것이다. 만약 태자가 있었다면 그게 가능했을까? 그러니 이것은 당연한 질문이고 자연스러운 해석이다.

햄릿의 입장에서는 자신의 전부를 잃었다. 아버지를 잃고, 자신에게 돌아와야 할 왕위도 잃었으며, 어머니마저 삼촌과 결혼하게 되었으니 그야말로 빈털터리 신세가 된 것이다. 남은 건 약혼녀 오필리어뿐. 그러나 아버지의 유령을 만나 일의 전모를 알게 된 햄릿은 복수를 다짐하며 오필리어를 포기한다. 젊은이에게 사랑은 자기 미래의 삶 전체를 의미할 수 있다. 그런데 그는 사랑하는 여자를 포기했다. 왜 그랬을까? 혹시라도 사랑에 빠져 현실에 안주할지 모른다는 두려움이 가장 큰 원인이었을 것이다. 혹은 얼떨결에 오필리어에게 복수의 뜻을 드러낼 수 있고,[✤] 그러면 그녀의 아버지이자 클로디어스의 재상인 폴로니어스에게 전달되어 역모로 내몰릴 수도 있다(햄릿은 폴로니어스를 클로디어스로 착각해서 칼로 찔러 죽였다). 나중에 오필리어가 아버지의 죽음 이후 미쳐서 물에 빠져 죽었을 때도 햄릿은 울지 않았다. 그러나 속으로 얼마나 안타깝고 원통하고 미안했을까! 그런 햄릿에게 자신의 존재 의미는 복수 그것뿐인 셈이다!

흔히 여자를 약한 존재로 부각할 때 상투적으로 쓰는 말이 "약한 자여, 그대 이름은 여자니라"라고 한다. 여성을 보호해야 한다는 뜻으로 하는 말이겠지만 그 속뜻을 알고 나면 절대로 그 말을 함부로 하면 안 된다. 그 대사는 햄릿이 어머니 거르투르드 왕비에게 뱉은 말이다. 아니, 말이라기보다 절규고 저주였다. 그 말의 속뜻은 "어머니, 당신은 화냥년입니까?"라는 뜻이다. 차마 자식이 할 말일 수 없다. 햄릿은 왜 어머니에게 그런 험한 말을 했을까?

✤ 어머니 방을 나서면서 뱉었던 독백, '마음속을 함부로 입 밖에 내지 말 것이며 섣부른 생각은 행동에 옮기지 마라But break, my heart; for I must hold my tongue'는 그 속마음을 드러낸 것이다.

우리가 배웠던 길이 옳은 길은 아니다.

햄릿의 입장에서 살펴보자. 그는 황태자다. 아버지인 왕이 있고 그 다음의 왕위는 자신에게 있다. 2인자다. 그리고 어머니가 있고 약혼녀가 있으며 친한 벗 레어티스 등이 있는, 그야말로 부러울 게 없는 청년이다. 그러나 그 모든 것이 한순간에 사라졌다. 아버지는 암살되고 자신에게 올 왕위는 사악한 삼촌이 가로챘다. 유일한 버팀목은 어머니다. 왕은 아니지만 왕비도 상당한 정치적 힘을 갖고 있기 때문에 자신에게 큰 힘이 될 수 있다. 그런데 그 어머니가 재혼한단다. 그것도 다름 아닌 클로디어스와! 말이 되는가? 햄릿은 어머니에게 따진다. 아버지가 왜 어떻게 죽은지도 살피지 않고 무엇이 그리 급해서 악당과 결혼해야 하느냐고. 끝내 어머니가 자신을 택하지 않고 클로디어스를 택하자 뱉은 말이다.

약한 자여, 그대 이름은 여자일지니!Frailty, thy name is woman!
고작 한 달, 니오베 왕비마냥 눈물바람으로
가엾은 아버지의 시신을 따라가던 신발이
닳기도 전에, 아아, 어머니가 세상에나…

원망의 극치이자 분노와 저주의 절정이다. 여기서 '약하다'라는 말은 '정조 관념이 없다'라는 뜻이다. 따라서 이 말은 매우 여성 혐오적인 문장이다. 따라서 함부로 쓸 말이 결코 아니다. 작품을 읽지 않았거나 모르고 작품을 읽었어도 문맥과 배경 그리고 흐름을 모르니 그냥 상투적 문장으로, 그것도 아주 유명한 대사로만 기억하고 있는 한 그 속살이 보이지도 읽히지도 않는다. 이어지는 대사를 보면 확실히 알 수 있다.

아아, 하느님! 사리를 분간 못 하는 짐승이라도

그보다는 오래 슬퍼했으리라!

그런데 어머니가 숙부와 결혼하다니.

한 형제라고는 해도 나와 헤라클레스만큼이나

차이가 나는 자하고 채 한 달도 못 가서,

거짓 눈물의 소금기가

벌건 눈에서 가시기도 전에

재혼을 하다니. 어쩌면 저렇게도 빨리

근친상간의 침상으로 뛰어들 수 있단 말이냐!

'근친상간'이라는 말까지 나온다. 더 무슨 말이 필요할까. 그것으로 햄릿의 유일한 그리고 실낱같던 희망은 사라졌다. 이제 복수는 오로지 자신만의 몫이 되었다.

그런데 여기서 우리의 호기심이 질문을 던진다. 왜 클로디어스는 형수인 왕비와 결혼하는가? 그리고 왕비는 어떻게 시동생과 결혼할 결심을 할 수 있을까? 아무리 '형사취수제兄死娶嫂制(남자의 경우 형이 죽은 뒤 동생이 형을 대신해 형수와 부부생활을 계속하는 혼인풍습)가 있던 때를 열어둔다 해도 예사롭지 않다. 먼저 클로디어스의 입장에서 보자. 그는 왕이 되었다. 그러나 정통성이 문제다. 자신은 왕위계승 서열 2번이다. 당연히 조카인 황태자 햄릿에게 돌아갈 몫이다. 물론 조카를 멀리 보내 놓고 형을 암살해서 비상시국에 찬탈했다. 어느 정도 방어는 가능하다. 그러나 확실히 못을 박아야 한다. 그렇다면? 왕비의 남편은 왕이다. 그래서 왕비였던 형수의 남편이 되면 왕위 정통성이 더 확고해진다. 무엇보다 황태자였던 조카를 무력화시킬 가장 확실한 방법이다.

또 다른 해석도 가능하다. 어렵사리 왕이 되었는데 국토가 줄어들 거나 국력이 위축된다면 위상에 손상을 입는다. 왕비가 다른 나라의 공주였다면 지참금으로 영토를 가져올 수도 있었을 것이고 만약 그녀가 고국으로 돌아간다면 영토가 줄 수 있다. 그건 악몽이다. 그리고 만약 왕비와 결혼하지 않고 전왕의 죽음에 대한 소문이 퍼지기 시작하면 사돈 국가도 가만히 있지 않을 것이고 그러면 새로운 긴장 관계가 생긴다. 헨리 8세가 에스파냐의 공주였던 캐더린 왕비(본디 황태자였던 형의 아내였지만 형이 죽자 형수와 결혼했고 나중에 이혼)와의 결혼과 이혼 과정에서 겪었던 에스파냐와의 갈등을 비춰보면 충분히 가능한 짐작이다.

프로이트식의 심리적 분석도 가능하다. 형이 결혼했을 때 동생은 사춘기쯤이었을 것이다. 아름다운 태자빈에게 마음이 끌렸을 수 있고 어쩌면 그렇게 내재된 충동이 형을 암살해서 형수를 제 손에 넣기 위한 것이라는 해석도 가능하다.

그러면 왜 거르투르드 왕비는 석연치 않은 남편의 죽음에 대해 면밀히 조사하지도 않고 시동생과 결혼했을까? 어차피 남편은 죽었다. 그런데 왕이 된 시동생이 자신에게 혼인을 제안한다. 왕비는 그저 장식이 아니다. 나름대로 큰 정치 권력을 갖는다. 남편의 죽음으로 그 권력이 사라질 상황에서 왕이 된 시동생의 청혼은 그 권력을 유지할 수 있다는 매력적 제안이다. 오뉴월 겻불도 쬐다 말면 아쉬운 법이다. 아들이 왕위를 이으면 되지 않냐고? 물론 대비로 권력을 유지할 수 있겠지만 왕비의 그것과는 질적으로 다르다. 게다가 젊은 남편이 생기지 않았는가! 물론 이러한 가설들은 나름대로의 허점을 갖고 있지만 불가능한 추론은 아니다. 문제는 우리가 그러한 의문을 전혀 제기하지 않는다는 점이다.

복수의 화신 햄릿

우리의 질문은 계속되어야 한다. 그리고 그 물음은 매우 중요한 모멘텀이다. 왜 부왕은 저승으로 가지 못하고 성을 떠돌아다녔을까? 암살당한 왕은 종부성사(가톨릭의 일곱 성사 가운데 하나로 임박한 죽음을 앞두고 영혼을 하느님께 의탁하는 거룩한 의식)를 받지 못하고 죽었다. 죄를 씻지 못하고 죽었으니 원한을 품은 귀신이 되어 떠돈 것이다. 그리고 자신의 죽음에 대한 비밀을 결국 아들에게 알려줌으로써 그 방황은 끝났다. 기독교라는 문화는 유럽의 문학을 이해하는 데에 매우 중요한 배경이다.

우리가 햄릿을 우유부단한 인물의 전형으로 이해하는 유명한 독백이 바로 "사느냐 죽느냐, 그것이 문제로다To be, or not to be, that is the question"라는 것이다. 도대체 그게 고민해야 할 문제인가? 너무 나약하고 우유부단한(좋게 말하자면 사색적인) 햄릿을 상징하는 이 대사의 속뜻은 그런 게 아니다. 그는 이미 복수를 위해 모든 것을 포기했다. 오직 자신의 모든 것을 앗아가고 왕국을 찬탈한 악당 클로디어스 숙부를 죽여 복수하지 않으면 살아도 산 게 아니다. 그러므로 '산다to be'라는 말은 '복수한다to revenge'라는 말의 압축이다. 그렇지 않으면 차라리 죽는 게 낫다는 다짐이고 결심이다. 그렇게 해석하는 게 옳다. 그 문장에 이어지는 대사를 보면 확실히 알 수 있다.

사느냐 죽느냐, 그것이 문제로다. 가혹한 운명의 화살이 꽂힌 고통을 죽은 듯 참는 것이 과연 장한 일인가. 아니면 두 손으로 거친 파도처럼 밀려드는 재앙과 싸워 물리치는 것이 옳은 일인가. 죽는 건 그저 잠드는 것일 뿐… 그뿐 아닌가. 잠들면 우리 마음의 고통과 육체에 끊임없이 따라붙는 무수한 고통이 모두 끝난다. 죽음이야말로 우리가 열렬히 바라는 삶의 결말이 아닌가. 그러면 또 꿈도 꾸겠지. 아, 그게 괴로운 일이야. 이 세상의 번뇌를 벗어나 영원한 잠에 잠길 때, 우리에게 어떤 꿈이 나타날지 생각하면 다시 망설일 수밖에… 글쎄 이런 주저 때문에 인생은 평생 불행할 수밖에 없지 않은가. 그런 주저가 없다면 누가 이 세상의 채찍과 모욕을 참겠는가. 폭군의 횡포와 권력자의 오만함, 좌절한 사랑의 고통, 엉터리 재판과 오만방자한 관리들… 소인배가 덕망 있는 사람을 모욕하는 그 비극을 도대체 누가 참아낸단 말이냐. 그저 칼 한 자루로도 이 모든 것을 깨끗하게 끝장낼 수 있지 않은가 말이다.

그는 오직 복수에만 전념한다. 그러나 그 칼 한 자루의 기회조차 불가능하다. 왕의 주변에는 무장한 호위무사가 지키고 있으며 어느 누구도 무장한 채 왕에게 접근할 수 없다. 그렇다고 인형에 바늘을 꽂으며 저주할 수도 없는 노릇이다. 햄릿의 고민과 절망은 점점 더 깊어진다. 그런데 마침내 그 기회가 왔다! 천우신조다. 어느 날 저녁 왕의 침소를 지나는데, 아니 이게 어찌된 일인가! 호위무사도 없고 문은 열렸으며 더 큰 행운은 왕이 벽 쪽을 바라보고 있어서 접근을 눈치채지 못한다는 사실이다. 게다가 옷도 헐렁한 잠옷 바람이다. 햄릿은 서서히 클로디어스에게 다가간다. 그리고 허리에 찬,단검을 꺼내 찌를 태세다. 그런데! 그런데!! 햄릿은 그 결정적인 순간에 머뭇거리다 칼을 도로 칼집에 넣고 돌아선다. 이런 바보가 있는가! 그토록 꿈꾸던 복수의 기회가 아닌가. 다시는 그런 기회는 없을 터.

이 장면은 햄릿의 우유부단함을 가장 극적으로 보여주는 장면이다. 예전 로런스 올리비에Laurence Olivier가 햄릿으로 주연했던 흑백영화에서 가장 압권의 연기를 보여주는 장면이었다. 그 장면을 보면서 햄릿이 원망스러웠다. 그러나 그 장면을 이해하기 위해서는 이미 앞서 말한 종교적 문화관을 짚어봐야 한다. 왕은 저녁기도를 하고 있었던 것이다. 아무리 악당이라도 자신이 형을 죽이고 왕위를 찬탈했다는 행동에 대해 죄책감을 가졌을 것이다. 그래서 기도할 때마다 그 죄를 고하고 신에게 용서를 청했을 것이다. 그래서 벽을 보고 무릎을 꿇고 있었던 것이고. 간절한 속죄에 만약 신이 용서한다면 어찌 될 것인가? 악당이니 천당에 가지는 못해도 지옥에 떨어질 천벌은 경감되어 연옥이라도 갈지 모른다. 그렇다면 그건 복수가 아니라 자선이다!

햄릿은 바로 그 절체절명의 순간에 그 점을 떠올린 것이다. 우리는 그의 목숨을 거두는 것으로 완벽한 복수를 의식한다. 그러나 햄릿에게는 그 악당이 지상에서 숨을 끊을 뿐 아니라 천상에서도 악당으로서 합당한 벌을 받도록 해서 영원히 고통을 겪으며 죗값을 치르게 하는 것이 진정한 복수다. 그런 복수를, 그 복수의 실행을 본 적이 있는가? 햄릿은 결코 우유부단하고 행동을 주저하는 인물의 전형이 아니다. 오히려 가장 지독한 복수의 화신으로 해석해야 한다.

작품 전체는 고사하고 문맥조차 읽지 않으면서 달랑 유명한 문장 하나만 발췌해서 인용하는 것은 어리석고 위험한 일이다. 게다가 투르게네프의 연설에서 따온 '매우 의도적이고 왜곡된' 어설픈 상투적 이분법의 도식을 반복 재생하는 것은 더더욱 그렇다. 이런 질문들은 <햄릿>을 관통하는 상상력의 단초들이다. 그러나 우리는 그저 판에 박힌 해석에 따라, 혹은 그 권위에 눌려 여전히 스테레오타입의 해석을 따르고 있다.

과연 햄릿은 우유부단하고 이기적인 인물인가? 그는 행동이 결여된 사색적인 인간인가? 잘못된 판에 짜인 해석과 이해는 독이 될 뿐이다. 충분한 근거와 상상력, 그리고 종교와 문화를 기본적 배경으로 하는 해석을 통해 햄릿을 이해해야 한다. 그릇된 고정관념을 깨는 것이 새롭고 올바른 사고와 관념의 형성을 가능하게 한다. 편향적이고 무비판적 지식은 득이 아니라 독일 뿐이다.

가끔은 지도를
뒤집어 보자

오리엔트, 그 찬란한 선망

오리엔트Orient란 인도의 인더스강 서쪽에서 지중해 연안까지를 아우르는 말이다. 그러나 일반적으로는(엄밀하게 말하자면 유럽과 미국에서는) 지중해 동쪽의 여러 나라, 더 넓게는 동양을 지칭하는 의미로 쓰인다. 이 말은 라틴어 오리엔스Oriens에서 나왔는데, '해가 뜨는 방향' 혹은 '동방'을 뜻한다. 로마인들은 이탈리아를 중심으로 지중해 동쪽을 오리엔트라고 불렀다. 하지만 이미 그리스인들은 고대 문명의 발상지인 이집트와 메소포타미아의 문명을 수입해서 자신들의 문물을 발전시켰기 때문에 오리엔트라는 말은 분명 선망의 뜻이었음을 알 수 있다. 실제로 재레드 다이아몬드Jared M. Diamond는 고대 문명이 확산되는 과정에서 위도가 비슷한 것이 매우 중요한 의미를 갖는다고 지적했다. 농작물이나 가축을 보면 그건 분명하다. 위도가 비슷하면 선진 문물을 수용하기 쉽다. 그런 점에서 남미는 위도의 차이가 극명하게 다르기 때문에 라마 외에 가축화된 동물이 거의 없으며, 나중에 유럽인들이 타고 온 말을 보고 놀랐던 것도 중남미 제국과 문명이 몰락하게 된 계기 가운데 하나였다. 그런 점에서 유럽은 오리엔트의 곁에서, 비슷한 위도의 혜택을 한껏 누렸다고 할 수 있다.

그러나 유럽의 문화가 근대 이후 동양의 문화보다 강해지면서 식민지의 대상이 되었고 제국주의의 지배를 합리화하는 과정을 통해 동양적인 것, 즉 오리엔탈한 것을 낮춰 보기 시작했다. 에드워드 사이드 Edward Said의『오리엔탈리즘』은 그 속살을 고스란히 보여준다. 그리고 지금도 우리의 지식과 정보, 문화 체계 내에는 무수한 오리엔탈리즘의 잔재들이 살아 있고, 너무나 만연해서 그것이 오리엔탈리즘의 발로라는 것조차 느끼지 못할 지경이다.

모든 문명마다 방향 혹은 방위에 대한 나름의 생각을 가졌다. 고대 중국의 철학서(본디는 점치는 책으로 시작한)인『주역』은 방향을 8괘 혹은 64괘 등으로 표현하고 의미를 부여했다.『주역』에 대한 해설서인『계사상전繫辭上傳』('傳'은 주석서를 의미한다. '성경현전聖經賢傳'이라 하여 성인이 쓴 책은 '경', 현자가 쓴 주석서는 '전'이라 불렸다)에 "하늘은 높고 땅은 낮으니 건곤이 정해지고, 낮은 것과 높은 것이 진열되니, 귀천이 자리하며, 동과 정이 떳떳함이 있으니 강유가 결단되고, 방향은 유로써 모아지고 사물은 무리로써 나누어지니 길흉이 생기고, 하늘에 있어서는 상이 이루어지고 땅에 있어서는 형체가 이루어지니 변화가 나타난다天尊地卑 乾坤定矣, 卑高以陳 貴賤位矣, 動靜有 剛柔斷矣, 方以類聚 吉凶生矣, 在天成象 地在成形 變化見矣"라고 하며 방향이 길흉과 밀접한 관계가 있음을 시사한다.

에덴동산은 동쪽에, 피라미드는 서쪽에?

농경문화가 시작되기 전에 인류의 조상들은 숲속에 살면서 과일처럼 먹을 수 있는 것을 따고 짐승들을 잡으러 다니며 살았다. 구석기시대의 인간들은 완전히 자연 안에서 살았다. 그런데 숲에는 악령이나 무서운 짐승이 가득 있어서 사람들은 안전한 동굴을 찾아 제집으로 삼았다. 영어의 'shelter'라는 말이 '피난처'라는 뜻을 맨 앞에 담고 있는 것도 그런 까닭이다. 시간이 지나고 채집생활에서 농경생활로 옮기면서 숲에서 나온 사람들은, 토지의 둘레에 울타리를 치고 나무나 푸성귀들을 심어 가꾸며 살게 되었다. 하지만 여전히 숲은 이들에게 악령과 짐승이 사는 무서운 곳이었다. 그런 배경을 바탕으로 '정원'을 생각해보자. 울타리로 에워싼 정원은 숲의 위험에서는 벗어난, 그러나 자연의 아름다움과 혜택, 즉 안심과 평온과 행복을 주는 곳이 되었다. 정원은 악령이 아니라 자기를 지켜주는 신들이 함께 사는 곳으로 생각했다. 그리스인들은 이런 의미로 정원을 '낙원paradeisos'이라고 불렀다. 그 말의 어원은 페르시아 말로 '에워싼 땅'이었다고 한다. 인류 최초의 '낙원'은 바로 에덴동산이다. 그런데 에덴은 '동쪽'에 있다. 에덴이 동쪽에 있다는 건 아침 해가 뜨는 방향이기 때문이다. 사실 에덴은 실재한 공간이라기보다는 '하느님이 인류에게 약속한 행복의 상징'이지만, 많은 학자는 그곳이 유프라테스강 동쪽 우르 근처쯤이었을 것이라고 추측한다. 그러니까 강의 동쪽이라는 얘기겠다. 많은 문명권에서 해가 뜨는 동쪽은 길하고 좋은 곳으로 여긴다.

하지만 반대로 서쪽을 중하게 여기는 문화도 있다. 예를 들어 불교에서 말하는 '서방정토西方淨土'는 문자 그대로 서쪽에 있다. 불교의 원류에서도 그렇게 여기는지는 모르겠지만, 중국이냐 우리나라의 입장에서 본다면 불교가 서쪽에서 전해져 온 까닭에, 부처님이 있는 곳이 서쪽이라 여겨서 그런 점도 있을 것이다. 서쪽을 중요한 곳으로 여기는 경우는 이집트의 피라미드도 마찬가지다. 피라미드는 파라오의 무덤이다. 서쪽은 해가 지는 곳이다. 하루해가 삶을 마치고 돌아가 쉬는 곳, 그리고 다음 날 다시 뜨기 위해서 반드시 돌아가야 할 곳이 바로 서쪽이기 때문에 이승에서의 목숨을 마치고 다시 환생하기 위해 서쪽에 무덤을 삼았던 까닭이다.

누구의 눈으로 방향을 바라보는가?

유럽의 중세 지도를 보면 특이한 점이 보인다. 동쪽이 맨 위에 있다. 8~15세기에 일반화되었던 이른바 'T-O지도'에는 분명 아시아 대륙이 지도의 위쪽에 있고 유럽과 아프리카는 그 아래에 있다. 그것은 바로 에덴동산 때문이다. 세상의 시원인 그곳을 가장 위에 두는 건 물론 종교적인 이유 때문이다. 실제로 이 지도를 보면 지도는 둥글고(O), 아래쪽의 수직 반경과 직각인(T) 수평적 직경을 갖고 있다. 'T'는 '타우'라고 알려진 십자가 형태였으며, 따라서 이 지도는 십자가에 못 박힌 그리스도의 고난을 상징하고 있다. 지도 중앙에는 예루살렘이 있었고 대륙은 삼위일체를 의미했다. 비단 서양만 그러할까? 중국인들은 '천하'라는 개념에 따라 중국을 중심으로 하는 사각형의 틀 안에 세상을 배열했다. 실제로 중국이라는 말은 나라의 이름이 아니다. '중화민국'이라는 말이 처음 사용된 것은 신해혁명 이후이다. 중국은 세상의 복판, 그리고 '천자가 사는 곳'이라는 의미를 지닌 일종의 문화적 용어다. 이처럼 성경과 '신성한' 지리학의 통합이나 천자를 중심으로 중화와 야만을 네 방향으로 배열한 중국의 지도는 비교적 덜 객관적인 현실을 해석함에 있어서 문화의 중요성을 상징적으로 설명하고 있다.

그러나 근대 이후 지도를 제작하면서 이러한 시각은 완전히 달라진다. 우리가 지도를 보면 늘 북반구가 위에 있고 남반구는 아래에 있다. 그 지도를 뒤집어 볼 생각조차 해본 적이 없을 것이다. 그런 지도에 익숙하기 때문이다. 그러나 사실상 여기에는 정치적 의도가 짙게 깔려 있다. 유럽은 지도의 상단에, 아프리카는 지도의 하단에 표시된 것은 그 지도의 제작자나 국가의 가치관이 철저하게 투영되어 있다. 그런 점에서 지도는 문명에 나타난 세계관이 목적에 부합하는 방식으로 나타난 것이라 할 수 있다. 거기에는 시각적 요소와 개념적 요소가 명백히 존재한다. 우리가 지금 사용하는 지도는 서양의 세계관을 반영하고 형성하는 권력의 도구로서 기능하고 있음을 보여준다.

물론 우리도 다행히(?) 북반구에 있는 까닭에 별다른 저항감이 없지만 지도학과 정치학의 관계를 살펴보면 이러한 시각은 매우 위험하다는 것을 깨달을 수 있다. 지리학적인 지도는 사회적으로 규정된 공간 개념을 반영하며, 그렇기에 이것은 본질적으로 정신적인 것이다. 그것은 한 개인의 내면세계와 외부세계 사이의 중재자이며, 세계를 재생산하는 것이 아니라 '구성'한다. 사람들은 자신이 묘사하는 것을 보는 경향이 있으며 그 반대의 경우는 성립하지 않는다. 그런 지도의 제작에서 방향의 설정보다 더 중요한 것은 없다.

아서 제이 클링호퍼Arthur Jay Klinghoffer는 『지도와 권력』에서 지도에는 언제나 주관적인 인식이 들어가 있으며, 한 개인의 세계관은 역사적이고 정치적인 상황을 반영하고 문화적인 제약을 받는다고 지적한다. 미국 출판물용 지도를 만든 해리슨은 지도를 만드는 일이 미국의 전투 행위의 일부라고 믿었다. 정치적·군사적·경제적 관계를 이해하기 위해서는 지리학적 지식이 필수적이며, 따라서 그의 지도는 도발적이고 감동적이었다고 한다. 실제로 그는 간섭주의를 지지하여 미국이 지리적으로 세계와 연결되어 있다는 점을 지도상에서 표현하기 위한 최상의 방법을 모색했다. 그게 어디 단순히 지도상의 문제에 그칠까? 수많은 공간의 기준의 설정과 배열, 그리고 그에 대한 부지불식의 의도와 해석의 차이가 무엇인지에 대해 생각해봐야 한다. 가끔은 세계 지도를 거꾸로 걸어놓고 보는 것도 좋을 것이다. 스튜어트 맥아더Stuart McAther의『수정본 세계 지도』가 좋은 예다. 1979년 호주에서 출판된 이 지도는 '남반구는 더 이상 노고도 인정받지 못하고 북반구를 어깨에 짊어진 채 비천함의 구덩이에서 허우적거리지 않을 것이다!'라는 함의를 담고 있다.

방향은 확고하게 불변인 것으로 여겨진다. 그러나 그 방향조차 사실은 사람들이 설정하고 해석한 것이며 거기에 담아둔 의미는 권력이나 부의 관계와 대단히 밀접하다. 이러한 고정성이 우리의 시각조차 마비시키고 있지는 않은지 돌아볼 일이다. 동쪽이냐 서쪽이냐 하는 건 결국 내가 살고 있는 삶에서 어떤 점을 중심으로 삼고 보느냐에 따라 다른 것이지, 절대적 상징이나 가치를 지니는 건 아니다. 그런데도 자꾸만 그런 시선에 자신의 판단을 고정하고 해석하는 습관이 오래 몸에 배었다. 게다가 우리는 다른 시선을 통해 우리를 보는 데에 익숙하다. 자신은 돌아보지 않고 오로지 바깥의 요인들만 따지고 재는 건 안타까운 일이다. 그래서 지도를 걸어두고, 그 감춰진 의도를 읽어내고, 가끔은 뒤집어 보기도 하면 즐거울 것이다.

잠자는 숲속의 공주는
정말 행복했을까?

　　어렸을 때 <잠자는 숲 속의 공주>를 읽지 않은 사람은 거의 없을 것이다. 우선 주인공이 공주 아닌가! 그것만으로도 설레기에 충분하다. 공주로 태어난 주인공. 슬하에 자식이 없어 슬퍼하던 왕과 왕비에게 그보다 더 큰 기쁨은 없었을 것이다. 그래서 성대한 파티를 열었는데 못된 마녀는 자신이 초대받지 못한 게 분해서(이건 그리스신화에서 불화와 분쟁의 여신 에리스가 펠레우스와 테티스의 결혼식에 초대받지 못한 것과 같은 모티프다) 그 파티의 주인공에게 16세가 되는 해에 물레 바늘에 찔려 죽을 운명이 된다는 저주를 퍼붓는다. 왕과 왕비는 나라 안의 모든 물레를 불태웠지만 우리가 아는 바처럼 공주는 호기심에 성 꼭대기의 방에서 노파로 분장한 마녀를 만났고, 결국 그녀가 돌리던 물레에 찔려 죽는다. 그렇게 100년 동안 깊은 잠에 빠진다. 그리고 100년 뒤 이웃나라 왕자가 성 꼭대기에 공주가 잠들어 있다는 이야기를 듣고 성으로 들어가 공주에게 키스한다. 공주는 잠에서 깨어났고 왕자와 결혼해 행복하게 살았다. 이 동화를 읽으면서 여자아이들은 자신이 공주가 되어 자신을 구원해줄 왕자를 기다리는 꿈을 꾸고, 남자아이들은 자신의 키스로 깨울 아름다운 공주를 사모하게 된다. 그렇게 백마 탄 왕자의 헛된 꿈은 현재에도 계속 살아 있다.

하지만 냉정하게 따져보면 그렇게 환상적인 일만은 아니다. 과연 잠자는 숲속의 공주는 살아 있기는 한 것일까? 죽은 것도 산 것도 아니다. 어쩌면 그것은 박제된 삶을 상징하는지도 모른다. 내 힘으로 일어나지 못하고 누군가가 키스해줘야 눈을 뜨고 일어날 수 있다니. 한 발짝도 앞으로 나가지 못하는 삶이다. 차라리 끝까지 눈뜨지 못한 채 있는 것이 더 낫지 않을까?

이 동화에는 반전이 숨어 있다. 아니, 숨겼다고 해야 옳을 것이다. 이 동화는 본디 샤를 페로Charles Perrault의 동화집 『옛날이야기Histoires ou Contes du Temps Passé』에 있던 것을 그림 형제가 『어린이와 가정을 위한 동화집Kinder-und Hausmarchen』에 다시 수록하면서 널리 알려진 이야기다. 이 동화가 아주 멋지게 각색된 것은 월트 디즈니사에서 1959년에 만든 애니메이션 <잠자는 숲 속의 공주Sleeping Beauty>였다. 오로라 공주와 필립 왕자의 사랑이 아름답게 묘사된 이 만화영화는 어린이들이 아련한 꿈을 꾸게 만들기 충분했다.

그림 형제는 동화를 수집하면서 가공하지 않고 그대로 실어둔 것들이 많은데 뜻밖에 매우 잔인하기도 하고 공포스럽기도 하기 때문에 아이들이 보기에 적절하지 않다고 여겨지는 일이 많다. 디즈니사는 그런 이야기들을 아름답고 꿈 같은 동화로 마음껏 각색했다. 만약 그림 동화에 있는 걸 그대로 옮겼다면 그 영화는 외면받았을 것이다. 하지만 그림 형제가 이런 잔혹한 내용들까지 그대로 수록한 것은 나름대로 이유가 있었다. 동화는 단순히 꿈을 꾸도록 하는 아름다운 이야기로 그치는 것이 아니라 인생의 다사다난한 과정과 곡절을 상징적으로 보여주며, 그런 상황을 대비하고 각오를 마련하도록 하는 목적을 담고 있다. 비슷한 일이 닥쳤을 때 어렸을 때 읽었던 동화를 떠올리며 막연한 두려움에 떨지 않고 차분하고 냉정하게 해결책을 찾아볼 수 있게 한다. 그런데 아이들이 읽는 이야기는 당연히 아름다워야만 한다는 어른들의 노파심이 정작 그 대목, 즉 인생의 쓴맛과 해법을 빼버렸다. 그런 태도 한구석에는 자칫 아이들로 하여금 어른들에 대한 불신과 두려움이 생기면 어쩌나 하는 두려움도 깃들었다. 이런 멍청한 생각은 스웨덴에서 영화 <ET>를 아이들이 보지 못하게 했던 사례에서도 반복되었다. 아이들은 ET를 숨기고 보호했는데, 어른들이 약속을 어기고 ET를 '사냥'하려는 모습이 어른들에 대한 왜곡된 시선을 줄 것이라는 우려 때문이었다고 한다. 어쨌거나 이렇게 지나치게 친절한(?) 어른들의 생각 때문에 덜어내진, 그래서 우리가 아는 <잠자는 숲 속의 공주>는 100년간의 잠에서 깨어나 왕자와 함께 오래오래 행복하게 살았다는 이야기만 달랑 남았다.

때론 진실은 숨겨져 있는 법이다

그럼 숨겨진 그 이야기는 어떻게 전개될까? 그 비밀을 들어보기 전에 먼저 상상을 해보자. 공주는 마냥 행복하기만 했을까? 아니면 지나친 풍요가 금세 지겨워서 성 밖으로 나가서 마음껏 놀고 싶었을까? 이이야기의 원작은 2부로 나뉘어 있다. 1부가 공주가 왕자와 결혼하는 대목까지이고, 2부는 결혼 이후의 이야기이다. 1부의 끝 대목은 분명 해피엔드다. 그럼 2부는 어떻게 전개될까? 결혼을 했으니 이제 본격적인 부부의 삶이 시작된다. 그런데 왕자의 어머니가 여간 깐깐한 게 아니다. 아무리 옛날에는 시간에 따른 변화가 크지 않다 하더라도 100년 동안 잠만 잤으니 세상 물정에 어두웠을 것이다. 왕비의 입장에서는 며느리로 들어온 공주가 자신이 정해준 아들의 배필도 아니니 뭔가 마뜩치 않았을 것이고, 사사건건 갈등을 겪었을 것이다. 공주의 삶은 '불행 끝 행복 시작'이 아니었다!

이런 모습이 아이들에게 삶에 대해, 그리고 결혼에 대해 좋지 않은 생각을 갖게 할까 싶어 점차 순화시키는 과정에서 아예 2부는 빼고 1부의 이야기만 남겨놓았다. 하지만 2부가 있었더라면 좋았을 것 같다는 생각이 든다. 아이들이라고 꿈만 꾸고 살지는 않는다. 그런 꿈만 꾸다가 나중에 꿈과 어긋나는 현실에 맞닥뜨리면 절망하고 좌절한다. 꿈은 아름답고 꼭 품어야 하는 것이지만, 그 꿈이 현실과 너무 거리가 멀면 실현 불가능한 것이 꿈이라고 여기기 쉽다.

같은 공주지만 잠자는 숲속의 공주와 전혀 다른 과의 공주가 있다. 바로 안티고네다. 그녀는 테베의 비극적 왕 오이디푸스의 딸이었으니 엄연히 공주였다. 아버지의 비극은 딸에게도 유전될 수밖에 없었다. 그녀는 오이디푸스가 아버지를 죽이고 어머니와 결혼할 것이라는 신탁 그대로 결국은 부왕을 죽이고 어머니인 이오카스테와 결혼해서 낳은 딸이었으니 이오카스테는 안티고네의 어머니이자 또한 할머니인 운명의 비극을 안고 있었다. 결국 안티고네의 아버지 오이디푸스는 자신이 아버지를 죽였고 어머니와 결혼했다는 것을 알고는 스스로 제 눈을 찔러 장님이 되었고, 왕위를 버리고 테베를 떠났다. 안티고네의 어머니 이오카스테 또한 자살했다. 풍비박산도 그런 풍비박산이 없을 재앙이었다. 그녀는 눈 먼 아버지의 길을 안내하며 길을 따라나섰고, 마침내 아버지가 죽고 난 뒤 테베로 돌아왔다.

그렇게 어려움을 혼자 감당하고 돌아왔지만 두 오라비가 왕위를 놓고 다투고 있었다. 안티고네는 두 오라비 에테오글레스와 폴리네이케스를 설득하려 했지만 무위에 그쳤고, 결국 두 오라비는 서로 싸우다가 모두 죽었다. 여기까지만 해도 어린 처녀에게 너무나 가혹한 삶이고 기구한 팔자다. 엄밀하게 따지자면 왕위 계승자로 남은 건 안티고네뿐이었다. 그러나 본디 왕위에 욕심이 있던 외숙부 크레온이 왕위를 차지했다. 폴리네이케스는 들개나 까마귀의 밥이 될 신세였다. 바로 그때 안티고네가 오라비의 시신을 거두어 장례를 치렀다. 시신에 손대지 말라는 인간의 법칙과 누구나 마땅히 죽은 이의 시신을 거둬 장례를 치러야 한다는 신의 법칙 앞에서 그녀는 갈등하지 않았다. 그녀는 의연하게 신의 법칙을 따랐다. 안티고네는 불의한 임금의 명령보다 정의로운 신의 법칙이 마땅히 더 중요하다고 판단했기 때문이다.

크레온이 그 기회를 놓칠 리 없었다. 어쨌거나 잠재적으로 왕위를 위협하는 조카딸이 아닌가? 그렇잖아도 제거해야 할 빌미를 찾고 있었던 참이었을 것이다. 아니, 어쩌면 안티고네를 잡으려고 일부러 그런 포고령을 내렸는지도 모를 일이다. 그게 권력이다. 어쨌거나 왕명을 거역한 안티고네는 체포되었다. 그리고 안티고네는 감옥에서 스스로 목을 매 숨졌다. 그 자살은 두려움과 공포, 혹은 절망 때문이 아니다. 그것은 자신의 생사를 부패하고 음흉한 외숙부 크레온의 손에 맡기지 않겠다는 의연한 선택이었다. 그것을 나약한 자살로 보면 안 된다. 그런데 그 값은 크레온에게도 고스란히 돌아갔다. 그의 아들 하이몬은 안티고네를 사랑했는데, 그녀의 죽음에 절망하여 칼로 자신의 배를 찌르고 죽었다. 그리고 아들의 죽음에 절망한 어머니, 즉 크레온의 아내 에우리디케 역시 침실에서 스스로 죽음을 맞았다.

안티고네는 부당한 국가 권력에 당당하게 맞서는 강한 여성을 상징했다. 그 힘은 신의 법칙을 따르는 데서 나온 것이다. 신의 법칙은 곧 자연의 법칙이다. 크레온은 자신이 만들어놓은 법으로 세상을 지배하려 했지만 안티고네는 그보다 더 고귀한 법칙을 선택했다. 결국 크레온의 불의와 오만은 보편적 가치와 정의에 굴복할 수밖에 없었음을 상징적으로 보여주었다. 공주라고 다 같은 '공주과'가 아니다.

잠자는 숲속의 공주의 비극

얼핏 보면 잠자는 숲속의 공주는 고민도 갈등도 없어 보인다. 사랑 담뿍 받다가 마녀의 저주에 따라 16세에 갑자기 죽었고 100년 동안 곱게 잠들어 있다가 한 남자의, 그것도 잘생긴 왕자의 키스로 다시 살아났고 그 왕자와 결혼해서 궁에서 살았으니 뭐 부러울 게 있을까 싶다. 하지만 그건 거죽으로만 보는 행복일 뿐이다. 굳이 2부에서처럼 시어머니와의 갈등이 없더라도 그녀의 삶은 온통 껍데기뿐이다.

공주의 부모인 왕과 왕비는 혹여 딸이 물레에 찔려 죽을까 싶어 아예 그 가능성을 원천봉쇄 했다. 온 나라의 물레란 물레는 모두 긁어모아 몽땅 불태웠다. 그러면 될 거라고 여겼다. 그러니 공주는 물레를 본 적도 없이 자란 셈이다. 물레는 당시 여성들의 가장 기본적인 노동이고 생활의 수단이다. 그녀가 공주라서 노동을 안 했다는 의미라기보다는 노동 자체에 접근하는 것이 봉쇄되었다는 상징인 셈이다. 그것은 철저하게 삶에서 유리된 것이다. 또한 물레는 그 말 자체가 그 나라에서 금

기어였을 것이다. 금지된 것이 있다는 것, 그런데 그 금지의 대상은 전혀 볼 수도 없다는 것만큼 자유가 박탈된 것도 없다. 공주의 삶은 그렇게 철저하게 유폐되어 있는 삶이다. 그 행복을 부러워할 까닭이 있을까?

살아 있어도 자신이 주체가 되지 못하고 수많은 외부 요인에 휘둘리며 살거나 그저 잠깐의 영화와 물질적 풍요, 명예와 쾌락을 위해 내 뜻과 어긋나는 삶을 살면서, 때론 아부하고 심지어 내 주변 사람들을 짓밟으면서까지 악다구니 마다하지 않는 삶이야말로 가장 비참한 삶이다. 사실 그걸 의연하게 거부하는 것은 엄청나게 힘들다. 그러나 우리가 원해야 하는 건 그냥 지루한 행복, 평범한 요행이 아니다. 내 삶의 주인이 되어 사는 것이 진짜 행복이다. 내 삶의 행복을 남의 삶의 풍요로움에 끼워 넣어 얻으려 하지 말아야 한다. 오히려 '내가 너를 행복하게 해주마' 하는 당당함을 가지고 살아야 한다. 잠자는 숲속의 공주로 사느니 안티고네의 주체적이고 의연한 삶을 꿈꿔야 하지 않을까?

우리가 배웠던 길이 옳은 길은 아니다.

고려를 구하지 못한
팔만대장경

세계문화유산의 자부심

우리나라는 세계에서 흔하지 않은 기록의 나라고 최고 기술의 인쇄의 나라였다. '나라다'가 아니고 과거형인 '나라였다'라는 말이 아프지만, 최초의 금속활자본 책인『직지심체요결』은 1377년에 제작되었으니 15세기 중반 유럽의 구텐베르크의 금속활자보다 훨씬 앞섰다는 사실을 뿌듯해한다. 그보다 앞선 1234년에 이미 금속활자로『고금상정예문』이 인쇄되었다는 기록이 이규보의『동국이상국집』에 실리기는 했지만 그랬다는 기록뿐이다. 여기서 굳이 구텐베르크가 만들어낸 인쇄물, 그 인쇄물의 독자층이 만들어낸 사회적 기능과 역할을 우리의 그것들과 비교하지는 않더라도 어쨌거나 인쇄에 있어서만큼은 우리는 대단한 자부심을 갖는다. 그런 또 하나의 인쇄 문화의 자랑스러운 유산이 팔만대장경이다.

팔만대장경은 우리나라의 역사적으로 자랑스러운 유물일 뿐 아니라 세계문화적 가치로도 의미가 높다. 그래서 나라에서는 국보 제32호로 지정했고 유네스코에서는 세계문화유산으로 지정했다. 팔만대장경뿐 아니라 그것을 보관하고 있는 해인사의 장경판전 건물의 건축적 탁월성은 현대에도 경이롭게 여겨진다(해인사 장경판전은 유네스코 세계문화유산으로 지정되어 그 가치를 인정받고 있다). 세계에서 가장 오래된 이 대장경은 지금은 없어진 송나라 때의 북송관판이나 거란의 대장경의 내용까지 알려주는 귀중한 문화재임에는 틀림없다. 그 판수가 무려 8만여 개라는 건 실로 엄청난 수다. 고려 고종 24~35년(1237~1248)에 이르는 기간에 엄청난 인력과 공력이 깃든 대단한 유산이다.

'대장경'은 경·율·논을 말하는데, 즉 불교 경전을 종합적으로 모은 것을 말한다. 그것을 목판에 새기는 건, 단순히 엄청난 일이 아니라 차라리 미친 짓이었다. 전쟁의 와중에 16년간의 대역사 끝에 간행되었으며, 판수가 8만여 개, 8만 4,000개의 경전 말씀이 실려 있다(그래서 팔만대장경이라고 부른다). 무엇보다 거란, 여진, 일본의 불교 경전까지 두루모아 정리했기 때문에 현재에는 없어진 중국이나 거란의 대장경 내용도 담겨 있다는 점에서 세계문화의 유산으로 더더욱 가치를 지닌다. 팔만대장경을 만든 이유는 민심을 모으고 부처님의 힘으로 몽골군을 물리치고자 하는 마음이었단다. 그 마음이 갸륵한 것인가?

그 엄청난 분량의 대장경 사업을 그냥 대충 때울 수 없었을 것이다. 고려의 조정, 엄격히 말해 최씨 무신정권은 몽골이 침입하자 잽싸게 강화도로 천도했다. 그리고 거기에 대장도감(대장도감이 강화 선원사에 설치되었는데 선원사는 당시 최고 권력자인 최우의 원찰願刹이었다)이라는 임시 기구를 설치하고 대장경 사업에 온갖 정성을 쏟았다. 글자 하나씩 새길 때마다 절을 세 번씩 하게 하면서 최대한 공력을 들였다. 그래서 수천

만 개의 글자가 하나같이 그 새김이 고를 뿐 아니라 잘못된 글자도 거의 없어서 그 자체만으로 감탄을 자아낸다. 분명 자랑할 만한 유물이고 뿌듯한 문화다.

때론 냉정하게

그러나 그냥 그걸 자랑만 할 일은 아니다. 사실 이 장경 이전에도 장경사업이 있었다. 현종 때 의천이 대장경을 만들었다. 그게 몽골의 침략으로 소실되자 다시 만든 것이다. 그래서 의천이 만든 걸 초조대장경初雕大藏經이라 부르고 이것을 재조대장경이라고 부르기도 한다. 문제는 '재조'대장경이 만들어진 상황이다. 거센 파도처럼 밀고 들어오는 몽골군의 침략에 고려는 속수무책 풍전등화의 위기를 맞았다. 당시 고려는 최씨 무인정권이 장악하고 있었다. 외적, 그것도 엄청난 수적·질적 우위를 지닌 적을 맞아 싸우는 데에 전력을 다해도 모자랄 판에, 그걸 불교의 힘으로 막는다고 장경사업을 펼쳤다는 건, 그들의 불심의 독실함은 물론 높이 평가할 수 있지만 다른 관점에서도 읽어야 한다. 전쟁은 현실이다. 현실을 외면하고 초월적 힘에 의존하는 건 심정적으로는 이해할 수 있을지 몰라도 현실적으로는 어리석음을 드러내는 한계였음이 분명하다. 대장경을 인쇄하면 나라가 지켜진다? 제정신인가?

물론 당시의 불교는 다양한 분야에서 백성들의 생활과 밀접한 관련이 있었을 뿐 아니라 나라가 어려울 때 극복하도록 돕는 정신적인 힘이 되었다. 삼국시대처럼 고려의 불교도 호국불교의 성격이 강했다. 경험도 한몫을 했다. 1010년 거란이 두 번째로 고려를 침공했을 때 현종은 수도 개경을 버리고 멀리 전라도 나주로 피난 갔는데, 거란군은 개경의 송악성을 차지하고 물러나지 않았다. 그런데 대장경의 판본(이게 초조대장경이었다)을 새겼더니 거란이 스스로 물러갔다고 한다. 그게 사실일 가능성은 거의 없지만 사람들은 그렇게 믿었다. 그런 '확신이 만들어낸 신앙'이 여전했다. 그런 비현실적(물론 당시 사람들은 대단히 현실적이며 심지어 초현실적 힘을 가졌다고 여겼을 것이다) 경험은 옴짝달싹 못하는 상황에서 매달릴 수 있는 거의 유일한 대안이었을지 모른다. 당시의 집권자인 최우崔瑀 등이 중심이 되어 대장경 사업에 매달린 건 어쩌면 지구전을 지속하면서 자칫 민심이 흔들릴 수 있는 우려 때문에 국론을 하나로 모아야 하는 전략적 선택이었을지도 모른다. 그렇게 16년을 버티고 매달렸다.* 기록에 따르면 최우의 참여가 큰 힘이 되었고 개태사의 승통僧統인 수기守其가 내용 교정을 맡았다고 한다. 수기는 북송의 관판과 거란본 및 우리나라 초조대장경을 모두 비교·대조하며 오류를 바로잡아 판각했다고 한다. 그렇게 대장경사업이 이뤄졌다. 대단한 일이지만 참한심한 일이기도 하다.

대장경판의 재질은 산벚나무가 주종을 이룬다. 그리고 돌배나무와 단풍나무 등 조각하기 쉬우면서도 변형이 적고 내구성이 좋은 목재를 썼다. 경판의 크기는 세로 24센티미터, 가로 68~78센티미터, 두께 2.5~3센티미터이고, 무게는 3킬로그램 정도였으니 전체적으로 얼마만큼의 나무가 필요했을지 짐작하기 어렵지 않다. 대장경을 새기기 위해

---

* 대장경 판각은 실제로 12년 만에 모두 마쳤다. 「고려사」에 나오는 16년이라는 기간은 판각 기간이 아니라 대장도감을 설치하여 대장경판을 새기기 위한 사전 준비 과정을 합친 기간으로 보인다.

우리가 배웠던 길이 옳은 길은 아니다.

대장도감을 설치해서 전담하도록 하면서, 판각뿐 아니라 재료의 수급에 대해서는 따로 분사대장도감을 설치했던 것을 봐도 알 수 있다. 산지에서 나무를 베어 진을 빼고 판각할 수 있도록 적당한 크기로 자르고 다듬는 등의 일이 결코 가볍지 않다. 강화와 남해에서 그 판각 작업을 수행했다. 그 일을 전쟁 중에 했다. 세상에! 그 당시에 그런 문화재를 남겼기에 지금 우리가 그것을 경험하고 자부심을 누리고 있지만, 당대의 시점에서 본다면 이것만큼 무모하고 비논리적인 일이 있을까 싶다. 우리는 현재의 시선에서 그것을 바라보고 세계문화유산이 된 사실에 자부심만을 느끼고 있지 않은가? 역사에서 시간과 공간을 배제한 채, 현재적 가치에만 함몰되어 규정된 해석에만 매달릴 때 우리는 진짜 역사와 사람, 그리고 사건의 의미를 놓치기 쉽다. 그건 현재의 시간에 대해서도 마찬가지다.

당시 고려인들도 그랬을까?

조정래의 대하소설의 시초며 작가 정신의 원점으로 평가받는 『대장경』에는 그런 상황에 대한 고민이 깃들어 있다. 이 작품은 고려 대장도감판 대장경의 조성 과정을 소재로 민중의 힘과 의지를 소설화했는데, 인해전술로 무장한 몽골군의 침탈에 핍박받을 수밖에 없었던 작은 나라 백성들의 설움, 간악한 위정자들의 모략에도 불구하고 나라를 살려보겠다는 마음으로 당당히 죽음의 길을 가는 민초들의 피폐한 삶을 지켜보는 비판적 지식인인 수기대사의 심리가 세세하게 그려졌다.

소설은 물론 허구지만, 현장 속에 들어가 그 시대와 상황을 몸으로 느끼게 한다는 점에서 의미 있는 접근일 수 있다. 그저 허수아비 같은 군왕이지만 고종은 몽골군의 침략으로 수도를 강화도로 옮기고 시름에 빠진다. 일단 숨은 돌렸지만 명백한 패전이다. 그 패전의 책임을 회피하기 위해 위정자 무리들은 대장경을 재건하자는 얄팍한 술수로 대응한다. 백성들이 받을 또 다른 수탈은 너무나 뻔한 노릇이다. 소설은 그 점을 염려해 극구 반대하는 수기대사를 지배층의 한 축으로, 천민의 후손이지만 대대로 이어져 내려온 목수 일을 천직이라 생각하며 온 정신을 쏟는 근필을 민초의 한 축으로, 몽골군에 의해 부모와 누이들을 하루아침에 잃은 양반의 자제 장균을 고통받는 백성을 대표하는 한 축으로 구성하고 있다. 작가는 소설에서 특히 수기대사의 입을 빌려 그 점을 잘 묘사하고 있다. 수기대사는 대장경 사업을 주관하던 개태사 승통이었다. 대장경 사업은 불교의 대역사이긴 하지만 재조대장경의 주체는 불교계가 아니라 군부정권이었다. 그들은 자신들의 문제를 엉뚱한 데서 해결하고자 했다. 그들은 수기대사에게 나라를 지키기 위해 대장경 사업을 펼칠 것을 요구한다. 그러나 수기대사는 외적의 침입을 불력을 통해 물리칠 수는 없으며, 역사적으로도 그런 게 성공한 적이 없다는 점을 들어 거부한다. 그러나 그런 실랑이 끝에 결국 수기대사는 그 일을 떠맡게 된다. 군부는 죽음과 편찬사업 수행 양자택일을 요구한다. 수기대사는 자신의 죽음은 두렵지 않았다. 그러나 군부위정자들은 누군가에게 똑같은 요구를 할 것이고, 거부하면 죽음을 부를 뿐임을 알았기에 어쩔 수 없이 그들의 요구를 들어준다.

실제로 수기대사가 그런 저항을 했는지 안 했는지 우리로서는 알 수 없다. 그러나 작가는 수기대사를 통해 그게 얼마나 무모하고 어리석은 짓인지 날카롭게 지적한다. 대장경 사업을 위해 전국을 돌며 사람들을 모으고 목재를 마련했다. 평화 시에도 예삿일이 아닐 텐데, 전시에 그 무모한 짓을 하면서도 아무런 저항도 하지 못했다. 물론 거기에 종교의 힘을 빈, 혹세무민하는 정치적 왜곡과 위선이 깔렸음은 말할 것도 없다. 그리고 칼로 위협하는데 어쩔 수 없이 따라야만 했던 민초들의 아픔도 짐작할 수 있다.

수기대사의 예언처럼, 대장경은 몽골군의 야만적 침략을 막아내지 못했다. 그건 수기대사만큼의 통찰력을 지니지 못했더라도 누구나 알 수 있는 일이다. 그걸 군부정치인들만 모른 척했을 뿐이다. 아무리 다른 정치적 목적을 가지고 있다손 치더라도, 게다가 다른 사람들도 아니고 군인인 지배자들이 어떻게 그런 생각에 미치게 되었을까? 군대를 손에 넣어 권력을 찬탈했을 뿐, 권력에 취한 그들은 이미 군인도 아니었다. 그건 제대로 된 군인도 아니고 정신 제대로 박힌 정치인도 아니다. 강압적 지배만 알고 책임지는 일에는 나 몰라라였던 군인들과 정치적 실패로 외적의 침략을 대비하지 못한 정치인의 왜곡 정치가 빚어낸 어처구니없는 무모함이었을 뿐이다. 과오를 인정하고 현실을 감추지 않으며 백성들에게 일단 나라를 구하는 게 중요하다는 점을 인식시키며 차후에 그 책임을 지겠다는 단호한 의지 천명과 그에 따른 실천이 있었어야 했다. 작가 조정래의 모든 역사 인식을 수긍하는 건 아니다. 그가 묘사한 수기대사는 분명 역사에 기록된 실명인 인물이지만 그 삶의 묘사는 허구적이다. 하지만 작가의 비판은 귀 기울일 가치가 충분하다. 그런 이야기를 담기 위해 소설을 썼다고 생각하면, 우리의 역사 인식이 얼마나 단편적이고 평면적이며 무비판적인지 알 수 있다.

자신의 이익에만 탐닉하는 지도자를 추방해야

소설에서 수기대사는 백성의 삶을 가장 먼저 생각했다. 그는 당시 최고 계급에 해당하는 승려였다. 그러나 그의 가장 큰 관심의 대상은 힘없고 약한 백성들이었다. 왜 그랬을까? 나라의 본체는 바로 백성들이기 때문이다. 힘없는 백성들이지만 그들이 있어서 나라가 존재하고 외세도 이겨낸다. 그들과 공감하지 않는 정치는 무의미하고 악마적인 권력일 뿐이다.

요즘 모든 조직마다 '소통'을 강조를 하고 있다. 그건 소통을 하지 않는다는 방증이기도 하다. 소통 잘하면 굳이 그걸 강조할 까닭이 없다. 소통, 말이 쉽지 윗사람의 아량이 전제되지 않으면 어렵다. 솔직하게 비판하면 '역린逆鱗'을 건드릴까 두려운 게 사실이다. 주변에서 대놓고 말하다 미운 털 박혀 불이익 당하는 걸 뻔히 보는데 어찌 솔직하게 말할 수 있는가. 그러니 진심으로 그를 아껴주는 사람들도 결기를 세우면 그래봐야 바위에 계란 던지는 꼴이고 나만 다칠 뿐이라며 말린다. 내부고발자 하나 제대로 보호하지 못하는 사회고 나라다. 그게 현실이다. 그걸 깨야 한다. 소통이 가능한 기본적인 상황을 마련해야 한다. 철저한 계급사회일 때도 탈춤처럼 비판적인 장치를 마련해준 선조들의 지혜를 배워야 한다.

오늘날이라고 다르지 않다면 안타까운 일이다. 하지만 불행히도 현대에도 국가도 사회도 기업도 여전히 그런 증세는 남아 있다. 팔만대장경의 문화적 의미만 배우고 익혔을 뿐, 그게 얼마나 무모한 일이고 어리석은 짓인지를 함께 가르쳐주지 않은 불균형적 사고가 남아 있기 때문이기도 할 것이다. 당대성을 통한 현실 인식과, 지금의 우리가 그것

우리가 배웠던 길이 옳은 길은 아니다.

의 의미를 재확인하는 역사적 통찰력을 가르치고 배우는 일에 소홀하거나 무신경했기 때문이다.

만약 지금 다시 그런 경우가 생긴다면 어떻게 할까? 고려 때는 전체주의 시대였으니까 그럴 수 있지만, 민주주의 시대 자유로운 개인들이 그걸 용납하지 않을 거라고 자신 있게 말할 수 있을까? 하지만 멀리 볼 것도 없이 해방 이후의 우리 현대사만 보더라도 그런 어리석음이 줄기차게 반복되었음을 알 수 있다. 학교에서 책에서 배운 것과는 전혀 다른 엉뚱한 길로 몰아가는데도 저항하지 않는다. 비판하지 않는다. 그런 사회와 국가는 곧 혹독하게 대가를 치른다. 기업도 그렇다. 알량한 지분으로 전권을 행사하는 오너(도대체 그들이 무엇을 가지고 있단 말이지? 고작 3~5퍼센트밖에 되지 않을 텐데? 그런데 실제로는 다 갖는다. 제 마음대로다), 그런 전근대적이고 전제군주적 기업 경영이 결국 기업을 망치게 만든 게 어디 한둘일까? 지금 우리의 기업이라고 그 전철을 따르지 않을 거라는 보장이 없다. 아니 이미 그 전철을 밟고 있는 기업들 무수히 많다. 앞날이 캄캄하다. 팔만대장경이 있어서 지금은 중요한 문화유산을 갖게 되었을지는 몰라도 그 때문에 당시 사람들은 엄청나게 고통받았다. 한 가지 시선으로만 보면 그게 바로 외눈박이다. 두 눈 다 뜨고 보자.

대장경 가운데 내용이 가장 정확하고 완벽한 대장경이라는 데 그 가치가 높게 평가되고 있는 팔만대장경은 일본과 관련이 깊다. 조선 초기의 일본과의 교류는 고려대장경 교류라 할 정도로 일본은 끊임없이 대장경을 요구해서 가져갔다. 당시 조정은 왜구의 창궐로 인해 골치를 앓고 있었는데, 왜구에 잡혀갔던 포로와 대장경을 서로 교환하기도 했다. 그래서 고려 시대나 조선 시대에 인출한 대장경의 고판본은 거의 다 일본에 소장되어 있다. 1915년에는 데라우치 마사타케寺內正毅 총독이 교토의 센유지泉涌寺라는 절에 봉안하려고 인출한 적도 있다. 그게 동경제국대학 도서관에 기증되었다가 1923년 도쿄대지진 때 소실되었고, 이때 인출된 또 한 부가 지금 서울대학교 도서관에 소장되어 있다. 1935년에는 만주국 황제를 위해 조선총독부가 선물로 보냈는데 만주국이 붕괴되면서 사라졌다. 그저 자랑만 할 게 아니라 부끄럽고 안타까운 내력도 냉정하게 바라봐야 그 일이 되풀이되지 않을 것이다.

포석정에는
정자가 없다

국보1호는 숭례문, 보물1호는 흥인지문興仁之門(동대문)이다. 그럼 사적1호는? 아마 잘 모를 것이다. 사적1호는 포석정이다. 그런데 이것들이 모두 식민사관과 밀접한 관련이 있고, 특히 사적1호가 포석정이 되는 데에 『삼국유사』가 악용되었다는 사실을 직시해야 한다. 1933년 일본의 조선총독부는 조선의 문화재를 조사하여 보물 등으로 지정하여 그다음 해에 공포했다. 보물1호는 남대문, 보물2호는 동대문, 고적1호는 포석정이었다. '국보'가 없는 것은, 식민지에 무슨 국보가 있을 수 있냐는 논리다. 그리고 사적이 아니라 고적인 것은, 그저 오래된 유적이라는 뜻이다.

읍성이 왜 세 개밖에 남지 않았을까?

남한에 온전한 형태로 남은 형태의 읍성은 달랑 세 개뿐이다. 낙안,

고창, 해미에 온전하게 남은 읍성이 있다. 워낙 드물어서 그 읍성을 보면 비현실적인 느낌까지 든다. 그런데 사람들은 읍성의 아름다움만 보지 정작 왜 읍성이 이것들밖에 남지 않은지는 궁금해하지 않는다. 읍성은 지금으로부터 100년 전쯤 갑자기 다 사라졌다. 일본인들은 단순히 무력으로만 조선을 점령한 게 아니라 처음부터 그 정신의 뿌리를 제거하는 치밀함을 보였다. 상상해보라. 조선 시대 모든 군현에는 읍성이 있었다. 눈을 뜨면 가장 먼저 보는 게 읍성이다. 나만 본 게 아니라 아버지, 할아버지, 그리고 그 위 조상들도 다 보고 살았다. 그러므로 읍성은 역사, 즉 시간적 정체성의 근거다. 멀리 떠났다가 돌아오며 고개에서 가장 먼저 눈에 뜨이는 것도 읍성의 성곽이다. 그것을 보면서 '이제 내 집으로 돌아왔구나' 하는 생각이 자연스럽게 떠올랐을 것이다. 그러므로 읍성은 공간적 정체성의 뿌리다. 그렇게 읍성은 시간과 공간을 상징한다. 일제는 그 정체성의 뿌리를 다 뽑아버렸다. 세계 역사 어디에도 점령자가 점령지의 성곽을 모두 무너뜨린 예는 없다. 만약 그런 일이 비일비재했다면 유럽 여행의 내용이 크게 달라졌을 것이다. 일본의 침략은 치밀하고 끔찍했다.

시간과 공간의 상징이 허물어졌을 때 사람들은 공황 상태에 빠진다. 그 상태에서 이민족 점령자들에게 저항할 힘을 상실한다. 그렇다고 무조건 허물었다가는 저항만 부른다. 그래서 일제는 새로 넓은 도로를 만든다며 성곽을 허물고(그게 신작로新作路다) 새로운 주거지가 필요하다며 성곽의 돌들을 건축재로 사용함으로써 자연스럽게 읍성을 허물었다. 그런데 다행히 세 개의 읍성은 살아남았다. 낙안의 읍성은 순천의 북쪽에 있는데 순천읍성이 허물어지고 낙안도 그 운명을 피할 수 없었지만 그 사이에 왜성倭城이 있어서 당연히 허물지 않았다. 그 상태에서 낙안까지 허물면 저항이 있을 것인 데다, 그 뒤로는 높은 산이 가로막고 있었기에 새로운 길을 낼 명분이 없었다. 그래서 살아남았다. 호남의 곡창이었던 고창에는 일본인들이 많이 살았다(지금도 그 흔적이 남아 있는데 조양관이라는 요릿집이다). 그런데도 읍성이 살아남은 건 입구는 평지지만 뒤로는 산성이라 허물지 못했기 때문이다. 해미읍성은 당시 교통 오지였던 서산 지역으로 가는 길목에 인구도 별로 없고 외롭게 남은 것이어서 나중에 없앨 생각이었겠지만, 일단 그냥 내버려두되 가장 높은 곳에 정자를 허물고 신사를 지었다. 그렇게 해서 달랑 세 개의 읍성만 남았다. 지금도 남한 지역에 부분적으로 남은 읍성이 290여 개나 된다. (그 성곽의 흔적들조차 일제 때 세운 관공서나 학교의 담, 축대 일부로 남아 있다.) 그러나 그건 이미 성곽의 기능을 상실했기에 무의미하다. 물론 조선 시대 모든 읍성이 일제에 의해 허물어진 건 아니다. 자연적으로 쇠퇴하거나 소멸된 경우도 있다. 그러나 그 근본적 원인은 일제의 치밀하고 패악한 의도 때문이다.

그런데도 그 길을 통해 일제가 새로운 근대적 공간 개념을 조선에 제공했다고 떠드는 작자들이 있다. 그들이 쓴 역사 교과서에 나오는 대목이다. 얼이 빠져도 유분수고 정도껏이다. 우리는 이미 고려 때부터 역참제도를 도입했고 조선에서는 역원제도로 강화했을 만큼 충분한 공간 개념을 갖고 있었다. 그걸 외면하고 일본인들의 논리를 그대로 되풀이한다. 이들은 일본이 자신들은 협궤만 있었지만 조선에는 표준궤도의 철도를 놓았다며 마치 천사의 사촌쯤 되는 것처럼 말한다. 영국이 인도의 서북부에 광궤의 철도를 놓은 것은 인도를 위해서가 아니고 자신들이 약탈할 수 있는 양을 한꺼번에 많이 가져가기 위해서였다. 러시아가 광궤를 택한 것은 나폴레옹과의 전투에서 겪은 트라우마 때문이었다. 철도를 통해 대규모의 군대가 빠르게 진입하는 것을 막기 위해 다른 궤도를 선택한 것이다. 이렇게 전후의 사정이 다르다. 그런 것들은 감추고 일본이 표준궤도의 철도를 부설한 것이 무슨 큰 시혜나 되는 양 떠든다. 식민사관도 이쯤이면 병에 가깝다.

조선에서 가장 먼저 읍성을 허문 것은 바로 박중양이라는 인물이었다. 그는 대구군수 겸 경북관찰사 대행으로 임명되어 대구읍성을 허물었다. 아마도 일종의 샘플링 작업이었을 것이다. 그때는 대한제국 시대였으니 대역의 죄를 지은 것이다. 그러나 처형당하긴커녕 승진해서 중앙으로 진출했다. 이미 조정을 친일파가 장악했기 때문이다. 그는 경술국치 때까지 경상북도관찰사와 충청남도관찰사 등을 역임했다.[❖] 그런 원통한 역사를 지닌 대구다. 그런데 역사를 제 마음대로 훼절하는 국정화에 찬성하는 이들의 비율이 가장 높았단다. 그건 지지하는 정당 선호의 문제가 아니다. 부끄러운 일이다. 슬픈 역사를 되풀이하지 않는 데에 선봉에 서야 할 대구 사람들이 매카시와 홍위병들의 발호에 박수를 보내고 있다는 것보다 더 안타깝고 부끄러운 일은 없다.

달랑 세 개 남은 읍성의 역사를 짚어보면 지금의 역사가 보인다. 그런데도 정작 읍성은 그저 관광의 대상으로만 그치고 있으니 어쩌면 이렇게 역사가 난도질되는 것도 무리는 아니다 싶다. 역사에 죄는 짓지

우리가 배웠던 길이 옳은 길은 아니다.

말아야 한다.

왜 그것들이 국보·보물·사적1호인가?

일제는 조선을 점령한 뒤 그렇게 대부분의 읍성을 무너뜨렸다. 읍성은 그 지역 사람들에게 역사적·공간적 정체성의 근거였기 때문이다. 한양도 마찬가지였다. 도성을 모두 무너뜨렸고 사대문도 허물었다. 사실 남대문이나 동대문도 그렇게 될 운명이었다. 그런데 그 두 문으로 일본의 가토加藤淸正와 고니시小西行長가 출입했다는 이유로 가까스로 살아남았다. 그래서 각각 보물1와 2호로 선정되었다. 그런데 그것들이 해방 이후에도 여전히 국보1호와 보물1호로 지정되어 오늘에 이른다. 물론 숭례문과 동대문이 그만큼의 가치가 있는 것은 사실이지만, 문제는 지정의 근거가 조선총독부의 보물 지정과 무관하지 않다는 점이다.

그렇다면 왜 포석정은 고적1호였고 지금도 사적1호인가? 우리가 알고 있는 포석정 이야기는 대략 이렇다. 포석정은 왕과 귀족들이 술 마시고 놀던 유희의 장소라는 것. 신라의 경애왕은 견훤이 국토를 유린하고 수도를 함락하기 직전에도 궁녀들을 데리고 포석정에서 술 마시고 놀다가, 결국 경주가 함락된 뒤 견훤의 강요로 자진自盡했다는 것이 우리가 알고 있는 내용이다. 『삼국유사』에 그렇게 쓰였다. 간악한 일제는 그것만 떼어내어 임금이 나라가 함락 직전에도 주연에 빠져 있는 족속이니 무슨 국가를 운영할 자질을 갖춘 민족이냐는, 전형적인 식민사관으로 분칠해버렸다.

그러나 『삼국유사』를 제대로 읽었다면 결코 그런 엉터리 사관은 성립할 수 없다. 견훤이 신라를 침공한 건 9월(물론 당연히 음력이다)이었고 지금의 영주를 점령하자, 신라는 급히 고려에 원군을 요청했지만 원병이 오기 전 11월에 수도 경주가 함락되었다. 『삼국유사』에 분명히 11월이라고 쓰였다. 생각해보라. 어느 누가 그 엄동에 야외에 나가 주연을 즐겼겠는가! 도무지 말이 되지 않는 억지 주장이다. 그런데도 그런 이야기를 토대로 식민사관을 지어냈고, 그래서 고적1호로 정했으며, 한심하게도 그게 지금도 사적1호다.

일제는 교묘하게 우리 역사서를 편의적으로 골라 왜곡하며 식민사관을 심었다. 그 대표적 사례가 바로 포석정이다. 역사는 승자의 기록이다. 『삼국유사』는 고려 때 쓰였다. 후삼국을 통일한 고려가 자신들의 정통성을 부각하기 위해 썼다. 경순왕*은 왕건이 경주를 방문했을 때, "견 씨(견훤)가 침략했을 때는 승냥이 이리와 같더니 왕장군이 오시니 어버이 같습니다"라고 말했다고 기록한 것만 봐도 그러한 상황을 능히 짐작할 수 있다.

『삼국유사』「경애왕편」에 '11월'이라고 한 기록만 유심히 봤어도 이런 질문이 가능할 것이다. '도대체 왜 그 추운 겨울에 야외에서 주연을 베풀며 놀았을까? 그리고 아무리 한심한 임금이라 할지라도 남의 나라에 원병을 청할 만큼 위급한 상황에서 그럴 수 있을까?' 도무지 말이 되지 않는다. 그렇다면 경애왕은 왜 포석정에 갔을까? 사실은 거기에 포석사라는 '사당'이 있었다. 포석사는 문노文弩라는 화랑을 모신 사당이

※ 사실 그 왕을 세운 것은 바로 견훤이었다. 경순왕이 자신이 통제하기 쉬운 왕이었기 때문일 것이다. 그러나 자식들이 왕권을 다투며 견훤까지 그 소용돌이에 휘말리면서 급한 불 끄느라 신라를 주무를 여유가 없었고, 그 틈에 경순왕이 고려에 신라를 바친 것이다.

우리가 배웠던 길이 옳은 길은 아니다.

157

었다. 문노는 모든 화랑의 모범이 되는 화랑이었다. 그러니 포석사는 성지였고, 경애왕은 바로 포석사에서 문노에게 나라를 지켜달라고 제사를 지내러 갔던 것이며, 경주의 도읍 백성들에게 문노를 본받아 신라를 지켜내자는 일종의 정치적 이벤트를 하러 갔던 것이다. 술판 벌이고 무희들을 희롱하러 간 것이 아니다!

지금도 많은 학생들이 경주에 수학여행을 간다. 그리고 포석정에 들른다. 포석정 하면 떠오르는 것이 무엇인가? "경애왕이 포석정에서 음주가무를 즐기다가 견훤의 군대에 생포되어 궁으로 끌려가 자진당한 곳"이라는 설명이다. 포석정은 무능하고 정사에 무관심한 채 유흥과 황음에 빠진 군주를 강조함으로써 자치의 능력이 없음을 부각하기 위한 음험한 뜻으로 고적1호에 지정되었다. 그런데 여기서 생각해야 할 점이 있다. 우리가 경주에 가서 포석정을 방문할 때 '정자'가 있는지 없는지 관심을 갖는가? 분명 명칭은 포석'정亭'*이 아닌가. 그런데도 정자가 있는지 없는지는 무관심이고 오직 유상곡수만 확인한다. 만약 정자가 없다면 포석정이 아니라 포석정'지址'여야 한다. 그런데 정자라는 명칭이 '놀이'와 '쉼'이라는 의미를 담고 있으니 그대로 남겨둔 것이다. 오랫동안 이를 지적하고 요청을 거듭한 끝에 이제는 '포석정 터'라고 명기되었지만, 여전히 사람들의 입에는 그냥 '포석정'으로 남아 있고, 생각도 황음한 왕과 왕국의 몰락의 필연성을 떠올린다. 한심하고 원통한 일이다.

그럼 왜 이런 일이 계속 이어지고 있는 것일까? 해방된 조국은 보물

---

* 많은 사람이 여러 해 동안 문화재청 등에 청원하여 지금은 현장 안내판에 '포석정 터'로 표기되지만, 여전히 관광안내서나 책에는 포석정으로 표기되고 있다.

1호를 국보1호로, 보물2호를 보물1호로, 그리고 고적1호를 사적1호로 대충 맞추는 것으로 때웠다. 왜 그랬을까? 조선의 수재들이 경성제국 대학에서 일본인들에게 식민사관으로 배웠고 똑똑하고 말 잘 듣는 자들을 제국대학의 교원으로 임용하거나 총독부의 역사편수관으로 보냈다. 해방 이후 그들은 국립서울대학교의 교수와 대한민국의 역사편수관으로 변신했다. 그런 이들이 별 고민 없이 문화재를 정한 것이다. 그렇게 식민사관은 지금도 당당하게 살아 있다. 그리고 그런 사고에 충실한 자들이 대한민국의 역사교과서를 제 입맛에 따라 바꾸겠다며 절차와 과정도 무시한 채 군사작전 하듯 온갖 불법과 위법을 저지르며 휘저었다. 이건 이념의 문제도 아니고 선호하는 정당에 따라 선택할 문제도 아니다.

물어봐야 답을 찾는다. 묻지 않고 그저 인쇄된 글자만 따라가면서 외우기 급급하면 텍스트라는 무게에 함몰되어 악영향을 받기 쉽다.『삼국유사』 탓이 아니다. 그것을 왜곡해서 분탕질한 일본 제국주의자들과 그들의 식민사관을 지금까지 그대로 답습한 역사계의 탓이다. 그러나 그걸 아무 의문 없이 그대로 받아들이고 있는 우리에게도 무관심과 순응이라는 허물이 없는 건 아니다.

'위안부'라니!

나는 '위안부'라는 말을 들을 때마다 피가 거꾸로 솟는 느낌이 든다. 위안부라니! 도대체 누가 누구를 위안한단 말인가. 그리고 왜 위안해야 하는가. 더 분노할 대목은 그다음이다. 도대체 '어떻게' 위안한단 말인

가. 이게 말이 되는가? 그런데도 태연히 쓴다.

예전에 '정신대'라고 썼던 걸 기억하는 이들이 많을 것이다. 정신대라는 말의 사전적 의미는 '어떤 목적을 위해 솔선해서 몸을 바치는 부대'라는 뜻으로 일제가 고안해낸 말이다. 그 말을 그대로 쓰는 것이 민망했는지 '위안부'라는 말로 대체했다. 도대체 어떤 작자가 그런 말을 만들어냈을까? 일본인들이 만들었거나 친일 부역한 자들로 대한민국에서 여전히 힘 있는 자들이 아니고서야 그런 말을 어찌 태연하게 쓸 수 있는가. 피해당사자가 아닌 제3자나 UN에서도 '전쟁 성노예War Sex Slave'라고 기술하는 걸 비교해보면 우리가 얼마나 한심하고 딱한지 알 수 있다.

박근혜 정권에서 '위안부' '합의'를 '저질렀다'. 미국의 입장에서 중국을 견제하기 위해 이른바 3국 동맹 체제를 강화해야 한다는 포석으로 양국에 물밑 압력을 넣어 그 합의를 도출했을 것이다. 백번 양보해서 그 필요성을 인정한다 하더라도 10억 엔의 돈으로 합의하다니! 그것도 당사자들의 의견은 무시하고. 국민들은 자존심이 상했고 분노했다. 정권이 바뀌고 그 뒤치다꺼리를 하고 있다. 그리고 이 문제는 두고두고 걸림돌이 될 것이다.

일본은 이 문제에 대해 이미 법리적으로 끝난 것을 왜 자꾸 들고 나오느냐며 어깃장을 놓고 우리는 그 말에 흥분하는 일이 반복되었다. 몇 해 전 일본의 미쓰비시중공업이 중국인 징용자와 미군 포로 중 강제 노동에 동원된 이들에게 배상을 했지만, 정작 더 많은 인원이 더 오래 그리고 더 심하게 강제 노동에 끌려간 우리에게는 아무런 행동도 태도도 취하지 않아서 사람들을 분노하게 했다. 그러나 그 또한 저들은 이미 법리적으로 끝난 일이라며 외면한다. 실제로 대법원은 사법거래를 통해 고등법원 승소 판결을 뒤집어버렸다. 그런 사법부가 있는 나라도 나라인가?

1965년 한일협정 때 한꺼번에 다 털었으니 자신들은 더 이상의 책임이 없다고, 그런데도 이미 끝난 문제를 자꾸 들먹이니 상대하기 싫다고 어깃장을 놓는다. 우리로서는 분노할 일이다. 그러나 냉정할 필요도 있다. 그때 우리로서는 경제 부흥을 위한 돈이 필요했으니 당사자들에게 양해를 구하거나 그들을 설득할 시간이 없었다(그럴 생각도 없었겠지만). 하지만 이제라도 당시에는 어쩔 수 없었다고 당당하게 인정하고 당사자들에게 사과하면 된다. 다행히 그 돈을 사적으로 횡령하거나 축재하지 않고 조국의 근대화 산업화의 밑돌로 썼으며 그 덕에 지금의 경제부흥을 이룰 수 있었다고 고백해야 한다. 그 보상 비용을 일본에 요구하지 말고, 우리가 성금이나 세금으로 지원하면 일본은 도덕적으로 부담을 크게 지게 된다. 그런데도 그런 고백을 하지 못하는 건 자신들이 그 성급하고 일부 사악한 협정을 맺은 당사자 혹은 그 관계자나 후손이기 때문인가? 공이 더 많다면 허물을 고백하는 게 그리 어려울 일도 아니다. 그리고 당사자가 아니라면 더 당당하고 쉽게 고백할 수 있다. 하지만 그러기는커녕 오히려 사악한 태도를 반복했다. 달랑 10억 엔에 합의를 팔아버렸고 당사자들이 살아 계실 때 경제적 어려움을 겪지 않도록 하기 위한 인도적 결정이었다고 변명했다. 말도 되지 않는 소리다.

여전히 위안부라고 쓴다. 위안부라는 말이 얼마나 모욕적인지 깨닫는다면 그 말을 태연히 내뱉지 못할 것이다. 역사의식의 천박함을 이처럼 노골적으로 드러내는 말이 있을까?

묻고 캐고 따져야

뜬금없이 역사 교과서를 국정화하겠다며 시끄러웠다. 남북이 대치한 상황에서 좌파적 사고로 기술된 역사를 배우면 적화되는 것이 당연하다며 열을 올렸다. 정작 어떤 부분이 그런지는 적시하지 않거나 필요한 부분만 앞뒤 설명 없이 도려내 근거로 삼으며 말이다. 그러나 이미 체제와 이념의 경쟁은 끝났다. 일찍이 프랜시스 후쿠야마Francis Fukuyama가 『역사의 종말』에서 지적한 것처럼 민주주의와 자본주의는 압도적 효율과 자발성, 그리고 자율성을 통해 승리할 수밖에 없다. 20세기 말 우리는 그것을 목격했다. 북한과 벌이는 체제와 이념 경쟁은 이미 무의미하고 비생산적이다. 우리의 힘은 '자유로운 개인'을 더 신뢰하고, 그들의 권리를 보장하는 데서 온다. 그것을 더 키워서 압도적으로 저들을 따돌리면 된다. 그런데도 역사적 연구들을 침소봉대하거나 자신들의 입맛에 따라 임의로 해석하며 엉뚱하게 문제를 키우기만 했다.

청년들이 '헬조선' 운운하는 것은 좌경화된 역사 교과서로 배웠기 때문이 아니라, 그들의 꿈을 앗아가고 자신들의 탐욕만을 추구하며 정당한 기회를 마련하지 않고 구조적 모순을 강화하는 기성세대들의 어리석음 때문이다. 그런데도 근거도 제대로 제시하지 않으면서 위협적 언사를 멋대로 내뱉는 것은 위험하고 무책임한 일이었다. 거기에 학자들이 '양심을 걸고' (아마도 그들의 양심은 '良心'이 아니라 '兩心'이겠지만) 가담했다. 물론 그들은 여전히 멀쩡하게 고개 빳빳하게 들고 산다. 심지어 국회의원일 때 국정교과서 추진 법안을 발의했을 뿐 아니라, 여성가족부 장관 때는 위안부에 대한 말도 안 되는 치욕적 합의 뒤 받은 치욕적 돈을 할머니들에게 반강제로 떠넘겨 시민의 분노를 야기했던 인사가 뻔뻔하게 교육감으로 출마하여 우리를 아연실색하게 했는데 그런 작자도 교육감으로 뽑히고 말았다.

나치에게 3년 반 점령당한 프랑스가 종전 후 7,000명이 넘는 부역자들을 처형하고(그중에는 뛰어난 정치인, 기업인, 학자, 예술가가 많았다) 부역의 흔적이 있으면 평생 공직에 나갈 수 없게 했으며, 심지어 나치 장교와 놀아난 술집 여성들까지 단죄한 것은, 혹시라도 다시 다른 나라에 점령당해도 결코 부역하지 않고 저항하며 싸울 수 있도록 역사적 교훈을 마련한 것이었음을 기억해야 한다. 우리는 독립운동하면 3대가 망한다는 것을 너무나 생생하게 보여주었다. 그리고 정복자에 협조하면 3대가 권세와 부를 누리고 산다는 부끄러운 역사를 남겼다. 생각해서도 안 되고 상상하기도 싫지만, 만약 우리가 다시 다른 나라에 점령되면 과연 당당하게 독립운동에 뛰어들 수 있을까? 역사는 바로 그런 것이다. 역사의식은 바로 그런 정신을 마련하는 것이다. 그런데도 그걸 고치기는커녕 합리화하려는 자들이 준동하고 있다. 매카시와 홍위병들만 설쳐댄다. 그들이 영원할 것 같지만 결국은 진리와 정의가 승리하는 법이다. 그들의 눈에만 그게 보이지 않을 뿐이다.

구호나 관념으로 '아름다운 나라, 가장 행복한 대한민국'이라고 주입할 게 아니라, 실제로 멋지게 꿈을 실현할 수 있고, 자유와 권리가 보장되어 자신의 삶의 주인이 될 수 있으면, 저절로 그 사회를 목숨 바쳐 지켜낸다. 우리에게 지금 시급히 필요한 것은 그러한 자각이다. 그런데 자꾸만 시계를 뒤로 돌리는 자들이 있다. 그냥 돌리기만 하는 게 아니라 망가뜨리면서. 그런 자들이 역사의 죄인이다. 공자가 『춘추』를 쓴다는 소문이 나자 전국시대의 난신적자들이 몸을 사렸다는 말이 무슨 뜻인지 준엄하게 살펴야 할 때다.

식민사관은 지겹게도 질긴 생명력을 지닌 채 지금도 준동하고 있다. 지난 정권 국정교과서 문제도 그런 사관에 학습된 자들이(그들은 식민사관이 아니라 객관적·실증적 역사관이라고 강변하지만) 곳곳에서 활동하면서 알게 모르게, 의식적으로나 무의식적으로 계속해서 그런 인식을 생산하고 있다. 합리적 의심조차 하지 않으면, 시민들이 감시하지 않으면 그 준동은 언제든 다시 고개를 쳐들 것이다. 그 싹조차 나오지 못하게 해야 한다.

속도보다 방향이 우선이다

당구풍월堂狗風月,
시간만 때운다고 해결되는 게 아니다

서당 개 3년이면 정말 풍월을 읊을까?

현대인들은 바쁘다. 일상이 바쁘고 생각도 바쁘다. 심지어 생각이 따라가지 못할 만큼 빠른 세상이다. 삶의 속도를 생각의 속도가 따라가지 못하는 형편이니 영혼의 속도를 도닥일 여유는 없다. 심지어 영혼의 속도를 조절해야 할 종교마저도 전투적으로 받아들인다. 그러다 보니 직수굿이 하나의 일에 집중하고 매진하는 일이 갈수록 드물다. 주식투자를 하는 사람들도 장기투자를 통해 배당금을 받아 경제적 여유를 누리려는 생각은 치워두고 단기매매에 의한 시세차익에만 매달린다. 투기와 다르지 않다. 회사의 일도 크게 다르지 않다. 변화를 따르지 못하면 도태된다고 다그치며 이것도 손대고 저것도 집적댄다. 진정한 변화가 어디에서 어떻게 이뤄져야 하는지는 도무지 모르면서 껍데기만 이리저리 바꿔본다. 그런 짓을 여러 해 반복하다 보면 예전에 했던 게 되풀이되는 걸 목격하는 경우도 있다.

그럴 때 한 가지 일에 집중하라고 충고하면서 "서당 개 3년이면 풍월을 읊는다"라고 말한다. 진득하게 한 3년쯤 투자하면 원하는 바를 이룰 수 있다는 말은 분명 솔깃하다. 하지만 안 되는 것도 있다는 사실도 기억해야 한다. "개 꼬리 3년 묵힌들 족제비 꼬리 될까?"라는 말을 굳이 꺼내지 않아도 '서당 개' 얘기는 그리 녹록한 말이 아니다.

서당에서 기르는 개보다 풍월을 따라 읊을 수 있는 좋은 환경을 가진 개는 없을 것이다. 하지만 서당에서 그냥 3년을 지낸다고 개가 저절로 풍월을 따라 할 수 있는 건 아니다. 부지런히 듣고 연습해야 한다. 그러니까 이 당구풍월堂狗風月, 즉 서당 개 이야기는 '비록' 환경이 제일 좋은 개라 할지라도 '최소한' 3년은 부지런히 익혀야 '겨우' 풍월을 읊을 수 있다는 뜻으로 새겨야 한다. 달리 말하자면 가장 좋은 환경에서도 어느 정도 일정한 시간을 들이고 노력을 해야 흉내라도 낼 수 있다는 말이다.

목적의식이 있어야

맬컴 글래드웰Malcolm Gladwell의 『아웃라이어』 이후 너 나 할 것 없이 1만 시간의 법칙이나 10만 시간의 법칙을 외치는 이들이 제법 많다. 하루에 세 시간씩 10년을 지속적으로 투자하면 못 할 일 없다는 말은 분명 옳다. 다만 그 시간을 어떻게, 왜 투자해야 하는지에 대한 성찰이 없으면 무의미하다. 그저 시간이 지나면 어느 정도 이뤄지겠지 여기며 보내면 그야말로 시간 낭비만 할 뿐이다. 서당 개도 저절로 풍월 읊게 되지 않는다는 점을 기억해야 한다.

우리는 뭔가 잘하는 사람을 보면 자연스럽게 부러워한다. 예를 들어 누군가 재즈카페에서 멋지게 피아노를 연주하거나 색소폰을 폼 나게 연주하는 걸 보면 감탄하고 부러워한다. "나도 저렇게 연주나 노래를 잘했으면 좋겠다"라고 생각한다. 그러나 정작 그가 그렇게 능란해지기까지 들인 공과 노력은 보지 않는다. 그저 결과만 본다. 그러니 평생 남 잘하는 거 부러워만 할 뿐 자신은 그걸 즐길 수 없다.

다른 사람이 색소폰 연주하는 걸 보고 큰맘 먹고 레슨을 받기로 한다. 그러나 생각처럼 그리 쉽지 않음을 금세 깨닫는다. 큰돈 들여 악기를 장만했기에 쉽게 포기하지는 못하지만 생각만큼 즐겁지 않다. 왜냐하면 실력이 일취월장하지도 않고 연습이라는 게 꾸준함이 없으면 별 성과도 없으며 초보 시절은 음악적 즐거움도 없기 때문이다. 삑삑 뺙뺙대는 소리는 자신이 들어도 소음일 뿐이다. 그러다 보면 바쁘다는 핑계로 레슨을 한두 번 빼먹게 되고 그렇게 몇 번 하다 보면 엎어진 김에 쉬어 간다는 심정으로 주저앉는다. 수영을 배워도, 그림을 배워도 그런 경우가 비일비재하다. 천리 길도 한 걸음부터라거나, 시작이 반이라는 말에 위로를 받아보지만 감감무소식이라고 여겨지면 금세 포기한다.

왜 그럴까? '3, 3, 3' 법칙이라는 게 있다. 뭐든지 처음 배우고 시작할 때 3주가 첫 번째 고비다. 완전 초보의 입장에서 즐거움이 없다. 그 고비를 못 넘기고 그만둔다. 그 고비 잘 넘기고 나서도 3개월쯤 되면 한계를 느낀다. 이제 어지간한 흉내는 내는데, 매끄럽게 치고 나가지 못한다. 일종의 '문턱 효과'처럼 해도 늘지 않고 안 해도 줄지 않는 정체 상태다. 그 고비를 넘겨야 하는데, 이때쯤이면 꼭 핑계 댈 만한 일이 생긴다. 그러면 기다렸다는 듯 그걸 핑계 삼아 그만둔다. 하지만 꾹 참고 3년쯤 하면 아무리 둔하고 늦된 사람도 어느 정도 경지에 올라가게 된다. 그러니 뭘 하나 시작할 거면 3년은 진득하게 지속할 각오를 해야 한다. 서당의 개조차도 풍월 흉내 내는 데에 3년이 걸렸다! 3년이라 하면 적지 않은 시간이겠지만, 인생 전체를 고려한다면 그리 대단한 투자도 아니다.

더 큰 이유는 목적의식이 의외로 허약하기 때문이다. 왜 그것을 해야 하는지, 왜 실행하기로 결심했는지 초심을 유지해야 한다. 당장의 성취욕에만 휘둘리니 직수굿하게 버티질 못한다. 목적의식은 조금은 멀리 잡아야 한다. 흔들릴 때마다 유혹과 자기 관용에 넘어가지 않고 의연하게 버티게 하는 힘은 확고한 목적의식이다. 이런 케이스는 학벌의 경우도 고스란히 적용된다. 우리 사회처럼 철저하게 학력 위주의 사회에서 서열화된 학력 콤플렉스를 극복하는 건 생각처럼 쉽지 않다. 솔직하게 따져보자. 어떤 사람은 일찍 문리가 터지는 반면에 어떤 이는 늦되는 경우가 얼마나 많은가. 그런데 일률적으로 같은 시간 안에 결실을 봐야 하는 사회 구조 속에서 그것을 역전시키는 일은 쉽지 않다. 그렇다고 그 어리석은 서열을 죽을 때까지 안고 갈 것인가?

이른바 일류 대학 학생들이 공부를 더 많이 한다. 책도 더 많이 읽는다. 그러니 한 번 서열이 정해지면 어지간해서는 역전되지 않는다. 그렇다면 무도한 학력 서열을 깨기 위해서는 하위 서열에 속했다면 적어도 두세 배는 더 열심히 읽고 공부해야 한다. 그리고 그것을 최소한 3년은 지속해야 한다. 그래야 겨우 실력으로 비등해질 수 있다. 이른바 학력 프리미엄의 유효기간은 기껏해야 3년이다. 그런데 서열은 좀처럼 바뀌지 않는다. 그 역전과 전복을 위해서는 적어도 3년을 세 배는 더 읽고 공부해야 한다. 비등해지는 지점은 목적이 아니라 전환점일 뿐이다. 이제부터 시작이다. 다시 3년 죽어라고 연마하면 비로소 실질적으로 역전이 실현되기 시작한다. 그 과정에서 스스로에게 탄력도 붙고 눈도 트인다. 그게 되지 않으면 남은 평생 서열대로 살아가게 된다. 그게 현실이다. 과정은 생략하고 오로지 결과로만 동등해지거나 추월하려는 생각은 천박할 뿐 아니라 꿈을 현실화할 수도 없게 될 뿐이다.

서당 개 3년에도 여전히 까막눈이기 쉽다

현재에 충실하면서 삶의 기운을 북돋우며 재충전할 수 있고, 미래의 삶도 더 풍요로워질 수 있다면 3년 '쯤이야' 기꺼이 투자할 수 있다. 그저 시간 남아서 한번 해보는 게 아니라 장기적인 안목과 목적의식을 갖고 다가서지 않으면 '개 꼬리 3년 묵힌들 족제비 꼬리 될까'라는 비아냥거림을 듣기에 딱 좋다.

한국의 노동생산성이 OECD 31개 국가 중 23위라고 한다. 내용을 따져보면 순위가 무색할 만큼 최하위 수준이다. 미국 노동생산성의 절반 수준이고 일본보다 15퍼센트 이상 떨어진단다. 그것도 노동자 1인당 생산성을 따질 때 그렇고 노동시간당 생산성은 30위다. 미국의 절반에도 미치지 못하고 일본에 35퍼센트쯤 밀린다. 노동시간은 최장인데 생산성은 떨어지는 까닭이 뭘까? 한국생산성본부는 유능한 인재가 적재적소에 배치되지 않기 때문이라고 지적한다. 미국의 생산성이 높은 이유로 일선 직원의 조직에 대한 성과나 생산성에 대한 영향이 적으므로 능력이 확인된 직원은 조기 발탁해 승진시키고, 엄격하고 경쟁적인 환경에서 리더를 선발해 지속적으로 능력을 향상시키도록 하며, 나이에 따른 퇴직 등이 없다는 점을 제시했다. 그래서 한국 경제가 새롭게 도약하기 위해서는 국가와 기업이 생산성 향상 정책을 추진 중임을 전하고, 인적자원의 효율성 활용, 유능한 조직구성원에 대한 존중, 인간 존중이 생산성 향상에 필수적 조건임을 강조했다. 하지만 그런 거시적 접근이나 거대담론적 이해는 구두선에 그치기 쉽다. 사람에 대한 관심과 이해에 따른 배려와 투자가 핵심이다. 기능주의적 접근과 해결책이 종국에는 실패하는 까닭은 그 중심인 인간, 즉 '자유로운 개인'으로서의 주체자에 대한 이해가 부족했기 때문이다.

중국의 노동생산성보다는 높다는 게 가까스로 위안이 될까? 중국인들은 업무 시간에 개인의 일을 보는 경우가 다반사라고 한다. 그런데 한국인들은 적어도 그런 수준은 아니다. 그렇다면 도대체 노동생산성이 떨어지는 까닭이 뭘까? 여러 요인이 있겠지만, 개인 시간을 거의 가질 수 없는 풍토도 작용하는 것으로 보인다. 칼퇴근했다가는 해고 대상자 1순위에 오른다. 퇴근 후에도 개인 시간을 보내기보다는 함께 어울려 회식하고 2차 가는 등 공적인 것도 사적인 것도 아닌 애매한 시간 버리기가 만연하다. 재충전은 휴가 때만 하는 게 아니다. 매일매일 재충전해야 한다. 그런데 충전할 시간이 없다. 항상 한 칸쯤 남은 배터리로 근근이 버틴다. 그러니 무슨 생산성이 있겠는가. 그저 많은 시간 요구하고 일 떠안긴다고 생산성 느는 것 아니다. 그건 착취요 개인의 말살이다. 개인의 역량을 키워야 기업도 사회도 큰다. 서당 개가 아무리 서당에서 얼쩡거려도 저절로 풍월 읊지 않는다. 주인도 개도 그럴 환경과 노력을 마련해야 겨우 가능하다.

일과 생활이 조화되지 않는 삶은 불행하다. 일중독을 자랑하면 안 된다. 특히 최고경영자들은 그게 자랑이면 안 된다. 그거 일종의 정신병이다. 자기만 망치는 게 아니라 조직을, 조직원들의 삶을 망친다. 직원들에게 시간만 때운다고 채근할 게 아니다. 자신은 어떻게 하고 있는지 반성하며 살아야 겨우 풍월 읊는 흉내라도 낼 수 있는 서당 개가 될 수 있다.

인사유명人死留名,
억지 춘향*에 인생이 멍든다

명예로운 삶이란 명예롭게 사는 것이지
명예로운 지위를 얻는 것이 아니다

인간은 사회적 동물이며 정치적 동물이라고 한 아리스토텔레스 Aristoteles는 명예를 정치적 생활의 목적으로 삼았다. 행복론을 주장한 아리스토텔레스와 다른 결을 가진 스토아학파도 건강과 부와 함께 지고선至高善을 위해 명예가 필요하다고 주장했다. 명예는 인간 존엄에 대한 중요한 덕목인 것은 분명하다. 우리 조상들, 특히 선비들은 명예를

---

* '억지 춘향'이 아니라 '억지 춘양'이라는 설도 있다. 하나는 춘양역에서 유래했다는 설로, 영주와 강릉을 잇는 영동선 철도가 만들어질 때 자유당 국회의원 한 명이 본래는 철도가 건설되지 않을 계획이었던 경북 봉화군 춘양면으로 철도를 휘어져 들어오게 만든 것에서 유래했다는 설(영동선이 유독이 춘양면 근처에서 불쑥 튀어나온 것처럼 움직이는 것도 바로 이 때문이라고 한다)이다. 다른 하나는 좋은 소나무 종인 춘양목(향기가 나서 춘향목으로 부르기도 한다) 때문에 생긴, 즉 일반 소나무를 귀하고 비싼 춘양목으로 속여서 판 데서 유래했다는 설이다.

가장 소중한 가치로 높이 여겼다. 명예는 높은 자리나 부에서 오는 것이 아니라 자신의 도덕적·인격적 존엄에 대한 자각이 선행되고 다른 사람들이 그것을 받아들이며 칭찬하고 존경하는 것이 바탕이며 핵심이다. 이슬람 문명권에서는 이제는 법적으로는 금지된 명예살인honor killing이 여전히 성행한다. 아마도 명예 때문에 목숨을 기꺼이 버리는 이상한(?) 생물은 오로지 인간뿐인 것만 같다.

인간의 명예, 그것도 삶 전체를 관통하는 명예에 대한 상찬과 집착을 압축적으로 표현하는 말 가운데 '표범은 죽어서 가죽을 남기고 인간은 죽어서 이름을 남긴다'라는 말보다 또렷한 말을 찾기는 쉽지 않을 것이다. '표사유피 인사유명豹死留皮人死留名'이란 말은, '짐승도 가죽을 남겨 세상에 이익을 주는데 하물며 사람은 더 훌륭한 일을 해 좋은 이름을 남겨야 한다'라는 깊은 뜻을 담고 있는 말이다. (흔히 '호랑이'는 죽어서 가죽을 남기고 운운하지만 원래는 표범이 맞다. 하기야 '표범'이나 '범'이나 모두 고양이과 맹수들이니 크게 다를 것도 없겠지만.) '호랑이는 가죽으로 알 수 있고, 사람은 이름으로 빛난다人在名虎在皮'라는 말과도 함께 쓰인다.

이 고사는 중국의 24사二十四史 가운데 하나인 『오대사五代史』의 「왕언장전王彦章傳」을 출전으로 삼는다. 생전에 글을 전혀 배우지 못해 일자무식이었지만 병졸에서 시작하여 후량後梁의 태조太祖인 주전충朱全忠의 장군이 된 용장 왕언장은 하나의 무게가 100근이나 되는 한 쌍의 철창을 들고 늘 주전충의 곁을 따라다녔다. 전투가 벌어지면 언제나 그 철창을 옆에 끼고 적진을 누비며 놀라운 전공을 쌓았다. 그런 그의 용맹을 기려 사람들은 그를 왕철창王鐵槍이라는 별명으로 불렀다. 왕언장은 비록 무장이었고 무지한 사람이었지만 충성심과 명예심은 대단한 인물이었다. 하지만 주전충은 당의 소종昭宗을 살해하고 애제哀帝를 세

위 결국은 당을 멸망시키고, 즉위 6년 만에 아들 주우규朱友珪에게 피살되었다. 탐욕과 살인은 끊이지 않았다. 주우규는 다시 동생에게 피살되는 등 권력 다툼이 이어지다 마침내 양나라(후량)에 내분이 일어났다. 진왕晉王 이존욱은 황제가 되어 국호를 당唐이라 칭하고 양나라와 대치하게 되었다. 왕언장은 초토사招討使로 출전해 싸우다가 패해 파면되었다. 그러나 곧 당나라 황제가 대군을 이끌고 공격해 오자 다시 등용되었다. 그는 용맹스럽게 나아가 싸웠다. 하지만 기우는 나라의 운명을 혼자 힘으로 막아낼 수는 없었다. 중과부적이었다. 그에게 남은 병사는 고작 500명뿐. 그는 그 소수의 인원으로 끝까지 수도를 지키다 상처를 입었고 결국 포로가 되었다. 그것으로 양나라는 끝이었다.

포로로 잡힌 왕언장의 용맹을 아낀 당제는 그를 친히 불러 후하게 대접하고 자신의 휘하에 들어올 것을 권했지만 왕언장은 일언지하에 거절했다. "아침에는 양나라를 섬기다가, 저녁에 당나라를 섬긴다면 무슨 면목으로 세상을 대하겠소. 기꺼이 죽음을 택하겠으니 허락해주시오." 왕언장은 그렇게 스스로 죽음을 택했다. 그의 죽음과 더불어 양나라의 운명도 끝났다.

구차한 삶보다는 명예로운 죽음을 택했던 그 왕언장의 좌우명이 바로 '표범은 죽어서 가죽을 남기고, 사람은 죽어서 이름을 남긴다'라는 뜻의 '표사유피 인사유명'이었다. 그는 일자무식의 무장이었고 망국의 장수에 불과했지만 그의 의기는 학식이 높은 지식인이나 높은 권좌를 차지한 왕이나 대부보다 훨씬 높은 존경과 흠숭을 받았다.

호랑이는 가죽 때문에 죽고 사람은 이름 때문에 죽는다

표범이나 호랑이가 가죽으로 이름을 날리는 건 그 풍모와 위엄 때문이고 사람이 이름을 남기는 건 사람답게 살아서 오는 자연스런 결과다. 의도하고 좇는다고 해서 얻어지는 게 아니다. 그걸 헤아리지 않고 그저 그 말에만 매달리면 자칫 그 굴레에 묶여 자신의 삶을 망치기 십상이다.

현대의 표준말인 '서울말' 대신, 백제의 '충청도 부여말'과 신라의 '경상도 경주말' 그대로 사투리를 사용해서 주목을 끌었던 이준익 감독의 <황산벌>에 기가 막힌 장면이 있다. 장수 계백(박중훈 분)은 패배가 뻔한 전장에 나가기 전 가족을 불러 모은다. 어차피 함락되면 온 가족이 적의 포로가 될 터인데 적의 손에 죽느니 차라리 제 손으로 죽이는 게 낫다며 칼을 들었다. 그때 계백의 아내(김선아 분)가 내뱉었던 대사가 압권이었다.

"뭐시여? 호랭이는 뒈져서 가죽을 냉기구, 사람은 뒈져서 이름을 냉긴다구? 웃기고 자빠졌네. 입은 삐뚤어져도 말은 똑바루 혀야제. 호랭이는 그 잘난 '가죽' 땜시 뒈지고, 사람은 그 잘난 이름값 허느라 개죽음 허는 겨, 이 화상아!"

사람들이 범을 잡아 죽이는 건 사람을 해치는 맹수이기 때문이기도 하지만 그 가죽이 탐나기 때문이기도 하다. 그 가죽 때문에 범이 죽는다는 계백의 처가 내뱉은 한탄이야말로 진리 중의 진리다. 그리고 사람은 자신의 명예를 위해, 그 잘난 이름 석 자 남기기 위해 목숨마저 초개처럼 날린다. 명예라는 허명을 좇다가 헛된 망상과 욕망으로 망치는 삶이 얼마나 많은가! 게다가 자기 혼자만 망하고 죽으면 괜찮지만 애꿎은 가족이며 주변 사람들의 삶까지 엉망진창으로 만들어놓고 온갖 골병 다 들게 하는 경우는 또 얼마나 많은가. 본인 자신이야 제가 원하는 바를 위해서고, 한 번 사는 삶, 원하는 거 하다가 말아먹으면 회한은 덜할 수 있다. 하지만 그 뒷바라지 하느라 곁다리에 부록으로 삶을 망쳐야 하는 가족이며 친지들은 무슨 죄인가 말이다.

자기가 성공하면 '가문의 영광'이라며 희생을 강요하는 사람들은 정말 치유불능의 고질병 환자다. 그 잘난 국회의원 선거에 예닐곱 번 떨어져도 칠전팔기의 의지를 과시하며 단골손님처럼, 혹은 4년마다 연례행사 치르듯 선거 몸살에 온 가족 몰아대는 사람에게 정말 그 출마가 나라와 민족을 위한 희생일까? 극히 드물게 그런 사람도 있겠지만 아마 대부분은 오기로 또는 습관으로 출마해서 떨어지고, 출마와 낙선을 거듭할 것이다. 이성적 판단은 고사하고 오기와 자기도취뿐이다. "못 먹어도 고! 사람은(이런 인물들은 꼭 '남자라면' 운운하는 마초이기 십상이다) 죽어서 이름을 남겨야 하는 거야!"만 외치며 허황된 희망에만 매달린다. 그 잘난 이름 석 자 남기려고 제 인생도 모자라 애꿎은 남의 삶까지 싸잡아 망쳐놓는다.

명예란 내가 요구해서, 바란다고 해서 생기는 게 아니다. 권위가 그렇듯 그건 남들이 존경하고 따를 때 저절로 생긴다. '복숭아와 오얏은 말이 없어도 저절로 길이 난다桃李不言下自成蹊'라는 말처럼, 명예는 이름을 남기려고 애쓴다고 해서 남겨지는 게 아니라 제대로 잘 살다 보니 남들이 그 이름을 기억해주고 기려서 생기는 것이다. 내 삶에 찾아

❖ 『사기』의 「이장군열전」에서 나오는 말. 이광 장군은 솔선수범하고 병사들을 배려해서 모든 장병이 그를 따랐다고 한다

온 이들의 방명록에 스스로 방향芳香을 가득 채우는 삶이 이름을 남기게 해주는 것이다. 높은 자리 차지하거나, 많은 재산을 모은다고 이름이 높아지는 게 아니다. 내게 주어진 삶에 최선을 다하고 열심히 살아서 함께 산 사람들에게 기쁨을 주고 가르침을 나눠주면 그것만으로 충분히 이름값을 한 거다. 억지로 이름 드높이려 하는 건 천박한 탐욕일 뿐이다. 그게 바로 사람 살리는 명예가 아니라 정작 사람 죽이는(때로는 남까지) 패가망신의 지름길이다.

물론 이런 명예로운 사례에만 함몰되는 건 위험하다. 공자는 관중을 그리 높이 평가하지 않았다. 여러 곳에서 그는 관중이 군자의 그릇이 아니었고, 예에서 부족하다고 평가한다. 그러나 자로가, 관중이 섬기던 공자公子 규糾가 제환공에 패해 주살당했을 때 그를 섬기던 소홀은 따라 죽었지만 관중은 삶을 선택했고 심지어 제환공의 사람이 되었다는 점을 상기시키며 인仁 하지 않은 것 아니냐고 묻자, 공자가 그 물음에 대답하는데 그 말이 매우 의미심장하다.

환공은 아홉 번 제후들을 규합하였는데 무력을 쓰지 않았다. 이는 관중의 힘이다. 그는 인자와 같다. 인자로다.

관중은 환공을 보좌하여 패자로 만들었고, 단번에 천하를 바로잡아 천하 사람들은 지금도 그 혜택을 누리고 있다. 관중이 아니었다면 나는 아마도 오랑캐처럼 머리를 풀어헤치고 옷깃은 왼쪽으로 여미고 있을 것이다. 어찌 필부가 신의를 지킨답시고 도랑가에서 목을 매어 죽어 아무도 알아주지 않는 것과 같겠느냐!

그러니 명예도 때와 장소와 일을 가려서 제대로 선택하고 행동했을 때 가능한 일이다.

조선 선비의 명예를 기억하라

　조선왕조는 27대에 걸쳐 무려 519년간 지속되었다. 고대 왕조를 제외하고 그만큼 긴 왕조를 이어간 경우는 결코 흔치 않다. 중간에 조일전쟁(흔히 임진왜란이라 부르는)이나 조청전쟁(흔히 병자호란이라 부르는) 같은 대격변을 거치고도 살아난 힘은 과연 무엇이었을까? 그건 바로 조선 선비들의 당당한 기개 때문이었다. 선비의 삶은 그 자체로 노블레스 오블리주의 모범이었다. 물론 사이비 사림士林들이나 권력욕에만 몰두한 사대부들이 없는 건 아니었지만, 임금조차도 선비의 삶을 존중하고 함께 군자의 삶을 추구한 의지 덕분에 그토록 견고하게 왕조를 유지할 수 있었다.

　물론 "닷새를 굶어도 풍잠風簪 멋으로 굶는다"라거나 "양반은 추워도 겻불을 쬐지 않는다"라는 말처럼 그저 체면치레에 묶여 사는 강박적 태도도 있었고, '입신양명 유방백세立身揚名 流芳百世'에 집착한 선비도 많았다. 묘비명이나 지방紙榜에 관직이나 명예에 관련된 수식어 하나만 들어가도 그게 대대로 이어지는 가문의 명예라고 생각한 좁은 그릇들도 있었지만 사실 그마저도 그리 쉽고 녹록한 게 아니다.

　조선 선비의 힘은 당당한 기백과 옳음에 대한 신념이었다. 뜻이 맞지 않거나 자신의 명예에 흠결이 된다 싶으면 고위직도 헌신짝처럼 가볍게 내던지고 초야로 돌아가는 그 기개가 그들의 삶을 버텨주었고 결국 조선의 힘이 되었다. 요즘 조선 선비 예찬 조짐이 예사롭지 않다. 그런데 거기에 풍류적인 면이나 지식인의 면모에 대한 회귀적 예찬의 기운들이 섞인 것 같아 불편하다. 정작 본받아야 할 것은 그들의 당당한 기개와 지행일치의 삶 자체다. 그 자체가 이미 도드라진 명예다.

명예에 대한, 오늘 우리의 태도는 어떤지 돌아볼 일이다. 승진 축하한다며 보낸 난 화분들이 명예가 아니다. 명예에 걸맞은 삶이 따르지 않으면 그건 그저 허명虛名에 불과하다. 삶에 대한 존경이 아니라 자리에 대한 아부적 상찬이며 이해의 계산일 뿐이다.

모자람이
완벽보다 낫다

'완벽完璧'을 추구하는 사람이 있다. 스스로 그런 습벽을 자랑스러워하는 이도 있고, 그 무게에 눌려 늘 불안하고 초조한 이도 있다. 누구나 완벽한 것을 꿈꾼다. 자신의 모자란 점을 채워 진화하거나 진보하는 것을 추구하는 건 어느 정도 자연스럽고 바람직하기도 하다. 그러나 끝내 채워지지 못할 것을 바늘구멍 하나만큼의 여백도 견디지 못하는 건 일종의 정신병에 가깝다. 만족을 모를 뿐 아니라 그것 때문에 스스로 불행해하며 옆에 있는 사람들까지 괴롭힌다.

사실 완벽이라는 건 불가능하다. 영어에서도 'perfect'라는 형용사에는 비교급을 쓸 수 없다는 걸 보더라도 쉽게 알 수 있다. 고대 중국에서도 이미 완벽이라는 건 불가능하다는 걸 일찌감치 알고 있었다. '완벽完璧'이라는 말의 어원이 이미 그렇다. '완벽귀조完璧歸趙'에서 유래했으며 줄여서 완벽이라고 쓴다. 전국시대의 일이다.

전국시대 조나라에는 '화씨의 구슬和氏璧(초나라 변화卞和가 발견하여 초문왕楚文王에게 바쳤다는 세상에 둘도 없는 아름다운 보옥으로, 그 후 우여곡절 끝에 조나라로 흘러오게 되었다)'이라는 보물이 있었다. 당시의 강대국은 진나라였다. 진나라 소양왕은 욕심이 매우 많은 군주였다. 그 보물을 손에 넣고 싶었던 소양왕은 조나라에 사신을 보냈다. 절차는 정중하고 그럴듯했다. 열다섯 개의 성을 주겠으니 화씨의 구슬을 달라고, 즉 제안의 속셈은 자신들이 힘이 강하니 보물만 취하고 성은 내줄 생각이 전혀 없었던 것이다. 조나라는 곤경에 빠졌다. 진나라가 무엇을 요구하는지 뻔히 아는 상태에서 어떠한 선택도 할 수 없는 처지에 약소국인 조나라의 혜문왕은 진퇴양난이었다. 거절한다면 강대국 진나라가 그걸 구실로 전쟁을 일으킬 것이고 그렇다고 순순히 보물을 내놓을 수도 없던 조나라 혜문왕은 신하들과 상의했고 용기와 지략이 풍부한 인상여蘭相如를 사신으로 보내기로 했다. 떠나기 전 인상여가 임금을 배알하며 맹세했다.

"성 열다섯 개가 조나라에 들어오면 화씨벽을 진나라에 두고 오겠지만, 성이 들어오지 않으면 조나라로 온전히 가지고 오겠습니다."

인상여는 진나라에 조정에 가서 소양왕에게 구슬을 바쳤다. 소양왕은 그 보물을 보며 감탄했다. 가히 뺏을 만한 가치가 있다고 여겼다. 감탄한 그는 신하들에게 돌려보도록 했다. 소양왕과 신하들은 옥구슬을 완전히 가진 듯 기뻐했지만 성을 준다는 말은 하지 않았다. 옥구슬만 빼앗고 그들이 성은 줄 생각이 없음을 눈치챈 인상여가 말했다.

"임금이시여, 그 구슬에는 흠집이 하나 있습니다. 제가 알려드리겠습니다."

소양왕은 그 흠집에 대한 궁금증 때문에 아무 의심 없이 구슬을 인상여에게 넘겨주었다. 구슬을 도로 받아 쥔 순간, 인상여는 잽싸게 기둥 옆으로 가서 우뚝 섰다. 그러고는 소양왕에게 분노하며 소리쳤다.

"우리 조나라는 귀국과의 의리를 중히 여겨 이렇듯 화씨벽을 가져왔습니다. 진나라는 천하의 강대국입니다. 따라서 임금께서 성을 주시지 않는다 해도 조나라에서는 아무 말도 하지 못할 것입니다. 그러나 어찌하여 왕께서는 약속하신 성 열다섯 개를 주지 않으십니까? 약속을 지키지 않으면 기둥에 제 머리와 이 옥구슬을 부딪쳐 산산조각 내겠습니다."

허를 찔린 소양왕은 당황하며 외쳤다.

"그만하라. 약속을 지키겠소."

엉겁결에 뱉은 약속이었다. 소양왕은 보물을 손에 쥘 생각뿐이었고 일단 인상여를 안심시켜야 다시 건네받을 수 있었기에 그렇게 약조한 것이다. 그러나 인상여는 그 말을 믿지 않았다. 그는 그 정도의 보물을 손에 넣으려면 닷새 동안 목욕재계하고 경건한 마음으로 받아야 한다며 다음 날 다시 논하자는 핑계를 대며 조정에서 물러나와 사람을 시켜 몰래 구슬을 조나라로 보냈다. 그것은 목숨을 건 도박이었다. 다음 날 상황을 파악한 진나라 신하들은 펄펄 뛰며 무례한 인상여를 죽여야 한다고 주장했다. 그러나 소양왕은 인상여의 용기와 지혜에 감탄하면서 사내대장부를 죽일 수는 없다며 그를 조나라로 돌려보냈다. 그게 완벽의 고사다. 세상에 완벽한 것은 없다. 보물인 화씨의 구슬도 흠집이 있다(실제로 그렇거나 인상여가 소양왕을 속이기 위해 지어낸 말이었거나). 꽉 채워지면 다른 게 필요 없다. 사람도 그렇다. 완벽한 사람이 있을 수도 없지만 자신은 완벽하다거나 매사 완벽을 추구한다 하면 그 곁에 있을 사람이 없다. 자신의 존재가 그에게는 아무런 의미도 없을 터인데 굳이 옆에 있을 까닭이 없다. 고사에서 보듯 완벽은 불가능하며 적당한 흠집이나 모자람이 있는 게 정상이다.

사람의 관계도 서로 모자람이 있을 때 깊어진다

대한민국 정치 역사에 큰 획을 그은 두 사람의 김 씨가 있었다. 여기서는 그들에 대한 정치적 평가는 유보한다. 다루려 하는 바는 사람, 특히 참모를 취하는 방식에 관한 것이다. 여러 대학교수들(사실 그중 상당수는 폴리페서지만)이 두 사람을 찾아갔을 때 반응이 정반대였다고 한다. 한 사람은 그들의 말을 듣고(집중해서 듣지 않는 게 그 사람의 특징이기는 했지만) 덥석 손을 잡으며 "동지, 나를 도와주소" 했단다. 그 말을 들으면 그를 돕고 싶고 자신의 도움이 필요한 듯 느껴져 의무감까지 느껴졌단다. 그에 반해 다른 한 사람은 교수들을 가르치는 말을 많이 했다던가? (그 말도 전한 이들의 말이니 진실 여부는 차치하고) 그는 엄청난 독서와 사색으로 이름 난 정치인이었다. 그런 정치인도 드물었다. 그러나 교수들은 그 가르침의 말씀을 들으며 자신이 그 사람에게는 별 쓸모가 없겠다고 여겼다고 한다. 모자란 점이 보여야 채워주고 싶은 마음이 생긴다. 훗날 두 사람의 정치 역정과 역량을 보면 확연히 비교가 되었지만, 당시에 마음과 사람을 얻기 위해 조금은 빈 곳을 마련하는 게 필요하다는 걸 알게 만든 대표적 사례였다.

오만은 죄다

스스로 완벽하다고 여기는 사람은 오만할 수밖에 없다. 재능이 모자라지는 않다. 재능은 남들보다 윗길이다. 천부적일 수도 있지만 남들을 압도하기 위해 엄청난 노력을 했을 수도 있다. 그 점은 높이 사야 한다. 그러나 그렇게 해서 어느 정도 인정받거나 성공하게 되면 모든 기준이 자신이 거둔 성공이나 완성도에 기울게 된다. 그런 뒤에는 모든 판단의 기준이 자신의 완벽함(?)이 되고 다른 이들도 거기에 맞춰 판단한다. 그들에게는 공감도 겸손도 없다.

매사 완벽할 수는 없다. 그건 사람이 아니다. 누구나 모자란 면이 있다. 늦된 면이 있다. 그러나 완벽을 추구하거나 스스로 완벽하다고 착각하는 사람들은 그걸 이해하지도 못하고 용납하지도 못한다. "나는 그거 했는데 너는 왜 못 해? 너 바보야? 아니면 노력하지 않는 거야?"라고 여기며 추궁하고 몰아댄다. 대학 시절 전자공학과(1970년대에는 그렇게 불렀다. 그 이전에는 전자계산학과 같은 이름이었다)에 자타 공인 천재 교수가 있었다. 명문 중학교와 고등학교를 계속 월반했다. 대학 생활도 다르지 않았다. 20대에 박사가 되고 교수가 되었다. 그의 성공은 보장되어 있었고 온갖 기대가 그에게 쏠렸다. 당시 생물학과(요즘은 명칭이 아주 다양하게 바뀌고 있지만) 학생 하나가 미래 직업을 위해 전자공학과로 전과했다. 전체 성적이 B+ 이상이어야 전과가 가능했으니 나름대로 노력을 엄청나게 했던 셈이다. 그런데 전공이 바뀌니 따라가기 쉽지 않았고, 하필 그 교수의 과목이 전공필수였기 때문에 반드시 통과해야만 했다. 한 차례 낙제하고 재수강하면서 속은 타들어갔다. 그는 교수에게 사정을 이야기하고 조건부라도 통과시켜달라고 호소했다. 졸업반인데 그 과목이 누락되면 졸업할 수 없고 당연히 취업도 불가능했다. 그는 속이 탔다. 그러나 교수는 그 학생의 사정을 조금도 이해하지 못했다. 교수는 그 학생이 노력하지 않았다고 여길 뿐이었다. 그는 매몰차게 거절하며 학생을 다그쳤고 의기소침한 그는 졸업을 앞두고 교수를 연구실 문 앞에서 칼로 찔러 살해했다.

우리는 모두 충격에 빠졌다. 그러나 놀랍게도 그 학생을 일방적으로 비난하는 학생이 그리 많지 않았다. 심지어 언젠가는 그런 일이 터질 거라고 예상했다는 반응까지 있었다. 나는 이공대학 학생이 아니었기 때문에 그 교수의 강의를 들어본 적은 없지만 천재 교수라는 말은 들었다. 그 교수는 자신의 입장에서 최선을 다했고 뛰어난 성과를 쌓았다. 당연히 존경받아 마땅한 사람이었다. 그러나 자신보다 부족한 다른 사람은 이해하지 못했고, 자신의 완벽성 추구가 모든 일의 기준이 되었던 것이 비극의 씨앗이었다.

비전지죄, 항우의 오만과 오판

항우는 초나라 명문가 출신이다. 그의 할아버지는 초나라 대장군을 지냈는데 진나라와의 전투에서 패해 자결했다. 귀족 출신의 항우는 일찍 부모를 잃고 숙부 항량에 맡겨져 가난하게 자랐다. 기골이 장대하고 힘이 장사인 그는 진나라 시황제의 성대한 행렬을 보고 그를 물리치고 자신이 황제가 되겠다는 야망을 품었다. 진나라에 반발해 전국에서 무장봉기가 일어났을 때 항우는 숙부와 함께 봉기하여 회계군 태수를 참살하고 진나라 병사를 휘하에 모아 세력을 형성하며 점점 성장하기 시작했다. 두 숙질이 거병했다는 소문이 퍼지자 도처에서 수많은 호걸이 모였고 세력은 갈수록 강해졌다. 항우는 군사적으로 뛰어났다. 그는 연전연승을 거뒀고 함곡관을 무너뜨리고 관중關中에 입성했다. 그는 시황제의 무덤을 파괴하고, 황궁을 약탈하고 불도 질렀다. 진나라를 무너뜨린 최고의 세력가였다. 출신도 미천한 유방 따위는 안중에 없을 만도

했다.

항우는 초의 패왕이 되었고 큰 인심 쓰듯 유방에게 한중 땅을 떼어 주며 한왕으로 임명했다. 그러나 유방은 항우가 가소롭게 여길 존재가 결코 아니었다. 항우는 승리가 오로지 자신의 능력 때문이라 여겼기에 전투에서 공훈을 세우고도 봉토를 받지 못한 장수들이 반란을 일으켰다. 항우의 진영에서 이탈하는 부하들이 생겨나고 이들을 통솔하지 못하자 초나라는 안에서부터 무너지기 시작했다.

대표적인 사례가 한신과 번쾌였다. 한신은 가난한 집안 출신의 부하였고 번쾌는 개고기 장사꾼 출신이었다. 한신은 항우 밑에서 오랫동안 많은 계책을 내놓았고 충성을 다했지만 주어진 계급은 고작 낭중이었다. 항우의 오만함은 남을 하찮게 여기게 만들었다. 한신의 군사적 천재성을 한눈에 알아본 사람이 유방의 참모 소하였다. 유방은 소하의 천거에 한신을 군대의 최고사령관에 임명했다. 그러면서 항우의 전세는 기울기 시작했다.

그래도 천하의 항우의 기세는 꺾이지 않았다. 팽성 전투에서는 고작 5만 명의 군사를 이끌고도 56만 명의 유방의 군대를 무찔렀다. 하지만 장수들은 혹여 항우의 노여움을 살까 전전긍긍했고 유방에게 투항하기 시작했다. 여전히 항우는 불패의 장수였고 패왕이었다. 그러나 점점 고립된 항우는 해하에서 유방과 한신에게 포위되어 끝내 패할 수밖에 없었다. 그가 자결하기 전에 한 말이 바로 '비전지죄非戰之罪'였다. 일을 잘못한 것이 아니라 운이 나빠서 실패했다는 뜻이다. 그로서는 그렇게 여길 수도 있었다. 이 말은 이후에도 실패한 사람을 위로하거나 스스로 책임을 회피하려고 변명할 때 흔히 쓴다. 그러나 항우의 가장 큰 실수는 자신이 전쟁에서 단 한 번도 패하지 않은 완벽한 장수라는 착각이었고, 그로 인한 오만이었으며, 그 때문에 사람을 잃고 올바른 판단을 하지 못한 것이다. 그 자체가 잘못이고 패장의 죄다. 유방은 속으로는 야욕이 넘치고 야비한 면도 있었지만, 적어도 겉으로는 스스로의 장단점을 잘 파악하고 단점을 겸허하게 받아들이며 상대의 비판을 너그럽게 수용할 수 있었기 때문에 최후의 승자가 되었다.

어느 누구도 완벽할 수는 없다. 최고의 보물이라는 화씨의 구슬조차 그럴진대 사람이 완벽하다는 건 애초에 불가능하다. 물론 자신의 모자람을 인식하고 최대한 완벽에 접근하려는 노력은 가상할지 모르나 그것을 겉으로 드러내거나 타인에게까지 그것을 강요하는 것은 어리석은 짓이다. 매사에 완벽하려는 것, 그것은 일종의 병이다. 모자람이 넘침만 못하다.

길을 간 사람에게
길을 묻지 마라

방향이 중요하다

어떤 사람이 예루살렘으로 가면서 길을 물었다. "예루살렘까지 아직 멀었습니까?" 마차를 끌고 가던 남자가 대답했다. "한 30분쯤 가면 됩니다." 그는 거의 다 왔다는 안도감을 느끼며 다시 물었다. "마차에 태워주실 수 있으신가요?" 마차의 주인은 흔쾌히 그렇게 하라 응했고 그는 마차에 타서 천천히 풍광을 바라보며 편안하게 예루살렘 가는 길을 즐겼다. 그렇게 한참을 갔다. "이제 다 왔습니까? 여기서 시간이 얼마만큼 더 걸리나요?" "아니요. 한 시간쯤 더 가야 합니다." 그는 깜짝 놀라 반문했다. "아까는 30분쯤 걸린다고 했잖소. 그런데 이제는 한 시간쯤 걸린다니 말이 됩니까?" 그러자 마차의 주인이 대답했다. "나는 예루살렘 반대편으로 가는 중이라오." 『탈무드』에 나오는 이야기다.

골프 좋아하는 사람들에게 '거리'와 '방향' 중 어느 게 더 중요하냐고 물으면 대부분 거리라고 대답한다. 힘차게 친 공이 빨랫줄처럼 쭉쭉

뻗어가는 것만큼 호쾌한 일은 없다. 어쩌면 그 맛에 골프를 즐기는지 모른다. 그러나 프로들은 주저하지 않고 방향이 중요하다 대답한다. 거리는 끊어서 로드맵을 짤 수 있지만 거리 욕심내다 방향이 어긋나면 훨씬 더 많은 값을 치러야 한다. 사실 방향이 더 중요하다는 거 다 안다. 하지만 기분은 거리가 훨씬 더 짜릿하니 10야드만 더 칠 수 있다면 기꺼이 비싼 돈 들여서 새 골프채로 바꾸고 싶은 게 주말 골퍼들의 심리다.

앞서간 사람의 발자국은 내 것이 아니다

배낭여행 떠나는 이들 대부분이 여행기 책을 들고 간다. 미지의 땅을 미리 가본 사람이 경험한 장소와 볼 것 먹을 것 등에 대한 정보는 유용하다. 쓸데없이 헤매지 않고 차곡차곡 그 경로를 따라 즐길 수 있는 여행의 장점이 있다. 그러나 자칫 독이 될 수 있다. 그가 갔던 길은 무수히 많은 경우의 수와 가능성 가운데 지극히 일부일 뿐이다. 물론 빠뜨릴 수 없는 명소에 대한 정보는 유용하지만 그가 아닌 '내'가 온전히 만나고 누릴 수 있는 가능성을 스스로 포기하는 것이다. 그러다 보니 여행은 결국 앞서간 사람의 경로를 그대로 따르며 그가 언급한 장소를 순례하고 인증샷을 찍는 일로 채워지기 일쑤다. 그건 내가 간 길이 아니라 '그의 길'을 답사한 것이다. 낯섦에 대한 두려움이 새로움에 대한 설렘과 발견의 즐거움을 눌러버린.

경로의존성path dependence이라는 개념이 있다. 과거의 하나의 선택이 관성 때문에 쉽게 변화하지 않는 현상이다. 흔히 경로의존성의 사례로 자판의 키 배열을 언급한다. 예전 수동 타자기 시대에 잘 쓰지 않는

활자를 상하 귀퉁이에 배열했던 건 활자의 팔이 엉키지 않도록 하려는 배려였다. 그러나 전동 타자기나 컴퓨터의 자판은 그런 팔이 없기 때문에 굳이 그런 배열이 필요 없다. 하지만 굳어진 관습은 새로운 배열을 익히는 노력을 불편하게 여기게 만든다. 그래서 여전히 'QWERTY'의 자판 배열이 유지된다. 그렇게 우리는 경로의존적이다.

동물은 훨씬 더 경로의존적이다. 늘 일정하게 오가는 길을 택한다. 하나는 자신의 영역을 표시하기 위해서고 다른 하나는 위험을 줄이기 위해서다. 그 경로를 벗어나거나 길을 잃게 되면 본능에 따라 움직이는 동물에게는 치명적일 수 있다. '오솔길'이라는 말의 뿌리도 '오소리가 다녀서 생긴 길'이란다. 그래서 좁다. 오소리가 제 영역에서 오가며 배가 끌려서 저절로 생긴 길이란다. 경로의존성은 안전함과 익숙함을 준다는 점에서 경제적이고 효율적이기는 하다. 그러나 얻는 것만큼 잃는 것도 많다. 특히 새로운 도전이나 시도에서도 경로의존성에 의존하는 건 치명적이다. 여행을 떠날 때 앞서 다녀간 사람의 답사기를 그대로 따라가는 것은 그런 의존성과 크게 다르지 않다. 여행이 주는 '모험성'의 즐거움을 포기하고 일상의 안전함과 편안함을 추구하는 것이 되니 그 여행은 낯설되 낯설지 않은 공간과의 해후만을 맛보게 되기 쉽다.

열린 눈이면 새 길도 보인다

초행자는 길을 모른다. 그러나 과감하게 앞서 그 길을 갔던 이가 가르쳐준 길을 포기하고 길을 찾으면 다른 길을 얻는다. 초행자들끼리 함께 어울려 여러 길을 찾으면 더 멋진 골목길, 샛길도 찾아낸다. 함께 길을 찾는 즐거움도 가볍지 않다. 여러 생각과 짐작이 모여서 녹고 풀어지며 뜻밖의 길을 찾아내는 기쁨을 함께 나누는 것은 앞서 걸었던 사람의 길을 그대로 따라가는 여정에서는 결코 맛볼 수 없는 일이다.

새로운 것에 대한 호기심이 익숙한 것이 주는 편안함을 이기는 것이 여행의 묘미고 가치다. 여행이라는 게 꼭 어디 다른 공간을 찾아가는 일만은 아니다. 생각이 바뀌고 열릴 수 있는 모든 것이 여행이다. 그런 경우에도 누군가 일러준 지식에만 의존할 까닭은 없다. 경로의존성을 탈피하려면 열린 시각을 가져야 한다. 열린 시각은 다양한 생각이 허용되고 그것들이 자유롭게 발현될 때 가능하다. 정치적 사유 또한 그렇다. 왜냐하면 정치는 우리의 삶의 방식을 결정하는 매우 중요한 요소이기 때문이다. 좀 거창하게 말하자면 정치는 바로 그러한 자유를 허용하고 장려하는 사회적 장치여야 한다. 공자와 맹자는 정치란 백성들의 마음을 얻어야 하는 것이라고 가르쳤다.

아무리 공자와 맹자를 배우고 따르며 익혀도 고루한 생각, 선인들이 걸어간 발자국만 그대로 따라 걸으려는 건 시대착오의 지름길이며 결국 나 자신을 상실하는 방황일 뿐이다. 곧게 난 길을 따라 걸으니 방황이 아니라 안정되고 확고한 길인 듯하지만, 자신의 시대와 미래의 길을 읽어내지 못하면 갇힌 훈고학에 불과하다. 당시의 시간과 공간 그리고 사람들과 사건들을 씨줄 날줄로 읽어내는 일은 다양한 길들을 찾아내는 것에 그치지 않고 내가 머물고 있는 곳과 가야 할 곳에 대한 다양한 영감을 이끌어준다. 열린 눈에만 새 길이 보인다.

시 한 편, 저술 한 권을 제대로 읽기 위해서도 시대를 읽어내고 맥락을 더듬어 찾아내야 한다. 두보와 이백의 시도, 이이와 정약용의 저술도 그 배경을 읽어내야 제대로 맛과 의미, 그리고 가치를 읽어낼 수 있다. 당연한 말이지만 이것을 제대로 훈련하지 않은 우리의 교육, 즉 속도와 효율만 강조하며 각 과목이 따로 전문적 지식만 다루고 가르치는 방식에서 이러한 맥락적 이해는 열악하다. 다만 때로 문학에서는 오히려 시나 소설 그 자체보다 작가의 사적 생활이나 인간관계를 지나치게 개입시켜 작품에 대한 온전한 이해를 방해하는 경우도 있다. 두보의 시를 읽기 위해서는 당나라의 현실, 안록산의 반란, 그리고 당시의 특성 등을 파악해야 하고 정약용의 시와 저작을 읽기 위해서는 정조 시대의 상황, 사옥史獄, 삼정의 문란 등도 살펴야 한다. 역사의 유산은 그것이 어떤 분야건 반드시 시간과 공간의 맥락과 배경 속에서 읽어야 하고 그것을 현대의 그것들에 비춰 재해석해야 한다. 이러한 태도와 방식은 비단 오래된 과거의 일에 국한되는 것이 아니다. 현대시에서도, 현대사에서도 그건 동일하다.

그냥 이것저것 섞어 잡탕의 지식을 만드는 것이 '융합'이나 '복합'이 아니다. 하나의 사물이나 지식을 통해서도 그 갈래를 풀어내고 다양한 사고를 펼쳐내면 가능한 일이다. 지금 우리가 해야 될 것이 바로 이러한 사고의 전환이고 확장이다. 토머스 쿤Thomas Kuhn이 말하는 '패러다임의 전환paradigm shift'에 해당하는 대전환이 우리의 살 길이다.

길고 힘겨운 도보여행 끝에 운 좋게 얻어 탄 수레에 앉은 사람은 잠시 편안하게 주변을 바라보며 즐거웠을지 모르지만 엉뚱한 방향으로 떠내려갔다. 먼저 방향을 물었어야 한다. 길을 걸었던 이의 여정이 아니라 내가 어디로 가고 있는지, 어디로 가려 하는지 물었어야 했다. 열린 눈으로 내가 가야 할 미래의 길을 가되 나의 길을 나의 방식으로, 그러면서 때론 나처럼 길을 모르는 이들과 함께 길을 찾으면서 가면 된다. 내 방향과 길을 모르니 자꾸만 그 길을 걸었던 이의 길을 그대로 따라갈 뿐이다. 내가 먼저 나에게 물어야 한다. 어디로 가는지, 어디로 갈 것인지.

이번 여행길에는 여행기나 답사기, 가이드북 따위는 내려놓고 떠나 보자.

절차탁마切磋琢磨,
제대로 자르고 알맞게 갈아야

위편삼절의 꾸준함

선조실록 8권에 용례 박계현이 아뢴 내용이 기록되었다. "공자도
『주역』을 읽으면서 위편이 세 차례나 끊어졌고, 또 '옛것을 익혀 새것을
알면 스승이 될 수 있다'라고 했습니다. 글을 어찌 시원찮게 여길 수 있
겠습니까?啓賢日 孔子三絶韋編 又日 溫故而知新 則可以爲師矣 書豈可少哉"

후한後漢의 채륜蔡倫이 나무껍질, 마, 넝마, 헌 어망 등을 원료로 종
이를 만들어낸 건 AD 105년경이다. 당시는 역사적으로 한漢나라가 재
건된 후 50여 년이 지났기 때문에 통일왕조로서 기초가 다져진 때였으
므로, 정치적·문화적 필요에 따라 기록을 위한 재료가 많이 쓰이고 있
던 시기였다. 종이가 만들어지기 전에는 대나무를 잘라 글을 써서 책
을 만들어 사용했다. 그것을 죽간竹簡이라 하는데, 공자가 어찌나 책(그
게 바로 『주역』이었다)을 많이 읽었는지 책을 묶은 끈이 세 번이나 끊어졌
다. 『사기史記』「공자세가孔子世家편」에 '孔子晚而喜易 讀易… 韋編三

絶(위편삼절)'이라는 대목이 나온다. 한 권의 책을 몇십 번 거듭해서 읽는 것을 비유하는 말이다. 공자가 학문을 사랑하는 정신을 압축적으로 나타내는 말이다. 그것도 젊어서 혈기왕성할 때가 아니라 만년에 그랬으니 대단한 일이다. "내가 수년 동안 틈을 얻어서 이와 같이 되었으니, 주역에 있어서는 곧 환하니라." 공자 같은 대학자도 학문 연구를 위해서는 피나는 노력을 했다는 것이다. 그에 비하면 우리는 어떠한가? 부끄럽고 아찔한 일이다. 공자는 학문을 좋아하고 발분해서 밥 먹는 것도 잊고, 즐거움으로 근심마저 잊고, 세월이 흘러 몸이 늙어가는 것도 몰랐다고 했으니 그의 끝없는 노력과 호학好學의 정신은 참으로 존경스럽다. 그렇게 평생을 공부하고도 공자는 한탄했다. "좀 더 일찍 주역을 연구했더라면 많은 사람에게 허물을 적게 할 수 있었을걸…"『논어』에서 직접 고백한 글이다.

우리 교육은 엄청난 지식을 벽돌 올리듯 무한정 쌓는 방식이다. 그래서 정작 필요한 벽돌을 빼내서 쓰기가 어렵다. 그리고 꺼내 쓸 생각도 못 한다. 오로지 텍스트 추종에만 열을 올린다. 많은 벽돌을 쌓아둔 사람이 대접받는다. 콘텍스트 생성을 못 하는 건 오로지 지식만 있고 정보 탐색을 훈련하지 못한 까닭이기도 하다. 오늘날 정보는 차고 넘친다. 궁금한 게 있으면 인터넷 검색창에 단어만 두드리면 된다. 그러나 그것은 단순한 정보에 그칠 뿐 지식으로 연결되지 못한다. 문제는 지식과 정보의 불통이다. 소통은 단순히 세대와 계급 간에만 필요한 게 아니다.

'위편삼절'이 구체적으로 책을 다루고 있다면 그보다 넓은 뜻으로 쓰이는 말이 바로 절차탁마切磋琢磨다. 자르고切, 줄로 쓸고磋, 끌로 쪼며琢, 숫돌에 간다磨는 낱말의 조합으로, 학문이나 덕행을 갈고 닦음을 비유한다.

절차탁마, 무엇을 자르고 갈 것인지를 먼저 결정해야

절차탁마란 원래 톱으로 자르고 줄로 쓸고 끌로 쪼며 숫돌에 간다는 뜻으로, 학문이나 수양뿐만 아니라 기술을 익히고 사업을 이룩하는 데도 인용된다. 『대학』에 보면 "자르듯하고 쓸 듯함은 학문을 말하는 것이요, 쪼는 듯하고 가는 듯함은 스스로 닦는 일이다如切如磋者 道學也 如琢如磨者 自修也"라고 하여 절차는 학문을 뜻하고, 탁마는 수양을 뜻하는 것으로 되어 있다.

『시경詩經』「위풍편衛風篇」에 나오는 말이다.

저 기수 물굽이를 바라보니
왕골과 마디풀이 우거져 있네
깨끗하신 우리 님이여
자르는 듯 쓰는 듯 쪼는 듯 가는 듯如切如磋如啄如磨
묵직하여 위엄 있게 훤하고 의젓하시네
깨끗하신 우리 님이여
끝내 잊을 수가 없네.

이 구절의 한 대목 "여절여차여탁여마"에서 '여如' 자를 뺀 것이 절차탁마다. 이 대목은 『논어』「학이편學而篇」에서도 찾을 수 있다. 언변과 재기가 뛰어난 자공이 어느 날 스승인 공자에게 여쭸다. "선생님, 가난하더라도 남에게 아첨하지 않으며, 부자가 되더라도 교만하지 않은 사람이 있다면 그건 어떤 사람일까요?" 자공의 물음에 공자가 대답했다. "좋긴 하다만, 가난하면서도 도를 즐기고 부자가 되더라도 예를 좋아하는 사람만은 못하다." 공자의 대답을 듣고 자공이 다시 여쭀다. "『시경詩經』에 '선명하고 아름다운 군자는 뼈나 상아를 잘라서 줄로 간 것처럼 또한 옥이나 돌을 쪼아서 모래로 닦은 것처럼 빛나는 것 같다'라고 했는데 이는 선생님이 말씀하신 '수양에 수양을 거듭해서 쌓아야 한다'라는 것을 말한 것일까요?" 자공의 진지한 물음에 공자가 빙그레 웃으며 대답했다. "자공아 이제 너와 함께 『시경』을 말할 수 있게 되었구나. 과거의 것을 알려주면 미래의 것을 안다고 했듯이, 너야말로 하나를 듣고 둘을 알 수 있는 인물이구나." 바로 공자의 이 대화에서도 절차탁마가 언급되고 있다.

그러나 조심해야 할 대목이 있다. 절차탁마와 와신상담을 혼동하지 말아야 한다. 둘 다 한 가지 일에 매진한다는 점에서는 비슷하지만 그 목적과 태도는 사뭇 다르기 때문이다. 와신상담이 원수를 갚기 위해 수치를 잊지 말아야 한다는, 처절한 자기반성과 수련이라면 절차탁마는 바로 자신에 대한 부단한 노력을 뜻한다는 점에서 다르다. 위편삼절의 고사에서 보듯 한 가지 일에 미쳐 깊이 파고들면 이루지 못할 일은 없다. 미치지 않으면 미치지 못한다不狂不及. 자르고 쓸며 쪼고 가는 일은 결코 만만한 일이 아니고 하루이틀에 이루어지는 일도 아니다. 묵묵하고 진득하게 매달려야 이룰 수 있다.

그런데 무엇을 자르고 쓸며 쪼고 갈 것인가? 그저 자르고 간다고 모든 일이 해결되는 게 아니다. 그걸 먼저 분별해야 한다. 옥이 아닌 돌을 무작정 골라 그냥 자르고 갈아봐야 아무 쓸모가 없다. 공자의 위편삼절이나 공자가 자공에게 말한 절차탁마는 모두 학업과 관련된 것이다. 그것은 이미 대상과 목적이 정해진 것이고 남은 건 부지런히 수학하여 깨우치는 것이다. 하지만 학업이 아닌 일은 그보다 더 신중해야 한다. 절차탁마를 하기 위해서는 먼저 원석을 판단할 수 있는 능력이 필요하다. 그저 아랫사람을 재촉한다고 되는 일이 아니다. 그가 지닌 잠재력과 관심, 그리고 지향 등을 면밀히 관찰하고 살핀 뒤에 밑그림을 그릴 수 있어야 한다. 정해진 틀에 붓거나 그 틀에 맞춰 여기 자르고 저기 도려내어 원하는 꼴을 이끌어내는 것이야 말로 하지하책下之下策일 뿐이고, 그야말로 꼴값만 떠는 꼴이다. 그건 자기 자신에게도 그대로 적용된다. 그러니 절차탁마에 앞서야 하는 건 관심과 지혜다.

그저 열심히 갈고 닦으면 뭐든 다 이룰 수 있다는 허황된 생각도 버려야 한다. '하면 된다'라는 시대착오적인 생각을 버려야 한다. 그 표어가 한국인의 불굴의 추진력을 상징하는 말이고 그 힘으로 이만큼 성장한 건 사실이다. 하지만 안 되는 일은 절대로 해서는 안 된다. 뭐든지 하면 된다는 건 망상이고 착각이다. 안 되면 깨끗하게 포기할 줄 아는 것도 지혜. 해도 해도 안 되는 일이 인생에서 얼마나 많은가!

하나의 목적이나 목표를 정해 계속해서 파고들어가는 건 전형적인 수직적 사고방식이다. 예전에는 그게 어느 정도 통했다. 하지만 그건 다른 실질적 대안이 없을 때 마지막으로 꺼내는 카드다. 물론 모든 걸 다 걸고 매진하면 어느 정도는 이룰 수 있다. 하지만 그렇게 해서 이뤄낼 노력과 능력으로 훨씬 더 값진 다른 걸 할 수 있다는 걸 모른다면 어리석은 일이다. 이뤄낸 게 있었기 때문에 미련에서 벗어나지 못하는 것만큼 미련스러운 일이 없다. 도저히 이뤄질 수 없다고 여겼던 걸 마침내 성취했을 때의 감격을 어찌 무시할 수 있을까만, 엄밀히 따지자면 그 목표를 이뤄내기 위해 치른 값은 생각보다 훨씬 큰 경우가 많다. 이뤄낸 결과에만 초점을 맞추니까 성취의 이면에 있는 희생이 보이지 않을 뿐이다. 그게 청맹과니다. 그 노력을 다른 곳에 쏟았다면 훨씬 더 많고 큰 걸, 더 가치 있는 걸 얻었을 수도 있었다는 걸 깨달아야 한다. 돌아보면 그런 일이 어디 한둘에 그칠까!

절차탁마, 반드시 한 세트일 필요는 없다

위편삼절이나 절차탁마에 버금가는 말 가운데 철연鐵硯의 고사도 있다. 오대五代 진晉의 상유한桑維翰이 쇠로 벼루를 만들어 보이며 말했다. "이 벼루가 뚫어지면 내가 다른 길을 통해서 벼슬을 하겠다." 자신의 본업을 쉽게 바꾸거나 포기하지 않고 끝까지 밀고 나가겠다는 견고한 의지를 드러내는 말이다. 이처럼 고대의 인물 가운데 대단한 의지와 일관된 실천을 몸소 보여준 이들이 많다. 그만큼 그 시대에는 다른 대안이 없었다는 뜻이기도 하다. 그러니 그 의지를 무조건 상찬만 할 일은 아니다. 그 의지와 실천이 과연 보편타당하고 꼭 지켜야 할 가치가 있는지, 혹은 그저 맹목으로 따르고 있는 건 아닌지 살펴볼 일이다.

조각가나 세공사가 원하는 작품을 완성하기 위해서는 자르고 쓸며 쪼고 갈아야 한다. 그러나 모두가 언제나 그런 작품을 추구하고 원하는 건 아니다. 일과 목적에 따라 잘라내기만 하거나, 갈아야 하는 경우가 있다. 때론 자르고 쪼는 일이 있고, 때론 쓸며 갈 일이 있다. 그러니 절차탁마가 반드시 한 세트는 아니다. 대상과 목적에 따라 네 개의 경우의 수 가운데 적절한 방식을 골라내 조합해야 한다. 그게 시간뿐 아니라 불필요한 낭비를 줄일 수 있다. 무조건 자르고 쓸며 쪼고 갈다 보면 남아나는 게 없다. 남이든 자신이든 무조건 몰아대는 것만큼 어리석고 지치게 하는 일은 없다.

그런데도 개인이건 경영자건 그 모든 것을 제 손으로 해치우려 든다. 그러다 보면 멀쩡한 것도 갈아서 없어지게 하고 쪼아서 못 쓰게 만들기도 한다. 무조건 들이대고 질러댄다고 해결되는 일은 그다지 많지 않다. 어설프게 들이대다가 쓸모 있는 것마저 망치는 일은 저지르지 말아야 한다. 그러니 차분하게 그 대상에 대해 깊이 있게 오랫동안 생각부터 해야 할 일이다.

가득 찬 것이
빈 것을 이기지 못한다

완벽보다는 자연스러움과 너그러움이

장자莊子는 어설픈 완벽이나 지나친 도덕과 이념을 비판한다. 그것은 자칫 편벽이나 집착으로 나타난다. 집착은 결국 욕망의 극단적 애착이다. 자유롭지 못하면 그것은 결국 자신을 옥죄는 구속일 뿐이다. 심지어 장자는 백이伯夷에 대해서 이렇게 비판했다.

백이는 충성이라는 명예 때문에 수양산 아래에서 죽었고, 도척은 도둑질이라는 이욕 때문에 동릉산 위에서 죽었다. 이 두 사람이 죽은 곳은 다르지만 천성대로 살지 않고 자기 목숨을 해쳤다는 점에서는 똑같다. 어찌 꼭 백이가 옳고 도척이 잘못이라고 하겠는가?"(『장자』, 「외편」, '변무駢拇')

백이가 충성을 위해 수양산의 고사리조차 뜯어 먹지 않고 죽은 것은 위대한 충성이라고 상찬할 수도 있겠지만, 장자의 눈에는 그것도 자신이 완벽하게 충성했다는 것을 극단적으로 보여주려는 욕망과 다르지 않다고 보여서 그렇게 신랄하게 비판한 것이다. 장자가 유가의 가르침이 인의니 예악이니 하는 정형화된 형식과 도구에 얽매여 자연스러운 내면의 참모습을 일그러뜨렸다고 보는 것도, 바로 외부의 것을 기준으로 삼는 데서 오는 병폐라고 지적한 것이다. 외부의 기준은 최대한 완전해야 한다. 그러니까 그 기준의 본질은 완벽하다는 것이고, 장자는 그런 기준의 설정 자체가 무의미할 뿐 아니라 불가능한 것이라고 타이르는 셈이다. 그래서 같은 '변무' 장에서 이렇게 언급한다.

스스로 자연스럽게 보지 않고 남에게 얽매여 보고, 스스로 만족하지 못하고 남에게 사로잡혀 만족하는 자가 있다. 이는 남의 기준으로 흡족해할 뿐 스스로 참된 만족을 얻지 못하는 자이다. 또 남의 즐거움으로 즐거워할 뿐 스스로의 참된 즐거움을 모르는 자이다.

장자의 관점에서 보면 완벽 혹은 완전이라는 것은 남의 눈에 자신을 맞추려 하기 때문이다. 내 스스로 만족하고 약간의 모자람이나 흠결에 대해서는 조금 너그러워지는 것도 좋다. 다음에는 더 잘해서 그것을 채우고 그다음에는 또 다른 모자람을 채우면 그것으로 족하다. '자뻑'은 곤란하지만 적당한 관대함은 필요하다. 남의 눈을 의식하고 거기에 기준을 맞추니 만족이라는 것을 모른다. 설령 만족한다 해도 남의 눈에 맞춘 상태에서 그것은 대리만족이거나 자기기만이기 쉽다. 장자의 눈으로 보면 '공자의 말씀'이니 '예언자의 말씀'이니 하는 것도 결국은 왜곡이고 거짓이 될 뿐이다. 중요한 것은 내 가슴속에서 우러나오는 사랑이고 기쁨이다. 남이 아무리 칭찬하고 기뻐한다 해도 내가 나를 사랑하지 못하고 기뻐하지 못한다면 그것은 남의 삶이다.

　　장자는 모든 것은 상대적이라고 가르친다. 물론 상대주의의 폐해인 무책임이나 회피의 폐해를 장자가 모르는 바 아니었고 또한 그런 것을 조장하거나 가르치지 않았다. 장자는 지나친 엄격성과 절대주의는 어리석은 교조일 뿐이라고 타이르는 것이다. 장자를 특히 좋아했던 소동파蘇東坡는 실화 한 토막을 소개하고 있다.

　　어떤 사람이 유응지에게 왜 자신의 신발을 신고 있느냐고 따지자 유응지는 곧 벗어주었다. 얼마 후 그 사람이 자기의 진짜 신발을 찾았다고 신발을 들고 오자 받지 않았다.

　　유응지가 방 밖으로 나오면서 자기 신발을 제대로 신고 왔는데도 뒤따라 나오던 이웃이 왜 자기 신발을 신고 있느냐고 따진 것이다. 나중에 그 신발을 들고 와서 자기 신발을 다른 곳에서 찾았다며 돌려주자 받지 않은 유응지의 속셈은 무엇일까? 기왕 자기 거라고 가져갔으면 그만이지 뭘 되돌려주느냐는 앙금일 수도 있다. 그런데 재미있는 건 소동파가 전하는 또 하나의 이야기다. 그 이야기에서는 그게 뭐 그리 대수냐고 말한다.

　　심인사에게도 이웃 사람이 와서 자신의 신발을 잘못 신었다고 하자 웃으며 말했다. '이게 당신 거였소?' 그러면서 곧바로 건네줬다. 그런데 그 이웃이 나중에서야 잃었던 진짜 자신의 신발을 찾고, 가지고 갔던 신발을 돌려보내 오자 웃으며 '당신 것이 아니었소?' 하고는 받았다.

소동파는 이 이야기가 양나라에서 실제로 있었던 일이라고 말한다. 유응지는 관대하기는 했지만 남이 한 번 자기 것이라고 가져간 것은 이미 내 것이 아니라는 기준을 갖고 있다. 그게 마음속에 앙금으로 남았다. 그 앙금은 왜 생겼을까? 한 번 떠난 물건은 자기의 것이 아니라는 기준틀이 있었고 받지 않겠다는 결의가 있었기 때문이다. 그러나 심인사는 그런 기준틀에 굳이 얽매이지 않았기에 무심히 받은 것뿐이다. 심인사는 마음에 기준도 없고 앙금도 없다. 그가 무골호인이어서가 아니다. 관대함을 넘어서 마음속에 아무런 기준이나 결의 같은 것 없이 무심히 응한 것이다. 소동파는 심인사를 이렇게 평했다. "이는 비록 작은 일이지만 사람이 세상을 살면서 심인사 같아야지 유응지처럼 해서는 안 된다." 따지는 건 자기 마음속에 기준선을 긋는 주체가 있기 때문이다.

장자는 아예 대놓고 군자 따위에 묶이지 말라고 타이른다.

그러므로 소인이 되지 말고 자신의 천성을 따르라. 군자가 되지 말고 자연의 섭리에 따르라. 일의 잘잘못을 따지지 말고 자연의 대도에 상응하라. 자기의 행위를 일관되게 하려고 하지 말고 정의를 지키려고 하지 말라. 자기의 참된 마음을 잃게 되기 때문이다.(『장자』「도척」편)

마음속 깊은 참된 마음에 따르는 건 외부의 요구에 부응하려고 자신을 버리지 않고 밖에서 만들어진 기준에 휘둘리지 않는 것이다. 만물은 변한다. 우리는 그 변화하는 표면의 모습에 이끌려 살기 쉽다. 하지만 그건 거죽일 뿐이다. 확고한 규범이나 기준이라는 것조차 인위적으로 만들어낸 타율적 틀에 불과하다. 심지어 장자는 아내가 죽었을 때

두 다리를 뻗고 앉아 그릇을 두드리며 노래를 불러 절친한 친구 혜시를 기함시켰다. 혜시가 그 황당함을 나무라자 장자는 태연하게 대답했다.

나라고 아내가 죽은 뒤에 어찌 슬프지 않았겠나? 그런데 가만히 생각해보면 태어나기 전 아내의 삶이란 원래 없었던 것 아닌가? … 아내는 지금 천지라는 거대한 방에 누워 있는데, 내가 소리를 질러가며 울고불고한다면 그건 하늘의 섭리를 모르는 일 아닌가. 그래서 곡을 그친 것이네.(『장자』,「지락」편)

아마 범인이 그렇게 했다면 누구나 손가락질하며 미친놈이라고 욕을 해댔을 것이다. 장자쯤 되니 그 일조차 그의 그릇을 재는 일화로 남을 수 있다. 솔직히 나는 장자의 경지 근처에 다다를 그릇도 아니거니와 그러고 싶은 생각도 없다. 그러나 적어도 그의 커다란 사고에서 배울 것이 많다. 밖의 기준에 휘둘리며 조금도 나의 모자람과 허물을 들키고 싶지 않고 질책 받지 않으려, 그리고 조금의 손해도 받아들일 수 없어서 완벽을 꾀하는 것이 얼마나 우스운 일인지 노자와 장자를 읽으며 배울 일이다.

장자의 대선배인 노자는 우리가 그런 기준에 따라 살면서 완벽해 '보이고 싶어' 하는 어리석음을 다음과 같은 비유로 설명한다.

발뒤꿈치를 들면 오래 서 있지 못한다. 보폭을 넓게 하면 오래 걷지 못한다.(『노자』 24장)

이 얼마나 절묘한 비유인가! 완벽에 대한 그릇된 집착은 결국 왜곡을 불러오고 삶의 본질까지 망가뜨린다. 한두 번은 발뒤꿈치를 들고 서 있을 수 있고 큰 걸음으로 걸을 수 있다. 하지만 그건 잠깐뿐이다. 이 왜곡은 비단 자신만 망가뜨리지 않는다. 주변의 많은 사람까지 망가뜨리기 쉽다. 간단히 말해 완벽주의자는 자신에게든 남에게든 관대함이 없는 사람이고 밖의 시선과 기준에 따라 휘둘려 사는 어리석은 사람일 뿐이다. 보다 나은 결과를 위해 애쓰는 건 권할 일이다. 그러나 매사 완벽하지 않으면 스스로 용납되지 않고 다른 이들까지 들볶는 건 깊은 병이다.

문경지교를 가능하게 한 너그러움

완벽의 고사에서 눈여겨봐야 하는 건 목현의 태도이다. 목현은 자신의 보물을 욕심 많은 왕에게 빼앗겼지만 그 왕이 그걸 강대국에 빼앗길 처지가 되자 기꺼이 인상여를 추천했다. 그가 진짜 그 보물의 주인의 자격이 있는 사람이다. 목현뿐 아니라 인상여의 인품에서도 우리는 배워야 할 것이 있다. 어쩌면 이 고사의 진짜 이야기는 그다음에 나오는 일일지도 모른다.

인상여가 화씨의 구슬을 조나라로 다시 가져오자 혜문왕은 그를 상경上卿에 임명했다. 적어도 그 고사에서는 왕이 그 보물을 원래 주인에게 돌려주었다는 말은 없다. 혜문왕은 자기 보물을 되찾은 것만 기뻐했을 것이다. 그런 인물이니 신하의 보물을 빼앗지 않았겠는가. 어쨌거나 목현의 식객에 불과한 '듣보잡'이 상경이 되었으니 다른 이들이 불평하지 않을 수 없었다. 특히 염파의 분노는 극에 달했다. "나는 전쟁터를 누비며 평생을 보냈고 이 나라의 땅을 넓혀왔다. 그런데 세 치 혀를 놀린 것밖에는 없는 자가 어찌 상경이 될 수 있단 말인가! 어찌 내가 그런 자에게 고개를 숙일 수 있겠는가? 내 이자를 만나면 반드시 톡톡히 망신을 주겠다." 그럴 만도 하다. 인상여는 염파를 피했다.

그런데 부하 하나는 잘 됐던 모양이다. "저희들은 상공의 의로움과 경륜을 흠모하여 지금까지 성심성의로 모셔왔습니다. 그런데 지금 상공보다 서열이 떨어지는 염파 장군을 두려워하여 몸조심하시는 것은 오히려 저희들이 부끄러워 참을 수가 없습니다. 그래서 모두 집으로 돌아가기로 의견을 모았으니 용서해주십시오." 가신들은 자존심이 크게 상했던 모양이다. 그 정도 결기는 있어야 하지 않겠는가? 하지만 인상여의 그릇이 더 컸다. "자네는 진나라 왕이 무서운가, 염파가 무서운가?" 부하가 말했다. "당연히 진왕이 무섭지요." 그러자 인상여가 다시 말했다. "나는 진나라 왕에게도 큰소리를 친 사람이다. 그런 내가 염파를 두려워할 까닭이 있겠는가? 진나가가 우리 조나라를 경계하는 것은 염파와 나, 두 사람이 있기 때문이다. 그런데 염파와 나, 두 호랑이가 싸운다면 과연 누가 좋아하겠는가? 내가 염파를 피하는 것은 그런 까닭이라네."

이 말을 들은 염파는 자신의 어리석음과 경솔함을 깨닫고 스스로 웃통을 벗고 형구를 짊어진 채 인상여를 찾아가 무릎 꿇고 사죄했다. "이 미련한 인간이 상공의 높으신 뜻을 헤아리지 못하고 버릇없는 짓을 했습니다. 부디 벌해주십시오." 염파의 그릇도 그만큼 컸다. 스스로의 허물을 인정하고 사과할 수 있는 일은 생각보다 쉽지 않다. 인상여는 버선발로 달려 나가 염파를 일으켜 세우며 따뜻하게 위로했다. 그 이후 두 사람은 서로를 위해 목이라도 기꺼이 내주겠다는 우정을 쌓았고 똘똘 뭉쳐 조나라를 지켜냈다. 문경지교刎頸之交의 고사는 그렇게 해서 생겨났다.

만약 인상여나 염파가 오직 자기 기준과 잣대만 들이대며 처신했다면 과연 그런 일이 가능했을까? 그릇이 큰 사람은 자신에게 모자람과 허물이 있음을 인정하고 타인의 그것들에 대해서도 관대해할 줄 아는 사람이다. 밭은 기준으로 완벽을 추구하는 건 바보 같은 짓이다. 완벽함의 진짜 의미를 제대로 파악할 일이다. 개뿔도 아닌 완벽 집착증 따위는 개에게나 줄 일이다. 하나씩 채우고 고치며 진보하는 것이 백번 천번 더 낫다. 어설픈 완벽놀이, 적어도 그건 젊음의 몫은 아니다.

제자백가諸子百家, 싸우며 커야
혹은 싸울 때일수록 배워야

중국 사상의 꽃, 춘추전국시대에 만개하다

고만고만한 세력들끼리 주도권을 잡기 위해 싸울 때 '춘추전국시대'라는 표현을 쓴다. 차기 대권을 노리는 후보군들을 언급할 때도 어김없이 만나는 말이다. 그래서 우리는 춘추전국시대라는 말에서 투쟁과 경쟁과 같은 긴박감을 먼저 느낀다.

춘추전국시대란 BC 8세기에서 3세기에 이르는 중국 고대의 변혁시대를 일컫는다. 엄밀하게 말하자면 하나의 덩어리 시간이 아니라 둘로 나뉜 것인데, 성격이 비슷하고 시기도 크게 떨어져 있지 않아서 편의적으로 묶어 부르는 말일 뿐이다. 춘추시대는 당시 종주국이었던 주周 왕조가 이민족 때문에 수도를 옮기면서 주나라의 권위가 크게 실추되자, 각지의 제후들이 종주국인 주나라를 명목상으로만 받들 뿐 서로 패권을 차지하기 위해 경쟁을 벌이게 된 시기다. 즉, 낙양으로 도읍을 옮긴 때부터 한韓, 위魏, 조趙 등 세 성씨가 진나라를 분할해 제후로 독립할 때까지, 그러니까 BC 770년부터 BC 403년까지의 기간이다. 이때까지만 해도 종주국 주나라의 권위를 어느 정도 떠받들어주는 경향이 있었다. 하지만 주 왕조의 봉건제도가 무너지기 시작하고 제후들이 패권을 다투면서 전쟁이 끊이지 않았으며, 하극상과 약육강식이 일상사가 되었다. 춘추시대 말기에는 100여 개의 제후국 중에서 비교적 세력이 강한 14개 국만 남았을 정도로 부침이 심했다. '춘추'라는 말은 공자가 엮은 노魯나라 역사서인 『춘추春秋』에 이 시대 대부분의 일이 실려 있어서 유래했다. 즉, 『춘추』에서 이 시대가 기술되어 있어서 붙여진 이름이다.

그에 반해 전국시대는 그 이후부터 시황제의 진秦나라가 천하를 통일한 BC 221년까지의 기간을 지칭한다. 전국이라는 말은 한나라 유향劉向의 『전국책戰國策』에서 유래했다. 이 시대에는 전쟁이 그야말로 일상사였을 뿐 아니라 규모와 기간도 춘추시대와 비교할 수 없을 만큼 확대되었다. 그나마 겨우 남아 있던 봉건제도는 완전히 붕괴되었고 당연히 종주국 주나라의 권위는 껍데기뿐이었다. 그 와중에 행세깨나 한다는 제후들은 앞다투어 스스로 왕이라 칭하며 뻐겼다. 그러니 중국 전체가 혼란 그 자체였다. 오죽하면 '싸움질하는 나라'들의 시대라고 불렀을까! 춘추전국시대는 종전 170여 제후국이 전국칠웅戰國七雄이라 불리는 7개 국으로 줄어들었다. 그렇게 정리될 정도면 얼마나 전쟁이 치열했는지 짐작하기 어렵지 않다. 이 춘추전국시대의 역사를 간추려 여러 국가의 일화들 담은 책이 『열국지列國誌』다. 오늘날 강자도 약자도 없이 혼전을 거듭하여 승패나 순위를 가릴 수 없는 상황을 일러 춘추전국이라 부르는 건 그런 처절한 역사에서 빌려 온 것이다.

그런데 아이러니하게도 이 시기야말로 중국의 사상, 더 넓게 말하

자면 동양 사상이 가장 만개했던 시기였다. 놀랍지 않은가? 전쟁과 학
문은 얼핏 보기에 정반대의 대척점에 있다. 그런데 어떻게 그 둘이 병
행했다는 것인가? 이 점이 바로 서양문화와 동양문화의 질적인 차이
다. 서양의 왕들은 권력을 지배하고 싸움만 잘하면 그만이었지만, 동양
의 군주와 제후들에게는 높은 식견과 학업이 필수적으로 요구되었다.
물론 춘추전국시대에 다양한 학문이 발달한 것이 그저 순수한 학문 융
성을 의미하는 건 아니다. 하지만 전쟁과 학문의 공존은 분명 매우 특
별하다. 이 문제를 제대로 이해하기 위해서는 잠깐 시대를 건너뛰어 진
秦과 한漢 왕조를 살펴볼 필요가 있다.

통일제국은 다양성을 용납하지 않는다

시황제의 진나라에 의해 전국시대도 막을 내렸다. 본격적인 의미의
제국 중국이 시작된 것이다. 황제는 통일 제국을 세운 뒤 사상의 통일
도 요구했다. 통치자로서 그것은 어쩌면 당연한 일이다. 이전까지 뒤엉
켜온 제국諸國들을 하나의 단일 제국帝國으로 바꿔놓았으니 당연히 정
치철학도 하나의 가치와 이념으로 묶을 필요가 있었다. 황제는 어떤 사
상이 그의 통치 이념에 가장 적합한지 검토했을 것이다. 유가儒家와 법
가法家가 마지막 저울에 올랐다. 사실 그는 이미 법가의 도움을 받았다.
일찍이 상국相國 상앙商鞅을 통해 국내 개혁을 달성하고 부국강병의 틀
을 마련했던 진나라로서는 당연히 법가에 끌렸다. 게다가 시황제 자신
이 매료되었던 한비자韓非子와 진나라 통일제국의 기초를 구축한 이사
李斯가 추종했던 법가 사상 혹은 정치철학은 진나라의 통치 이념이 되

기에 손색이 없었다. 무엇보다 전국시대의 전제적 지배를 지향했던 군주들에게 매력을 주었던 법가였으니 더더욱 그랬다.

결국 시황제의 진나라는 법가를 택했다. 법가는 획일적 사회 통제를 강력하게 천명했고 그러한 억압적 법치 노선을 비판할 사상을 적대적으로 대했다. 그러던 차에 전국의 유생들이 중앙집권적 군현제를 반대하고 나서며 봉건제를 부활할 것을 촉구했다. 시황제가 처음부터 유생들을 억압한 것은 아니었다. 그는 일단 그 의견을 조정의 공론에 붙였다. 하지만 문제는 승상 이사였다. 법가의 선봉장으로서 그는 차제에 걸림돌이 되는 라이벌 유가를 완전히 제거할 음모를 꾸몄다. 통치 이념에 맞서는 일체의 행동을 원천적으로 봉쇄할 수 있는 이중의 효과도 얻을 수 있다고 판단한 그는 진나라 이외의 책은 모두 불태워야 한다고 주장했고 황제도 이를 받아들였다. 이른바 분서焚書 사건이었다. 사실 모든 책을 불태운다는 칙령이 곧이곧대로 받아들여진 건 아니었다. 금서를 소지하면 대죄로 몰아 치죄하겠다는 엄포에도 불구하고 많은 학자들은 책을 감추고 숨겼다.

문제는 그다음 해에 터졌다. 불로장생 약을 구한다며 황제를 꼬드긴 방사方士 노생과 후생이 거금을 빼돌리면서 오히려 황제의 부덕을 비난하며 도주했다. 이에 분노한 황제는 엉뚱하게 함양의 유생 460여 명을 잡아다가 생매장했다. 이것이 바로 갱유坑儒였고, 앞서 책을 불태운 것과 묶어서 분서갱유焚書坑儒라는 치욕적 사건으로 회자되었다. 사실 이 사건이 모든 유가를 몰살한 것은 아니었다. 사기 치던 일부 방사들을 겨냥한 것이긴 했지만 유생을 처형했다는 것, 그것도 생매장했다는 것만으로도 유가의 입지는 급격히 위축되었다.

이처럼 통일제국은 필연적으로 다양한 사상의 표출을 달가워하지 않았다. 유가를 억압에서 풀어준 건 한漢나라였다. BC 191년 금서 소지를 금하는 법, 즉 협서율挾書律을 폐지함으로써 유가의 숨통을 터줬다. 더 나아가 한 왕조는 결국 유가의 손을 들어줌으로써 중국은 이후 내내 유가의 전통만 고수하게 되었다. 중국은 그렇게 공자의 나라가 된 것이다. 마오의 공산당 정부가 공자를 봉건주의의 상징으로 타도할 것을 천명할 때까지. 한나라도 자신들의 통일제국을 위해 하나의 사상만을 선택하고 허용했던 건 마찬가지였다.

그러니 다양한 중국의 사상, 더 나아가 동양 사상은 역설적으로 서로가 대등하게 힘을 겨루던 상황에서 만개할 수 있었다. 제국帝國은 획일화를, 제국諸國은 다양화를 지향했다. 춘추전국시대야말로 중국 사상의 집대성이었고 제국의 통일 이후 단 한 차례도 다양성이 부활한 적은 없었다. 이른바 제자백가諸子百家의 백가쟁명百家爭鳴은 거대한 사상의 오케스트라와 교향곡이었다. '제자'란 여러 학자를 뜻하고, '백가'는 수많은 학파를 의미하듯, 다양하고 수많은 학자와 학파들이 전국시대에 자유롭게 자신의 사상과 학문을 펼쳤던 것이 중국을 버티게 한 힘이 되었다. 『한서漢書』의 「예문지藝文志」에 따르면 유가, 도가, 음양가, 법가, 명가(논리학파), 묵가, 종횡가(외교술파), 잡가, 농가 등 9류와 부록으로 소설가로 나뉘었다. 물론 여기에는 병가가 빠져 있어서 제자백가에 대한 통일된 분류는 없다고 할 수 있다. 한나라 이후 유가가 유일한 정통 사상으로 인정된 이후 주로 정치와 사상 쪽으로 치중되었지만 제자백가는 지리나 농업, 문학, 논리 등 다양한 실용성까지 망라했다는 점에서 주목할 만하다.

엄밀하게 말하자면 오늘날까지 중국과 동아시아 문화권에 지대한 영향력을 행사하고 있는 유교도 제자백가의 한 일파에 불과했다. 우리가 관심을 기울여야 할 대목은 주周 왕조의 가족제가 붕괴되고 기존의 체제와 질서가 무너지면서 혈연 위주에서 벗어나 실력 본위를 지향한 사회적 혼란이다. 혼란이 무질서와 파괴로 이어지는 것은 재앙이지만 새로운 질서와 사상을 추구하는 분위기를 낳을 수 있다는 점에서는 매력적일 수 있다. 그 매력이 실현되기 위해서는 중요한 조건이 따른다. 새롭고 자유로운 활력이 넘치는 유능한 인재의 발흥을 가능하게 만드는 반성적 동의다.

또한 백가쟁명이라는 말에서도 엿볼 수 있는 것처럼 많은 학자와 재사가 자기의 학설이나 주장을 자유롭게 발표하고, 논쟁하고 토론하는 일이 비일비재했다. 자신의 나라를 부강하게 만들어 패권을 차지하려는 제후들의 소망과 이들 사상가들의 결합은, 세계 역사상 전무후무하게 정치와 사상이 대등한 관계를 만들었다. 제후들은 유능한 인재를 끌어모아 자신의 정치적 야망을 실현하기를 꿈꿨고, 학자와 선비를 우대하고 양성했다. 학자들 또한 주유천하하면서, 여러 제후에게 자신의 사상과 이론을 설파하며 서로의 궁합을 쟀다. 아무리 강대한 국가라 하더라도 자신의 사상과 맞지 않거나 제후의 그릇이 마음에 들지 않으면 미련 없이 떠났다. 다양성은 바로 그런 자유로운 사상의 출현과 성장의 가능성을 마련했다.

공자의 나라와 군자

유가의 대표적 학자이자 동양철학의 비조鼻祖인 공자가 가장 많이 사용한 낱말 가운데 하나는 바로 '군자君子'였다. 사전적 의미로는 '행실이 점잖고 어질며 덕과 학식이 높은 사람'이지만 그 함의는 훨씬 넓었다. 군자는 사람들이 지향해야 하는 모범이다. 다른 때도 아니고 약육강식의 전장인 춘추전국시대에 그런 주장을 태연하게(?) 할 수 있다는 게 놀라울 정도다. 소인은 이利를 좇고 군자는 의義를 좇는다. 그게 우리의 고정관념이다. 그렇다고 그게 고리타분하다는 뜻은 아니다. 하지만 그 낱말을 세밀하게 뜯어보면 깊은 뜻이 있음을 알 수 있다. 군자라는 말을 그대로 풀면 군주의 자식이라는 뜻이다. 그러니까 지배계층을 의미한다. 아마 그래서 사전에서도 두 번째 의미로 '높은 벼슬에 있던 사람'을 이르는 말'이라고 서술하는지도 모른다.

권력을 지닌 사람은 그것을 휘두르고 싶은 게 속성이다. 그런데 공자는 군자의 의미를 지배계층이 아니라 덕을 쌓은 사람으로 바꿔놓은 셈이다. 힘으로 다스리려 하는 건 그게 가장 쉽기 때문이다. 하지만 그 힘에 의존하는 만큼 다른 사람은 멍든다. 그리고 멍에는 결국 그 힘에 의존한 사람들에게도 고스란히 되돌아간다. 그러므로 참다운 지배자는 힘이 아니라 덕과 의를 스스로 실천함으로써 믿음과 충성을 얻어야 한다. 고대 사상이 상당 부분 지배계층의 합리화 또는 정당화라는 측면이 강한 건 어쩔 수 없지만, 설령 거기에서 출발했다 해도 그 틀을 벗어나는 것을 보면 보통의 내공으로 이뤄지는 게 아니다. 공자는 그걸 요구한다.

벼슬을 세습하던 귀족 체계에서도 공자는 출신을 묻지 말고 가정사를 묻지 말며 오직 현명하면 등용하라고 주장했다. 얼마나 대담한 발언인가! 공자는 결코 고리타분하고 퀴퀴한 꼰대가 아니다. 공자가 하는 일마다 옛 규정과 옛 예법만을 따라야 한다고 말한 것은 아니라는 뜻이다. 오히려 그의 사상은 당시의 상황에 비춰볼 때 매우 대담하고 개혁적이다. 그럼에도 그의 사상이 제국의 통일사상으로 받아들여지면서 하나의 교조教條로 굳어진 건 어쩌면 반反공자적이라 아니 할 수 없다. 유학이 아닌 것은 모두 사문난적斯文亂賊으로 몰아댈 만큼 빡빡하고 수구적인 사회질서의 준거로 삼은 집단이 공자가 그토록 경계했던 지배계급이었다는 건 아이러니다. 우리는 중국보다 더 심해서 공자의 해석자들 가운데 가장 형식적이고 교조적인 주자*를 신봉했다. 오늘날 공자 타령하는 사람들이 그걸 제대로 헤아리고 따르는지 살펴볼 일이다.

❖   그가 찌그러진 남송南宋의 인물이라는 점에 주목하라. 나라가 강대하면 다양한 사상에도 너그럽지만 그 반대의 경우는 자신의 정통성만을 강조한다. 그것 말고는 내세울 게 없기 때문이다. 물론 이러한 평가는 편향적이다. 주자의 개혁성을 봐도 그렇고 유학의 유연성과 실용성을 봐도 그렇다. 그러나 적어도 주자학이 조선을 편협성의 올무에 갇히게 한 것이 현실이라는 점에서 그런 해석이 불가능한 것은 아닐 것이다.

수나라가 없었으면
당나라 전성기도 없었다?

　　미국은 거대한 국토를 가진 강력한 국가다. 워낙 땅이 넓고 좌우로 길게 펴진 영토라서 세 개의 시간을 갖는다. 동부에서 서부까지 대략 5,000킬로미터나 된다. 동부와 서부의 시간 차이는 세 시간쯤 된다. 뉴욕과 시카고는 한 시간의 차이가 나고 뉴욕과 시애틀은 세 시간 차이가 난다. 그러나 거의 비슷한 영토를 가진 중국은 오직 하나의 시간을 공유한다. 실용적으로 따지면 꽤 불편할 것이다. 동쪽은 이미 해가 떴는데 서쪽은 여명도 밝지 않았지만 같은 시간이다. 그럼에도 중국인들은 그걸 불평하거나 불편하게 여기지 않는다(조금 불편하기는 할 것이다). 왜 그럴까? 중국인들은 '하나의 중국'이라는 개념을 아주 오랫동안 갖고 살았기 때문이다. 그 바탕을 마련한 건 바로 한나라였지만 오늘날의 영토와 제도에 가까운 틀을 마련한 것은 수나라였다. (물론 그 이전까지 거슬러 갈 수도 있겠지만, 현대적 의미의 중국의 영토의 기틀을 마련한 것은 수나라였다는 점에서 그렇다는 뜻이다.)

수나라, 중국의 혈관을 구축하다

역사는 단절되지 않는다. 그러나 부득이 하나의 왕조가 소멸하고 새로운 왕조가 들어서면 시대사적으로 구분될 수밖에 없고 그런 까닭에 두 개의 왕조가 교체되는 시기를 중심으로 단절되는 모습으로 비치는 건 필연적이다. 모든 왕조의 역사가 그렇고 인류의 역사 전체가 그렇다.

우리는 수나라에 대해 비교적 자세히 알고 있는 듯하다. 그렇다고 올바르게 아는 건 아니지만. 중국인들이 수나라에 대해 뜻밖에도 세세히 알고 있지 않은 것에 비해서 그렇다는 뜻이다. 우리는 고구려를 침공했던 수나라, 을지문덕이 물리쳤고 그 때문에 몰락한 나라로만 수나라로 기억한다. 대다수의 중국인들이 수나라에 충분한 관심을 갖지 않는 이유는 그 왕조의 역사가 달랑 2대로 끝나서 단명했기 때문일 것이다.

그러나 수나라의 존재는 결코 가볍지 않다. 무엇보다 오늘날까지 이어진 중국이라는 본격적인 통일제국의 새로운 틀을 만들었기 때문이다. 봉건제의 주나라는 물론이고 최초의 제국이었던 진나라가 차지했던 영토는 우리가 생각하는 것만큼 크지 않았다. 한나라는 지금의 중국의 상당 부분을 차지한 최초의 거대한 제국이었다. 제국으로서의 기틀은 그때 마련되었다고 볼 수 있다. 또한 중국 문화의 기틀을 마련한 것도 한나라였다. BC 202년 한고조에 의해 건국된 한나라는 왕조 초기의 안정을 꾀하기 위해 여전히 강한 군사력을 보유한 각 지역 세력을 왕과 제후로 임명했다. 그리고 국가 경제를 되살리기 위한 많은 정책을 시행했다. 다음의 황제들도 그런 정책을 계승해 생산력이 크게 회복되고 농민의 생활은 안정되었으며 사회도 번영했다. 왕과 제후들의 권력을 빼앗아 황제 중심의 중앙집권체제를 확립한 것은 무제 때였다. 중국 문화의 틀이 잡히기 시작했다. 한나라는 400여 년 동안 지속되며 문화의 측면에서 하나의 중국을 완성했다(한자, 한문, 한족 등의 낱말들은 그런 것을 대표하는 상징이다).

황건적의 난으로 끝내 한나라(흔히 후한이라 부르는. 그러나 중국인들은 동한이라 부르는)가 멸망하고 이른바 위진남북조의 시대가 열렸다. 우리가 삼국지를 통해 알고 있던 그 시기다. 조조의 위魏, 유비의 촉蜀, 손권의 오吳로 삼분된 삼국시대는 220년에서 280년까지 이어졌다. 위가 촉을 병합한 뒤 진晉이 중국을 통일했지만 내분 끝에 흉노에 멸망했다. 그래서 흉노, 선비, 갈, 저, 강의 5호五胡가 16국을 이루며 흥망을 거듭했던 5호 16국 시대나 316년에서 439년까지 이어졌다. 그 후 진의 일족이 317년에 난징에 동진을 세워 이른바 남조南朝를 이루었다. 5호 16국은 선비족이 세운 북위北魏에 의해 수습되어 북조北朝를 이룬 남북조시대(439~589)를 형성했다. 그러니까 통일제국이 무너진 뒤 중국 대륙은 끊임없이 여러 나라가 발호하며 전쟁을 치른 셈이다. 이 시기에 주목할 것은 화북의 중국 문화가 강남으로 이동하고 강남이 경제 중심지가 되는 등 중국 역사에서 매우 중요한 전환기를 마련했다는 점이다.

한 제국이 붕괴되면서 유가사상과 예법이 약화된 것은 필연적인 결과였다. 그 빈자리를 채운 게 불교와 도교의 성행이었다. 불교는 인도의 간다라 미술의 유입을 초래했고 서역의 불교예술문화가 전해지며 많은 석굴이 조성되고 불상이 제작되었다. 불교는 내륙으로만 전해진 것이 아니라 해로를 통한 교역에 의해 유입되기도 했다. 남쪽 해안지방이 그 대표적 지역이었다. 특이한 점은 불교 사상에 유교와 예법이 결합되어 발전했다는 점이다. 도교는 동진 시대 지배계층의 정신적인 무기로 대두되었는데 이후 민중의 종교로 확산되기 시작했다. 남북조시대는 유목민족의 화북과 한족의 강남이 대립한 시기였지만, 이처럼 그 대립과 갈등의 새로운 용해제인 종교가 유입되어 이후에 하나의 정신세계를 구축함으로써 새로운 제국의 결합에 큰 요인으로 영향을 끼치게 되는 발판을 마련했다.

이 시기는 호족의 문화와 한족의 문화가 겉으로는 대립되는 양상이었지만 시간이 흐를수록 서로 영향을 주고받으며 새로운 바람이 불게 되는 중요한 요소로 성장했을 뿐 아니라, 한족이 강남으로 대규모 이주하면서 개발되며 강남의 경제력이 크게 향상되었다. 사실 강남은 거의 개발되지 않았는데 장강(양쯔강) 유역이 매우 습하고 자주 범람했기 때문에 적합하지 않았다. 하지만 한족이 남하하여 제방을 쌓고 저수지와 물길을 만들어 농사를 짓기 시작하면서 농업 생산력이 급속도로 높아졌고 인구도 증가했다.

581년 북주의 관리였던 양견楊堅이 왕위를 빼앗아 황제(문제文帝)가 되어 수나라를 세웠다.* 양견은 자신의 부친에게서 이어받은 작위인 수국공隨國公에서 글자를 따와 나라 이름을 수隋라고 하였다. 사실 이 글자는 의도적으로 만든 글자였다. 수국공의 수隨는 받침을 갖고 있다. 이때 받침은 '빨리 달린다'라는 의미를 갖고 있다. 나라가 빨리 달린다는 의미를 썩 좋지 않게 느낀 문제는 나라라면 깊이 있고 묵직해야지 경거망동하면 안 된다는 의미에서 수隨 대신 수隋를 나라 이름으로 삼은 것이다. 문제는 후대의 모범이 된 각종 제도를 만들었고, 통일의 힘으로

❖ 실권을 쥔 외할아버지 양견이 친척을 하나둘 살해하며 위협하자 여덟 살짜리 황제 정제靜帝가 양위한 것이지만.

발휘되었던 백성들의 측정할 수 없는 열기를 토대로 정치에 힘써 괄목할 만한 성과를 이루었다. 특히 당제국의 기초가 되고 후대의 모범이 되며 동아시아 각국에 커다란 영향을 미쳤던 각종 제도들은 바로 수문제가 북조의 각 제도를 수렴하고 정비해낸 것들이다.

문제는 589년 중국 땅을 통일했다. 수나라를 세우고 중국을 재통일했던 수문제 양견은 최초로 중화제국을 통일했던 진시황에 비견될 수 있는 중국사에서 매우 중요한 역사적 인물이다. 문제는 왕족 출신이 아니었기 때문에 황제에 등극한 후 옛 황실가문을 철저하게 탄압하며 중앙과 지방의 흐트러진 제도를 정리했고 중앙의 군사력을 강화했다. 그는 지방 호족 세력이 강해지는 것을 막기 위해 관리를 직접 지방에 파견했다. 그는 귀족의 관직 독점을 막기 위해 시험을 치러 관리를 뽑는 과거제를 실시했다. 당시 관리 등용제는 구품중정법으로 지방에서 추천을 맡은 관리인 중정관이 추천하는 제도였다. 능력보다 가문과 문벌 등 정실에 따라 관리 등용이 이뤄졌고 귀족 계층을 권력을 강화하는 통로로 전락시켰던 것을 원천적으로 봉쇄하는 획기적인 제도로서 과거제를 시행했다. 능력 있는 인재를 중앙 정부에서 선발하는 과거제는 훗날 동북아시아 전 지역으로 확산되는 뛰어난 제도였다.

그는 토지제도도 개혁하여 백성들에게 땅을 골고루 나눠주고 세금도 예외와 차별 없이 공평하게 부과했다. 균전제와 이에 기초한 부병제와 조용조의 세제와 더불어 3성 6부의 중앙 관제로 정비하고, 주·군·현의 지방행정 조직을 간소화하여 주현제로 정착하게 했으며, 인보제˚를

˖   일정한 주민들을 한 묶음으로 두고 이들을 통솔하여 쉽게 통치하던 제도로 500가家를 향, 100가를 이, 5가를 보라 하며 각각 그 장長을 두었다.

실시해 백성들에 대한 통제를 강화하고 권력을 장악할 수 있었다. 문제의 통치 기간에는 개혁에 반대하는 귀족들의 저항을 물리치고 강력한 중앙집권적 국가 체제를 확립했으며, 그 덕분에 각지에 국가의 통치력이 미치고 강남의 풍부한 경제력을 확보함으로써 국가의 재정도 넉넉해졌다. 이렇게 문제에 의해 정비된 여러 제도는 거의 대부분이 후에 당나라가 물려받아, 당나라 300년의 역사를 지탱되는 기초가 되었다. 이러한 문제의 치세를 당시 연호에 의거해 '개황의 치開皇之治'라고 불렀다.

그는 사치를 멀리했고 황제의 식탁도 매우 검소했다. 관리와 귀족들에게는 엄격했지만 백성들에게는 관대했다. 문제는 반찬 하나뿐인 식사를 하기도 하고 자신을 모독한 사람도 법조문의 규정 이상으로 처벌하지 않는 등 사치를 금하고 법을 엄격하게 집행하고자 노력을 기울였으며, 따로 후궁을 두지 않고(황후가 자신 이외에는 자식을 둘 수 없는 조항을 약조로 받았다. 당시에는 상상할 수 없는 일이었으나 문제는 그것을 수용했다) 독고황후와의 사이에서만 다섯 아들을 두었다. 큰아들 용勇을 태자로 삼았는데, 그는 스무 살 무렵 남조 평정에 나서 천하통일에 큰 공을 세우기도 했다. 그러나 야심이 큰 둘째아들 광廣은 사치와 여색을 즐겨 모후의 눈에 난 상태였던 태자를 모함하여 자신이 태자에 올랐고, 문제가 통일을 이룬 지 16년 만인 604년 세상을 떠나자 황위에 올랐다. 그가 수나라의 2대 황제인 양제煬帝 ❖ 다. 마치 조선의 태종처럼. 그러나 양제는 태종과는 전혀 다른 선택을 한다. 바로 거대한 토목사업, 즉 운하 공

❖ 양제의 시호인 '煬'은 하늘을 거역하고 백성을 학대한다는 의미를 가졌다. '煬'은 지도자에게 붙이기 어려운 글자다. 뜻만 놓고 보면 '구워 말리다, 불이 활활 붙다, 녹이다'와 같은 애매한 의미를 갖기 때문이다. 또한 황제에게 이 글자를 붙인다는 것은 그의 품성이 불같다거나 세상을 불태워버리는 무서운 황제란 의미가 내포되어 있기 때문이다.

사를 벌인 것이다.

운하, 수나라의 재앙이자 통일 중국의 토대

양제는 놀라운 추진력과 열의를 가진 인물이었다. 그러나 무리한 추진력 때문에 아버지가 세운 제국을 아들이 무너뜨렸다. 고작 37년의 제국이었다. 그는 무력과 대운하로 중국을 통일하겠다는 야망을 실현하고자 했다. 그가 건설한 대운하는 제국의 몰락을 재촉했지만 대운하의 개통으로 남북 간 문물의 교류가 활발해졌고, 통일을 실질적으로 완성했으며, 그 인프라를 토대로 당나라의 융성이 가능해졌을 뿐 아니라 이후 중국의 지속적 통일 제국이 유지될 수 있었다.

태조인 황제 문제는 후대의 모범이 될 각종 제도를 만들어 강력한 중앙집권적 국가체제를 확립했지만 아들 양제는 그것으로 성이 차지 않았다. 남북의 산업과 경제의 차이는 분열을 지속시켰다는 판단으로 그것을 통합하기 위해서는 완벽한 교류와 조화를 추구해야 했다. 그 선택이 운하의 건설이었다. 최초로 중국을 통일한 진나라의 상징이 만리장성이었다면 중국을 재통일하고 이후의 중국의 틀을 갖추도록 한 대인프라의 구축으로 중국을 재통일한 수나라의 상징은 대운하라고 할 수 있다.

문제가 무력으로 중국을 통일하는 데 성공했다면, 양제는 대운하를 개통하여 남북 문물교류를 활발히 함으로써 남북의 분열을 통합하고 통일을 실질적으로 완성했다. 양제는 황위에 오르자마자 수도를 장안에서 낙양으로 옮겼다. 그리고 다음 해인 605년 북경에서 낙양을 거쳐 항주를 잇는 운하의 건설을 명했다. 기존의 작은 운하와 해하, 황하, 회하, 장강, 전당강을 잇는 1,794킬로미터의 운하의 공사는 엄청난 대역사였다. 소요 시간이 6년, 동원된 인원이 무려 1억 5,000만 명에 달했다. 이 공사는 수양제의 폭정을 드러나게 하는 계기가 되었고 결국 수나라가 멸망하는 원인이 되었다. 그러나 대운하는 수나라를 이은 당나라와 송나라 때에도 중요한 수로가 되었다. 그 완전한 결실이 나타나는 데에는 거의 100년이 걸렸고 당나라는 이러한 인프라를 바탕으로 발전할 수 있었다.❖

대운하가 건설되자 민간의 교역이 활발해졌다. 북쪽은 낙농·축산이 발달한 대신 곡물의 생산이 부족했고 남쪽은 그 반대였는데, 대운하를 통해 교류가 활발해지면서 이러한 불균형이 상당 부분 해소될 수 있었다. 무엇보다 대운하를 통해 실핏줄처럼 얽혀 있던 각 강의 지류들이 서로 연결됨으로써 중국이라는 거대한 몸체를 관류하는 대동맥의 역할을 담당하게 되었다는 점은, 당시의 폭정과 무리한 공사라는 부정적 평가에도 불구하고 이후 중국이라는 체제와 영토를 결정하는 데에 매우 중요한 요소가 되었다.

대운하는 단순히 경제적 문화적 교류에만 영향을 미친 데 그치지 않았다. 대운하는 조운제도의 뼈대가 될 뿐 아니라 중앙에서 직접 지방관을 파견할 수 있는 교통망을 만들어냄으로써 작은 세포 단위까지 중앙의 권력이 영향력을 행사하는 명실상부한 중앙집권제도를 완성했

❖ 대운하는 원나라 때 다시 대공사를 하여 황하 유역 동안진과 위하 유역의 임청을 잇는 회통 운하라는 새로운 운하가 건설되었고, 1411년 명나라 때에는 명나라 공조 대신 송례가 더욱 완벽하게 만들어 대운하를 여섯 개 주요 부분으로 나누었다.

다. 오늘날도 중국의 지방 출신 노동자들(흔히 '농민공'이라 부르는)이 귀성할 때 오가는 데 열흘 넘게 쓰는 것도 그렇고, 이른바 '자치구'로 삼아 비한족 성省을 유지하는 것도 결국은 그러한 운하 체계가 닿지 못하는 지역의 특성 때문으로 볼 수 있다. 이제는 현대식 교통망이 형성돼서 티베트 자치구에 장거리 철로를 놓아 대규모로 중국인들을 이주시키고 직접 통치하는 것을 봐도 알 수 있다.

양제는 검소함을 즐기고 백성의 부담을 더는 데에 신경 썼던 아버지 문제와 달리 사치를 좋아하고 지나치게 야망이 컸다. 그게 외부의 정책으로 나타난 게 새로운 수도의 건설과 대운하의 건설, 그리고 문제가 중단한 고구려 원정을 세 번씩이나 되풀이하면서 실패로 끝나게 만든 일 등이었다. 결국 고구려 원정에서 돌아오던 도중 양현감의 반란을 시작으로 전국적으로 반란이 확대되었고 수나라는 빠른 속도로 붕괴하기 시작했다. 그 반군 가운데 태원태수로 있던 당국공 이연은 대흥성을 공격해 함락시키고 양제의 손자인 대왕 양유를 옹립했다. 그러나 수양제는 끝내 야망을 버리지 못했고 상황 대처에도 무능했다. 결국 그는 불만을 품은 근위군대에 의해 살해당했고 그의 죽음을 들은 이연은 양유로부터 선양을 받는 형식으로 당나라를 세움으로써 수나라는 완전히 사라졌다. 형식으로는 3대 39년 만의 멸망이지만 내용으로는 문제와 양제 두 황제의 제국으로 37년의 지배로 끝난 것이다.

양제의 대운하 건설은 분명 무모한 일이었다. 제국을 세운 지 고작 20년도 되지 않은 시기에 국가의 정비와 안정을 꾀하기는커녕 무리한 건설과 원정 전쟁은 어리석은 일이었다. 그러나 그 무모함 때문에 중국의 북동부 평야에서 중동부 평야로 이어지는 대운하는 오늘날 여덟 개의 성省을 관통하는 방대한 내륙 수로 체계를 형성함으로써 중국이라는 거대 제국의 혈관을 형성할 수 있었다.

수나라가 없었다면 당나라의 융성도 없었다

대운하는 수나라의 뒤를 이은 역대 왕조들과 중국 제국의 내륙 교통 체제의 근간이 되었다. 곡물과 전략적으로 가치 있는 원재료의 운송과 직접적이고 효과적인 조세의 인프라는 강력한 제국의 기틀을 마련했다. 조운제도를 통해서 백성에게 먹일 쌀을 공급하고, 군대를 용이하게 이동시킴으로 전체 영토를 아우르는 통치를 할 수 있었다.

대운하가 개통되어 경제적으로 우월했던 남쪽이 북쪽과 연결되어 중국 전체의 유통이 원활해짐으로써 경제적, 문화적, 정치적인 영향이 커진 혜택을 누린 것은 당나라였다. 무엇보다 자체 생산력으로는 식량을 충당할 수 없었던 장안長安이 식량을 공급받을 수 있었던 것은 대운하를 통한 물자 수송 덕분이었다. 만약 대운하가 없었다면 당나라의 경제적 융성은 불가능했거나 오랜 시간과 비용을 지불했어야 했다. 당나라는 그러한 물리적 인프라뿐 아니라 제도와 문물이라는 문화적 인프라까지 수나라의 유산을 이어받음으로써 발전할 수 있었다.

오늘날까지 중국의 주된 내륙 교통수단으로 남아 있는 대운하는 오랜 세월 중국의 경제적 번영과 안정에 중요한 역할을 해왔다. 대운하는 지금까지도 활용되고 있을 뿐 아니라 인류의 지혜, 결단력, 용기를 증명하는 유형의 증거라는 유네스코의 평가에 걸맞게 중국의 놀라운 기술력과 능통한 수리 관련 지식을 현재까지 증명하고 있다.

대운하는 세계에서 그 길이가 가장 길고 역사도 가장 오래되었으며 산업혁명 이전에 이룬 중요한 기술적 성취임은 분명하다. 물론 그것으로 인해 당대의 백성들이 겪었을 고통은 엄청난 것이었다. 하지만 대운하는 농업 경제나, 황실 및 백성과 군대에게 식량을 보급하는 기간 시설에 그치지 않고 문물과 문화의 교류와 통합을 이루어낸 성과를 낳았다. 역대 왕조의 중국이라는 제국은 대운하를 따라 이루어진 경제와 도시의 발전과 밀접한 관련을 맺는다는 점에서 특별한 의미를 갖는다. 그렇게 7세기부터 역대 중국 왕조를 거쳐 현대 중국에 이르기까지 경제뿐 아니라 정치적 통일과 문화적 통합에 가장 큰 영향을 끼쳤다.[❖]

수나라는 6세기 말 둘로 나뉜 중국을 통일한 양견이 완성한 나라였으나 그에게서 왕위를 빼앗은 아들 양제에 이르러 멸망한 단명 국가였다. 우리는 수나라가 멸망한 건 탐욕스럽게 고구려를 침공하다가 패퇴한 후유증이라고 가르치고 배웠다. 물론 내치의 문제도 조금은 언급하면서. 그 내치의 문제가 바로 대운하의 건설이었다.

수나라 황제 양제는 제위에 오르자마자 거대한 토목사업에 착수했다. 대륙에 아홉 개의 대운하를 건설하려는 야심찬 계획이었다. 그는 왜 그 무모하게 엄청난 대역사를 시도했을까? 전통적으로 중국 하북 지방은 땅은 가장 크지만 곡물이 부족했다. 대신 목축업은 발달했다. 양제는 이런 불균형을 해소해야만 균형 잡힌 제국의 통치가 가능하다고 보았기 때문이었다. 그러니까 현대적 개념으로 보자면 물류 인프라 공사였던 것이다. 한두 개도 아니고 무려 아홉 개나 되는 거대한 운하

❖ 지금도 베이징에서 항저우에 이르는 대운하는 중국의 중요한 젖줄로 사용되고 있다. 공산당 정부는 1958년 600톤 선박의 통행이 가능하게 운하를 수리하고 근대식 갑문을 보강했다. 또한 64킬로미터의 새로운 운하를 연결하고 여러 차례 준설해 지금도 사용하고 있다.

김경집의 통찰력 강의

230

를 동시에 만든다는 건 현대적 장비로도 쉬운 일이 아니다. 그걸 1,400년 전에 시도했다는 게 엄청난 일이다. 그러나 거기에 동원되는 백성들은 죽을 맛이었다. 게다가 고구려 침공까지 계획했으니 원성이 자자한 판에 전쟁은 그들의 패배로 끝났다. 민심은 돌아섰고 가까스로 통일한 제국은 멸망하고 말았다.

수나라를 쓰러뜨리고 세운 나라가 당나라다. 당나라는 중국 역사상 최고의 정치적·경제적·문화적 전성기의 기틀을 마련한다. 멀리 서양과도 교역하는 등 번성했다. 오늘날 우리말에도 '당唐'이라는 낱말은 거의 중국 수입품을 뜻하는 말이었고, 그건 당시 선진국이었던 중국 제품에 대한 동경과 선망이 서린 말이 되었다. 그런데 그 당나라의 번성은 과연 무엇에 의해 가능했을까? 물론 정관의 치적貞觀之治 등의 뛰어난 정치 역량 때문이기도 했지만 근본은 바로 수양제가 만든 운하 때문이었다. 운하는 단순히 물류 인프라로만 쓰인 게 아니라 전 제국에 대한 황제의 직할 통치를 가능하게 해주었기 때문에 정치적으로나 경제적으로 통일과 번영이 가능했던 것이다. 수나라 때 만든 이 운하는 중국의 통치범위의 기본 틀이 되었고 오늘날까지 중국의 직할통치의 원형으로 작용하고 있다. 대륙 전체의 경제가 균형 있게 성장하고 교통이 크게 단축되면서 직접 관리를 파견할 수 있게 된 것이다.

역사는 양면성을 가지고 있다. 그러나 분명한 건 그 연속성이다. 하나의 왕조가 끝나고 다음 왕조로 넘어갈 때 단절이 아니라 새로운 쇄신과 재정비라는 개혁의 연속인 것이다. 하나만 따로 떼어놓고 보면 그게 보이질 않는다. 역사의식은, 시대정신은 그런 통찰력을 요구한다. 지금 우리는 당대 역사를, 세상을, 정신을 어떻게 보고 있는가?

고려'인삼'의 원조는
조선이다

 과장은 때로는 용기와 자부심을 길러준다는 점에서 필요할 때도 있다. 하지만 그게 자칫하면 그릇된 생각을 진리로 착각하거나 자폐적 사고와 판단을 기를 수도 있다는 점을 간과해서는 안 된다. 그릇된 인식을 토대로 한 자부심은 오히려 현실 인식을 막고 새로운 도전에 장애가 되기도 하기 때문이다. 과장은 꼭 수사적 의미로만 쓰이는 건 아니다. 때로는 사실을 근거 없이 확대해석하여 자신에게 유리하게 만들려는 의도에 의해서도 만들어진다. 그 사례 가운데 하나가 바로 '고려인삼'일 것이다.

고려삼은 인삼이 아니다

 우리나라의 대표적 약재로 꼽히는 게 인삼이다. 동북아 지역에서 삼이 약용으로 사용된 역사는 매우 오래여서 BC 30세기부터 민간에서 사용되었다고 한다. 삼蔘의 고유한 우리말 이름은 '심'이다. 광해군 때 허준이 쓴 『동의보감東醫寶鑑』이나 정조 때인 1799년 내의원 수의였던 강명길이 왕명을 받아 쓴 『제중신편濟衆新編』, 그리고 고종 21년, 1884년 의학자 황도연의 유언에 따라 황필수가 간행한 의서인 『방약합편方藥合編』 에 인삼을 '심'이라고 표기했는데, 이를 보면 그게 상용되던 이름이었음을 알 수 있다. '심마니'가 산삼을 발견했을 때 "심봤다!"라고 소리치는 경우처럼 지금도 산삼 캐는 사람들에게는 그 말이 쓰이고 있다.

인삼 하면 '고려인삼Panax ginseng'이다. 'panax'는 그리스어 'pan' (모든, 汎)와 'axos'(치료하다)의 합성어다. 요즘 말로 친다면 '만병통치' 쯤 되겠다. 고려인삼의 학명은 1843년 러시아 식물학자 카를 마이어 C. A. Meyer에 의해 명명되었다. 우리는 고려인삼이라고 부른다. 그래서 우리는 그게 고려 시대에 재배되기 시작한 걸로 아는 경우가 많다. 그럴 법도 한 게 인삼의 대표적 재배지 가운데 하나가 바로 개성과 강화이기 때문일 것이다. 개성은 고려의 도읍이었으니 고려 시대에 시작했다고 생각하는 것도 자연스럽다. 그러나 그건 잘못된 생각이다. 여기서 분명하게 언급할 게 있다. 고려 시대에 분명 삼이 존재했고 중국에까지 널리 알려졌다. 실제로 원나라의 쿠빌라이忽必烈 황제가 지치고 힘들 때 고려삼을 복용하고 흡족했다는 기록도 있는 것을 보면 알 수 있다. 그러나 그건 인삼이 아니고 산삼이다.

우리나라는 도처에 삼이 많이 자랐다. 따로 재배할 필요가 없을 만큼 많았던 모양이다.[*] 그러다가 삼을 밭에서 재배할 것을 건의한 게 바

---

[*] 『세종실록』에 보면 전국에서 103개 군이 산삼을 바쳐 올리는 산삼 공출군으로 지정되었음을 알 수 있다. 당시 103개 군이면 전 국토의 거의 절반쯤 되는 셈이다.

로 유학자 주세붕이다. 풍기군수를 지내기도 했고, 우리나라 최초의 사액서원賜額書院인 소수서원紹修書院의 전신인 백운동서원白雲洞書院을 세우기도 한 주세붕은 상소를 올려 밭에서 인삼을 재배하자고 건의했다. 산삼의 공납량이 증가하면서 관리들의 가렴주구도 심해지고 그에 따른 '삼폐蔘弊'가 극심해지자 제한적으로 밭에 삼을 심도록 해달라고 상소함으로써 밭 재배가 공식적으로 시작되었다. 물론 16세기 이전에도 가삼家蔘이 있기는 했다. 기록에 따르면 전남 화순 동복면의 모악산 주변에서 재배된 동복삼이 질이 좋았다고 한다. (그래서 최근 화순이 개삼지開蔘地로 인정받았다.) 후에 황해도관찰사가 된 주세붕은 동복삼을 개성에 심도록 해서 개성인삼의 모태가 되게 했다. 조선 중엽까지만 해도 삼의 고유한 약효가 약화될 것을 우려해서 국가에서 인공 재배를 엄격히 금지했기 때문에 공식적인 재배삼으로서의 인삼은 이때부터 시작되었다고 해야 옳다. 그러니 '인삼'이 재배된 건 '고려'가 아니라 '조선'이 맞다.

그런데도 여전히 고려인삼이란 말이 대표어로 쓰이는 건 개성이 인삼의 최고 생산지였기 때문이었거나, 이미 고려 시대에 삼이 약재로 널리 쓰였기 때문에 중국이나 다른 나라에서 고려삼이라는 말을 썼던 게 '인삼'에까지 이어졌기 때문일 것이다. 즉, 정확하게 따지자면 '고려삼'과 '고려인삼'은 엄연히 다른데, 편의적으로 그냥 혼용하면서 굳어진 말이다.

인삼은 전 세계적으로 북위 34~48도선에서 재배가 가능하다고 한다. 그런데도 중국이나 미주에서 생산된 인삼은 우리나라의 인삼에 비해 크기는 월등하게 크지만 효능과 약효는 현저하게 떨어진다. 최인호의 소설 『상도』에 보면 이미 당시에 청나라에서 인삼을 재배하고 있었지만 고려삼을 최고로 쳤고, 가격도 몇 배로 더 쳤음을 알 수 있다. 거상 임상옥이 자신의 질 좋은 인삼을 담합하여 값을 후려치려 농간을 부리자 과감하게 자신의 삼을 불에 태우며 오히려 청나라 상인들의 애를 태우고, 결국 청나라 상인들을 굴복시켜 오히려 훨씬 더 높은 값에 매입하게 할 수밖에 없었던 건 그만큼 우리의 인삼이 중국인들에게도 높은 평가를 받았기 때문에 가능한 일이었다. 그들은 여전히 임상옥의 인삼을 '고려삼'이라 불렀다. '고려'라는 브랜드 가치는 이미 그 자체로 높은 평가를 받았다. 하지만 정작 그 브랜드의 의미를 제대로 모른다면 안타까운 일이다.

그릇된 이름은 고치고 잃어버린 이름은 되찾아야

우리가 내세울 수 있는 최고의 브랜드는 얼마나 될까? 그리고 그 브랜드의 오리지널리티에 대한 올바른 인식은 어떤 상태일까? 그걸 내가 모르면 언젠가 다른 누군가가 낚아채 가도 아무 반박도 하지 못한다. 라일락은 알아도 '수수꽃다리'라는 이름을 아는 사람은 드물다.[*] 그러니 우리나라가 자생지인 이 나무가 미국으로 건너가 정원의 관상수로 품종이 개량되면서, 엉뚱하게도 '미스김라일락'이라는 해괴한 이름으로 돈 주고 역수입해다가 관상수로 즐기는 것이다. 이 꽃나무의 원산지는 북한산 백운대다. 1947년 미군정청 소속 엘윈 미더Elwin M. Meader가

<hr />

[*] 이 이름 말고도 개회나무, 꽃개회나무, 버들개회나무, 정향나무 등 수수꽃다리 속에 속하는 비슷한 나무들도 있다. 그런데 그 모양이 비슷하다 보니 언젠가부터 통틀어 라일락이라고 부르고 있다.

털개회나무(수수꽃다리) 종자 열두 개의 씨를 채집해서 미국으로 돌아가 일곱 개 종자의 싹을 틔웠고, 그중 개량된 두 가지가 '미스김라일락'이 되어 세계 시장을 휩쓸고 있다. 내가 지키지 못하는 브랜드, 나도 모르는 브랜드는 그렇게 허망하게 잃을 수 있다. 안타깝고 부끄러운 일이지만 수수꽃다리만 그런 게 아니다. 산딸나무, 원추리, 호랑가시나무 등을 미국이 자신들의 식물유전자원으로 등록했다. 이게 뒤숭숭한 미군정 시대라서 그렇다고 위로하고 변명할 수 있는 일일까?

우리가 IMF 체제 때 저지른 최대의 과오 가운데 하나는, 국내 1위에서 3위까지의 종자회사들이 맥없이 외국에 팔려나가도록 방치한 점이다. 부실한 은행 살린다고 천문학적 공적자금을 지원하는 데에는 조금도 주저하지 않으면서, 얼마 되지도 않을 비용의 종자회사가 매각되는 건 수수방관했다. 자기네들이 농사짓지 않고, 대한민국 농부의 수도 예전만 못하며, 그들이 큰 목소리를 내지 않기 때문이었을까? 그 무관심 속에 국내 종자회사들이 팔렸다. 그래서 이제는 거의 모든 종자를 외국에서 비싼 값에 사 와야 한다. 이른바 '터미네이터 종자'들은 번식도 불가능해서 매번 사들여야 한다. 그런데도 지금까지 그 문제에 대해 국가나 정부가 사과하거나 반성한 것을 보지 못했다. 그러니 국민들도 내 일 아니라 여기며 모르고 지날 뿐이다.

정신 바짝 차리지 않으면 내 손에 쥐고 있는 것도 금세 내 것이 아닐 수 있는 세상이다. 그저 당장 손에 쥐는 이익에만 혈안이 되어 정작 지켜야 하고 제대로 알아야 할 내 자산의 의미와 가치를 모르고 있다는 게 아찔하다. 제품만 경쟁이 되는 게 아니라 브랜드 자체가 경쟁이고 가치인 세상인데, 정작 그저 내 것이려니 하거나 어설픈 과장을 즐기기만 하고 있지는 않았는지 꼼꼼히 살펴봐야 한다.

국제화 시대고 세계화 시대다. 세계에 당당하게 내놓을 수 있는 우리 자산의 가치에 대한 정확한 인식이 그 어느 때보다 절실한 때다. 기업도, 정부도 마찬가지다. 그게 어떤 건지 철저하게 따지고 제대로 간수해야 한다. 그러기 위해서는 정확한 인식이 반드시 필요하다. 어물쩍해서는 죽도 밥도 아닐 수 있다.

인삼이 애민의 산물임을 기억해야

'인삼'이라는 말은 '인공적으로 재배한 삼'이라는 뜻이지만 거기에 담긴 애민愛民 정신을 읽어낼 줄 알아야 한다. 조선 시대에 가렴주구가 심했다는 것은 우리가 이미 역사책을 통해 수없이 배웠다. 과연 과거에만 그랬을까? 조선 후기 삼정의 문란에 버금갈 정도로 현대 위정자와 재벌들의 부패와 탈세는 만연하다. 고위공직자들이 탈세와 편법을 몇 가지 저지르지 않으면 자격이 없다는 조롱까지 난무한다. 그리고 그런 자들이 태연하게 가장 높은 자리까지 승승장구 오르는 모습을 체념하며 바라본다. 이래서는 희망이 없다.

서민들은 마음껏 쥐어짜면서 정작 돈 많은 사람들에게는 아부와 생색내기에 급급하다. 되지도 않는 핑계로 서민들과 일용직들이 애용하는 담뱃값은 거의 두 배로 인상하면서 정작 금연 정책에는 무심하다. 인상된 담뱃값의 세금이 서민들의 근로소득세와 맞먹는다는 보도조차 이제는 식상할 지경이다. 그저 밀어붙이면 자신들의 뜻대로 된다는 위정자들의 생각이나 과거 조선 후기 관료들의 가렴주구나 별 차이가 없다.

되찾아야 하는 게 잃어버린 이름뿐이겠는가. 지켜야 할 가치와 정신도 있다. 우리가 지금도 고려인삼이라 부르고 유커들이 한국에서 가장 많이 구매하는 상품 가운데 하나인 인삼의 원조는 조선이다. 그리고 그 인삼을 시작한 사람이 바로 백성을 위했던 위정자 주세붕이었음을 기억해야 한다. 백성들의 어려움을 헤아리고 그들의 부담을 덜어주기 위해 삼을 밭에 심도록 한 주세붕 같은 공무원들을 기대하는 것이 연목구어는 아니길 바란다.

인삼이 애정과 배려의 산물임을 잊지 말아야 한다. 주세붕이 삼을 밭에 재배하도록 건의한 건 애민 정신의 산물이다. 세상은 때로는 한 사람의 위대한 정신이 멋지게 결실을 맺는 것을 보여준다. 지금 우리라고 그걸 하지 못하라는 법은 없다. 베푸는 사랑은 땅에 떨어져 많은 열매를 맺는 겨자씨와 같다. 그런 결실들이 주렁주렁 매달린 세상을 꿈꾸는 것이 과욕이 아니어야 한다. 그건 인간의 마땅한 의무다. 어차피 한 번 사는 삶이다. 이왕이면 멋지게 살아야 하지 않겠는가!

관용,
강소국 네덜란드의 경쟁력

좁은 사고를 깨뜨려라

공항 근처에 사는 아이들이 비행기를 그리면 꼭 바퀴를 그려 넣는다고 한다. 그 아이들 눈에는 이착륙하는 비행기만 보였으니 바퀴를 그리는 건 어쩌면 당연한 일이겠다. 사람은 환경적 동물이다. 일찍이 교육환경론자인 맹자의 어머니는 아들을 위해 여러 차례 이사를 했다. 눈에 보이는 것만 사실이라고, 세계라고 믿으면 그만큼 자신의 삶은 좁아진다.

모든 지식은 정의定義, definition를 토대로 구성된다. 그게 없으면 지식이 입력되지도 축적되지도 않는다. 그러나 명심해야 한다. 'define'이란 말은 '정의하다'라는 뜻도 있지만 '제한하다'라는 뜻도 지녔다. 내 집 울타리 치는 것처럼, 경계를 짓고 소유를 명시하는 것이다. 울타리를 치면 도둑은 들어오지 못한다. 그러나 내 공간은 동시에 그 울타리에 묶인다. 일찍이 원효는 '대롱으로 하늘을 보는 어리석음管見之累'을 경계했다. 좁고 긴 대롱으로 하늘을 보면 작은 원만 보인다. 그게 하늘이라고 믿는다. 그러나 하늘은 무한하다. 그 대롱을 버리고 살 수는 없다. 그건 도사나 초인쯤 돼야 가능하다. 지식이 쌓이고 경험이 모이면 대롱이 굵어진다. 그만큼 세상을 보는 눈도 넓어지고, 넓게 보는 만큼 실제로 넓은 세상에 산다. 지식과 경험이 관용을 낳은 것도 그런 때문이다.

우리는 넓은 세계에서 아주 좁은 땅에 살고 있다. 차라리 섬이면 배를 타고 멀리 떠나기도 하겠지만 이건 섬도 아니고 육지도 아니다. 본디 반도半島는 육지와 바다를 잇는 가교의 역할을 하고 있고, 실제로 문화의 요충지가 된다. 그러나 남북의 분단은 대륙과 연결되어 있으되 전혀 교통하지 못하고 바다를 접하고 있되 멀리 떠나지 못하는 연안성沿岸性에 갇혀 있게 만들었다. 그게 우리 시대의 비극이다. 늘 그 속에서만 살았기 때문에 밖의 사정에 대해서는 어둡다. 대원군의 쇄국정책을 비난하지만, 우리는 어쩌면 대원군보다도 좁게 살고 있는지도 모른다. 적어도 대원군은 도막난 반도의 한계에 살던 인물은 아니었다.

이 좁은 바닥에서 살아나면서 놀라운 기적을 만들어낸 것은 분명 한국인의 저력이고 교육의 힘이다. 그러나 이제 그 한계에 달했다. 교육은 여전히 도식적이고 암기력 테스트 위주의 교육이며 고고한 상아탑에 스스로를 가두었다. 세계에 대한 흐름에도 무감하고, 삶의 다양성에도 둔감하다. 오로지 이 좁은 땅덩어리 속에서 약육강식의 논리에만 사로잡혀 뛰어다닌다. 교통과 통신이 발달한 오늘날에도 여전히 우리의 사고와 삶의 방식은 스스로 쳐놓은 울타리에서 벗어나지 못한다.

자유와 관용이 발전의 바탕이다

강소국强小國 네덜란드를 주목하는 일이 빈번해지고 있다. 대기업에서도 네덜란드 모델을 배우기 위해 임원단을 대규모로 파견했다. 조선 말 신사유람단처럼. 그들은 돌아와서 '창의력과 자율성'이 네덜란드가 강한 나라가 될 수 있는 핵심이라고 보고했다. 제대로 봤다 싶다. 그러나 그들은 하나만 봤지 둘은 못 본 것은 아닌가 걱정이 앞선다. 자율성은 정부의 규제에 대한 반론의 근거가 될 것이다. 그러나 네덜란드의 자율성에는 적어도 두 가지의 요인이 있다. 하나는 세계에서 최초로 시민자치제를 실시한 나라라는 점이다. 자율성의 근거는 거기에서 비롯된다. 그리고 그게 가능하기 위해서는 사회 전체가 투명해야 한다. 부패가 척결되지 않고서는 불가능하다. 온갖 불법과 탈법을 자행하면서 그 모든 원인이 마치 규제 때문인 것처럼 외치는 건 자가당착이다. 또 하나는 창의력이다. 창의력은 구호를 외친다고 생기는 게 아니다. 창의력은 자유에서 나온다. 근대정신의 핵심은 '자유로운 개인'이다. 그게 마련되지 않고서는 결코 창의력이 발현되지 않는다. 네덜란드에서 진정 배워야 할 것은 그들의 '관용과 포용성'이다. 그것은 다양한 지식과 정보에서 비롯된다. 네덜란드가 17세기 유럽의 각축전에서 온갖 어려움에도 불구하고 발전한 것은 바로 그러한 기반에서 가능했다. 그걸 봤어야 한다. 그들이 대내외적 도전을 어떻게 극복했는지를 봐야 한다. 대내적 도전에 대해서는 정확한 시대 인식과 복지의 선순환 구조를 마련하는 것으로 대처했다. 대외적 도전에 대해서는 시대의 흐름을 지켜보면서 끊임없이 새로운 모델을 만들어내는 것으로 대처했다. 그것은 네덜란드가 17세기 이후 지속적으로 지켜온 방식이다.

17세기의 암스테르담은 탈지중해 시대에 강력한 지식 드라이브 정책을 쓴 대표적인 도시다. 네덜란드는 종교적 다양성이 인정되는 관용의 땅이었을 뿐 아니라 모든 중요한 정보의 중심지였고 시장이었다. 라틴어와 프랑스어, 독일어, 영어를 비롯한 다양한 언어로 된 인쇄물들을 수출하는 출판과 인쇄의 중심지이기도 했다. 네덜란드인들은 지도와 여행기, 항해기들을 부지런히 인쇄했다. 암스테르담은 영국보다 싼값에 영어 성경을 찍어서 영국에 수출하기도 했다. 이처럼 다양한 출판은 자연스럽게 자국인들로 하여금 많은 정보에 접촉하게 만들었다.

다른 나라들이 여전히 지식 검열을 하는 동안 네덜란드는 상대적으로 열린 정보 체계를 가진 축에 속했다. 그래서 지식인들은 검열을 피하기 위해 암스테르담에서 책을 출판하는 경우가 많았다. 동인도회사는 아주 사소한 지식과 정보까지 수집했다. 네덜란드가 뒤늦게 자리를 잡았으면서도 강력한 무역 강국으로 성장할 수 있었던 배경에는 이러한 지식 체계의 활력이 있었던 것이다. 그 점을 놓치면 안 된다. 실제로 16세기 이탈리아 도시국가 가운데 베네치아가 가장 번성할 수 있던 요인 가운데 하나가 바로 15~16세기 동안 유럽의 어느 도시보다 많은 책을 인쇄했던 점이었다. 15세기에 대략 200만 권의 책을 찍었고 16세기에는 500여 곳의 인쇄소에서 대략 1,800만 권을 찍어내는 유럽 최고의 출판 중심지였다. 인쇄와 출판의 성행은 다양한 상업 업무 관련 지식을 쉽게 얻을 수 있게 했고, 사람들은 책을 통해 다양하고 실용적인 지식을 얻을 수 있었다. 언제 어떤 견본시가 열리고, 어떤 상선이 무엇을 싣고 언제 도착하는지는 물론 각종 상품의 가격 동향까지 알 수 있었다. 베네치아의 외교관들은 주재국의 모든 정보를 수집하고 분석하는 동시에 자국의 정보를 주재국에 퍼뜨리는 역할을 수행했는데 그 바탕에는 이러한 인쇄의 발달이 깔려 있었다. 베네치아의 발전에는 그런 토대가 있었고, 17세기 네덜란드의 성장에도 그런 배경이 존재했다. 나라가 부강해져서 출판과 문화가 발전한 경우도 있지만 베네치아와 암스테르담의 경우처럼 자유롭게 출판과 문화가 발달했기 때문에 나라가 부강해졌다는 점도 읽어야 한다.

멀리, 그리고 넓게 세상을 보라

발전주의를 목표로 삼으면서 국가의 역할을 축소하고, 민영화 및 탈규제와 노동시장의 유연화가 우리의 대안이라고 판단한 것은 반은 맞고 반은 틀렸다. 현상만 보고 자신들의 입맛에만 맞춰 합리화하는 것은 기업뿐 아니라 국가에도 유익하지 않다. 오늘날 네덜란드가 국가적 지식 활용 시스템을 마련하고 일찌감치 노동력 의존적 구조를 버리고 기술 혁신을 통해 새로운 도전에 대처해왔음을 봐야 한다. 무엇보다 창의력과 자율성이라는 가치의 전제 조건과 환경이 무엇인지 정확하게 인식해야 한다. 일본이 일찍이 개방 정책을 펼치면서 선택한 롤모델이 바로 네덜란드였다. 그들은 아예 독립 학문으로 발전시킬 만큼 철저하게 연구했다. 그게 이른바 난학蘭學이다. 그런데 무려 150년이 지난 지금 우리는 무엇을 보고 연구하는가?

좁은 울타리를 벗어나되 현상적이거나 피상적으로만 훑어봐서는 안 된다. 그 환경의 토대를 읽어내야 한다. 처음에는 어색하지만 하나라도 제대로 파악하면 인식의 확장은 금세 즐거움으로 변한다. 더 이상 이 좁은 땅에 가둬놓고 살아서는 안 된다. 몸은 이 좁은 땅에 있어도 정신은 무한한 자유와 광대한 지식으로 나아가야 한다.

비행기가 바퀴를 접지 않고는 높은 하늘로 멀리 날 수 없다. 바퀴를 접지 않는 비행기는 프로펠러 달린 구식 비행기거나 경비행기일 뿐이다. 바퀴를 접어야 멀리 날 수 있다. 공항의 아이들이 비행기의 진면목을 보려면 바퀴가 접힌 비행기를 보아야 한다. 그러나 나 사는 것 무관하게 마냥 멀리, 높이만 본다면 그건 유치한 이상일 뿐이다. 세상을 내다보려는 게 내딛고 있는 현재를 인식하고 그것을 넓히기 위함이라면, 반드시 이 땅의 현실을 먼저 인식해야 한다. 아무리 높이 나는 비행기도 땅에서 하늘로 날기 위해서는, 그리고 하늘에서 땅으로 내려오기 위해서는 바퀴를 내려야 한다. 그러지 못하면 영원히 하늘을 떠도는 미아가 될 뿐이다.

세계사를 가르치거나 배우지도 않으면서 세계화를 부르짖는 것은 어불성설이다. 아연한 일이다. 그런데도 문제의 심각성을 깨닫지 못한다. 현재 세계 경제가 양극화로 치닫게 되는 가장 핵심적 요인은 바로 IT시스템이다. 인터넷 덕분에 세계 어디서든 값싸고 질적으로 평균 이상인 곳의 노동력을 자유자재로 활용할 수 있다. 노동력에 의존한 상태에서 노동유연성만을 추구하는 게 과연 타당한가(물론 극단적 노동운동의 문제는 있지만)? 세계 기업이라고 하는 한국 기업의 대표는 모두 한국인이어야 한다는 것도 어쩌면 시대착오적인 발상인지 모른다. 아직도 우리에게는 관용과 연성적 사고가 부족하다. 창의력은 관용에서 나온다. 비행기가 일단 뜨면 바퀴를 접어 넣어야 한다. 그러지 않으면 높이 날수 없다.

사족 하나: 네덜란드 축구감독들의 가장 큰 무기는? 언어다. 영어를

무난하게 구사할 수 있는 네덜란드 교육의 실용성 덕택이다. 우리나라는 실용적 외국어 습득과 사용을 강조하면서 입시 제도나 입사 제도의 경직성은 여전히 변하지 않는다. 그냥 실용적 외국어 학습을 강조한다고 되는 게 아니다. 네덜란드는 요즘 흔히 말하는 대표적 '샌드위치' 신세였다. 그 상황을 타개하는 자연스러운 수단이 외국어 능력이었고, 동인도회사처럼 해외로 나가야만 살아갈 수 있었던 환경이 만들어낸 자연스러운 결과였다. 이미 굳어진 제도 타령만 할 게 아니라 그것을 활용하는 대안을 찾아야 한다. 그 상황에 대한 인식을 공유해야 한다.

문화대혁명이
없었더라면

내가 조금 비판적이어서 그런지 모르겠지만 전철 1호선을 타고 '가산디지털단지역'을 지날 때마다 울화가 치민다. 그 역의 본디 이름은 '가리봉역'이었다. 왜 이름을 바꿨을까? 부동산 가치에만 눈이 멀어서 슬쩍 이름을 바꿨다. 그 지역의 행정상 이름이 '가산동'이라는 핑계로. 그럼 '디지털'은 도대체 뭐냐? 하기야 경의선과 6호선 그리고 공항철도가 함께 지나는 '디지털미디어시티'라는 역명도 웃기기는 마찬가지다. 게임 회사가 몇 개 모이고 방송사 여럿 모이면 '디지털'인가? 그런 외국어 이름이 붙으면 고급스러운가?

우리나라가 이만큼 성장하는 데에는 1960년대 산업화 초기와 1980년대 중기까지 산업과 수출을 이끌었던 공단과 거기에서 뼈 빠지게 일한 노동자들의 피와 땀을 외면할 수 없다. '공돌이' '공순이'라는 폭력적 이름으로 불리는 야만의 시대에도 돈을 벌어 가족의 생계와 동생들의 학비 마련을 위해 3교대로 하루 열두 시간 이상 엉덩이도 제대로 떼지 못한 채 일만 했던 누나들, 언니들, 그리고 형들과 오빠들이 구로동과 가리봉동 공단에 있었다. 노동력 착취라는 말조차 사치로 몰아대며 닭장 속 닭처럼 대했던 그 아프고 서러운 시절이 구로동과 가리봉동의 지명에 스며 있다.

그러나 우리는 거기에 기념관이나 박물관 하나 마련하지 않았다. 예전 공장 밀어버리고 새로운 고층빌딩을 지을 생각만 했지, 정작 이 나라 산업화의 못자리였던 그곳을 기억하려 하지 않았다. 그리고 거기에서 죽을 힘 다해 일했던 이들에 대한 고마움도 기억하지 않는다. 급기야는 가리봉역이라는 이름조차 사라지고 생뚱맞게 디지털 운운하는 역으로 이름을 바꿔 달았다. 야만과 폭력은 그렇게 우리의 공간을 차지하고 있다.

피와 땀이 능사가 아니다

정말 열심히 일했다. 그리 오래된 일도 아니다. 지금은 이만큼 버젓하게 살고 있지만 40년 전만 해도 가난의 질곡에서 벗어나지 못했다. 굶지 않을 수만 있다면 닥치는 대로 일했다. 1963년 우리의 개인 소득은 90달러에도 미치지 못했다. 죽어라 앞만 보고 달렸고 새벽부터 밤 늦게까지 일했다. 초과수당은커녕 작업반장에게 잘 보여서 연장 근무할 기회를 얻어 한 푼이라도 더 벌어야 한다는 일념으로 일했다. 그렇게 부지런히 일해서 30년 만에 OECD에 가입하는 쾌거를 이뤘다. 이전에도 그런 경우는 없었고 아마도 앞으로도 보기 어려울 것이다. 그 사실만으로도 대한민국은 위대하고 국민은 자부심을 갖기에 부족함이 없다.

그런데 당시 세계의 흐름과 환경도 크게 한몫을 했다는 점을 제대로 알고 있는 사람들은 얼마나 될까? 나 역시 그런 사정에 어두운 부류에 속했다. 몇 해 전 중국 산둥성 취푸曲阜에 갔는데, 거기서 뜻밖의 대화를 할 기회가 있었다. 지나가는 말로 중국에서 문화대혁명이 없었다면 어땠을까 하고 물었는데, 그때 그는 내 질문에 주저하지 않고 "그랬다면 한국의 경이로운 경제 성장은 어려웠거나 훨씬 지체되었을 겁니다"라고 답해서 나는 충격을 받았다. 내 질문은 공자의 사당과 묘에 있는 많은 비석이 홍위병들에 의해 무참히 파괴된 흔적이 눈에 밟혔기 때문에 던진 것이었다. 내가 기대한 대답은 "공자 사상의 단절도 없고 유적도 잘 보관되었겠지요" 혹은 "그랬다면 중국의 문화가 지금보다 훨씬 더 성숙하게 발전했을 겁니다" 정도였다. 그런데 돌아온 즉각적인 대답은 내 예상을 완전히 빗나갔다. 그리고 그 대답을 곰곰이 곱씹었다.

'문화대혁명'이라는 '반문화적인' 혁명은 공식적으로는 1966년에 시작되었지만 그 싹은 이미 1950년대 말에 트기 시작해 1960년대 초부터 본격적으로 자랐다. 마오쩌둥의 대약진운동의 실패는 참혹했다. 마오의 대약진운동은 크게 두 갈래였다. 하나는 중공업의 융성이었고 다른 하나는 농업의 자급자족을 위한 도약이었다. 중공업 융성의 핵심은 자국에서 무기를 생산하는 것이었다. 무기를 스스로 생산하지 못하면 강대국이 될 수 없을뿐더러 자기 방어도 할 수 없으니 일견 당연한 일이었다. (지금은 중국이 우주선을 쏘아 올릴 만큼 발전했지만, 최근까지 항공모함도 스스로 생산하지 못해 러시아에서 퇴역한 항모를 도입해 리모델링해서 쓰는 수준이었다.) 그러나 무기 중심의 중공업은 인민의 삶과는 무관하다. 무기라는 게 수출하지 않는 이상 경제적 이익을 산출하는 것도 아니고, 새로운 무기가 나오면 이전의 것들은 용도 폐기해야 하는 순환 구조니 밑

빠진 독에 물 붓기다. 돈 먹는 하마일 뿐. 그렇다면 자급자족할 수 있는 농업이 성장해서 인민의 삶이 나아지면 모를까 하필 몇 해 동안 악천후가 계속되어 수천 만 명이 아사 위기에 내몰리게 되자 마오도 어쩔 수 없이 권력을 내놔야 하는 상황이 되었다. 마오가 국가 주석을 사임한 뒤 류사오치劉少奇가 주석이 되어 덩샤오핑鄧小平과 함께 상업과 공업 위주의 정책으로 전환했다. 이미 대약진운동이 좌절되면서 공산당 내부에서도 노선투쟁이 격렬했다. 실용주의(결국 나중에 이게 주자파走資派로 내몰리지만) 노선을 택한 류와 덩은 전문가들을 대거 등용하여 분야별로 전문화하는 시도를 했다. 그들은 이른바 민생경제를 우선으로 하여 일정 부분 자본주의 정책을 도입했고(결정적 빌미가 되는 주자파 문제는 이런 내홍을 낳았다) 실제로 효과가 나타나기 시작했다.

마오의 입장에서는 곤혹스러웠다. 성공하면 자신의 실정이 도드라질 뿐 아니라 류와 덩의 입지가 강화되어 자신의 권력 복귀가 어렵게 되고, 실패하면 국가의 위기니 이러지도 저러지도 못할 상황이었다. 그런데 마오에게는 권력이 우선이었다. 결국 마오는 친위 쿠데타를 기도했다. 그게 바로 문화대혁명이었다. 마오는 류와 덩이 부르주아 세력과 결탁해 자본주의를 따르고 있으며 결국 인민의 뜻을 배반하게 될 것이라고 비판했다. 마오는 1962년 중앙위원회 전체회의에서 류와 덩에 의해 유보되고 정체된 계급투쟁의 당위를 설파했고 두 사람을 주자파와 수정주의자로 규정했다. 그 투쟁에 어린 청소년들을 선동하고 동원한 게 바로 홍위병들이었다.

중국은 내홍에 빠졌다. 새로운 전환은 좌절되었고 홍위병들이 날뛰면서 지식인들과 실용주의자들은 반동분자로 내몰려 온갖 박해와 처벌을 감내해야 했다. 홍위병들은 류를 '주자파 1호' 덩을 '주자파 2호'로 불렀다. 처형과 하방下放(중국 정부가 당·정부·군 간부·지식인·학생들의 관료주의화 등을 방지하기 위해 농촌이나 공장에서 노동하는 일에 종사하도록 하는 정책)이 일상화되었다. 덩은 두 번째 실각을 겪으며 만 65세의 나이에 장시성 생산건설병단의 노동자로 3년의 하방생활을 겪었다. 다행히 류와 달리 죽음은 면했다(한때 마오의 지위를 위협한 류는 홍위병들에게 맞아 죽었다). 10년간 이어진 문화대혁명은 중국을 더욱 폐쇄적으로 만들었고 기껏 발흥하기 시작한 상공업은 궤멸되었다.

만약 문화대혁명이 일어나지 않고 류와 덩의 상공업 중심의 정책이 성공했다면 어찌 되었을까? 필연적으로 잉여생산물이 생겼을 것이고 배급으로 그것을 소화하지 못할 것은 자명한 데다 실용주의 정책에 따라 외국에 팔았을 것이다. 그 당시 대한민국은 겨우 산업화의 걸음마를 뗄 때였고 수출품이라고 해봐야 가발과 보세가공 제품이 고작이었을 때였다. 저임금과 상대적으로 수준 높은 노동력 덕택에 세계 시장에서 경쟁력을 갖추기 시작했던 우리의 수출 상황을 미뤄본다면 중국에서 대량으로 쏟아지는 저가의 생산물과 경쟁이 가능했을까? 문화대혁명이 없었다면 대한민국의 경제 성장이 어려웠을 것이라는 그의 말은 바로 그런 배경에서 나온 말이었다. 그런데 나는 내 나라 안에 있을 때 그런 생각을 해본 적도 없다. 부끄럽게도. 과연 나만 그랬을까? 지금도 그걸 인식하지 못하는 이들이 결코 적지는 않을 것이다. 그만큼 우리는 바깥세상 돌아가는 걸 제대로 보지도 읽지도 못하면서 그저 명령받은 대로 앞으로만 내달리는 데에 익숙해졌다. 문제는 지금도 크게 다르지 않다는 점이다. 영어 잘한다고 세계화되는 것은 결코 아니다. 그런데도 여전히 미국 사대주의에 빠진 자들이 이 나라를 쥐락펴락하고 있으니 한심하고 답답한 일이다.

어리석은 자에게는 어리석은 역사가 반복된다

지금 우리 사회가 겪고 있는 수많은 문제들은 1997년 체제의 산물이다. 비정규직이니 뭐니 하는 것도 그 이전에는 없던 용어였다. 환경미화와 경비 노동자들도 조직에 속한 정규직 노동자였다. 급여는 작지만 고정적인 일자리였고 노동조합원인 경우도 많았다. 그러나 IMF 체제는 모든 것을 바꿔놓았다. 사실 그 체제를 초래한 것은 권력과 재력을 차지한 자들이었지 노동자들이 게으르거나 서민이 낭비했기 때문이 아니었다. 그러나 책임져야 할 자들은 위기 상황 운운하며 아무런 책임도 지지 않고 구조조정이니 다운사이징이니 하면서 고통을 노동자 서민에게 돌렸다. 그리고 그 악습은 지금까지 이어지고 있으며 갈수록 악화되고 있다.

병자년 조청전쟁(병자호란)은 충분히 막을 수 혹은 피할 수 있는 전쟁이었다. 하지만 인조와 당시의 조정이 무능한 까닭에 국제 정세를 냉정하게 읽어내지 못하고 어리석게도 사대주의와 명분에만 집착했을 뿐 아니라 심지어 대놓고 청나라를 자극해서 자초한 전쟁이었다. 그리고 거의 400년쯤 뒤에 대한민국의 이른바 지도층들은 세상 돌아가는 흐름을 전혀 읽어내지 못하고 20세기 후반부 짧게, 그리고 압축적으로 성장·성공하면서 '속도와 효율'의 힘만 믿었다. 이미 냉전체제가 붕괴되고 독일은 통일되었으며 소비에트 연방(소련)은 해체됨으로써 완벽하게 그 종언을 고했음에도. 냉전의 종식은 단순히 이념과 체제의 대결이 끝났다는 의미에 그치지 않는다. 냉전 체제는 미국과 소련으로 대표되는 양 진영이 속도와 효율의 경쟁으로 상대를 쓰러뜨리고 세계의 패권을 독점하려는 대결의 방식이기도 했다. 어차피 공산주의는 '속도와 효율'의 구도 속에서는 결코 승리할 수 없었다. 그 변화를 읽었어야 했다. 단순히 외환 관리 리스크가 초래한 위기가 아니었다. 이른바 '원 샷 원 킬'의 상황이었다. 그리고 그 이후 20년 넘게 국민들은 고통받고 있다. 그런데도 여전히 안보팔이로 겨우 자신들의 기득권을 유지하려는 수구 세력은 철옹성같이 버티고 있다. 이제는 빨갱이 장사도 종북팔이도 예전만 못하지만 그래도 여전히 거기에 미련을 갖는 미련한 자들이 존재한다.

우리가 역사를 배우는 것은 왜곡되고 미화된 민족주의를 위해서도 아니고, 부끄러운 역사를 집중적으로 배우면서 자기 경멸을 얻기 위해서도 아니다. 부끄러운 역사를 되풀이하지 않고 자랑스러운 역사의 사건과 사태 그리고 인물을 재창조함으로써 더 나은 미래를 마련할 수 있는 가장 기초적인 인식의 토대를 마련하기 위해서다. 21세기 초연결의 사회(이게 그토록 호들갑떠는 '제4차 산업혁명'의 핵심이다)인데도 방송이건 신문이건, 심지어 인터넷을 통해서건 국제 뉴스에는 아예 관심도 없고 소비도 하지 않는다. 이러니 이니셔티브를 쥐고 미리미리 대비하고 최대의 이익을 도출하기는커녕 휘둘리기 일쑤다.

역사에 가정은 없다지만 역사를 되새겨야 어리석음을 되풀이하지 않는다. 어리석은 자에게는 어리석은 역사가 되풀이되고 슬기로운 사람에게는 더 나은 미래의 역사가 만들어진다.

새로운 세상에 맞는 시대정신을 준비하라

페미니즘이 아니라
휴머니즘이다

성차별의 바탕은 근육노동 의존도가 높은 사회구조였다

아마도 인류 역사상 가장 오래된 차별은 남녀의 성에 따른 차별일 것이다. 다행히 현대 들어 그 차별은 많이 사라졌고 적어도 법리적으로나 선언적으로는 평등하다고 하지만, 여전히 차별이 존재하고 있다. '차이'와 '차별'은 분명 다르다. 그런데도 차이를 근거로 차별을 정의하려는 모자란 남성들이 존재한다. 이른바 마초들만 그런 게 아니다. 심지어 페미니스트를 자처하는 남성들에게서도 그런 사고의 편향성을 본다. 사회학자 거더 러너Gerda Lerner는 그 차이를 근거로 어느 한쪽이 다른 한쪽에 열등감을 주입하고 반복 학습함으로써 차별이 생겨난다고 지적했다.

고대 사회에서 생존을 위한 가장 중요한 것은 전쟁과 노동이었을 것이다. 당연히 근육이 발달한 남성들이 맡을 일이다. 그런데 그 일이 중요하다며 남성들이 권력을 독점했기 때문에 남녀 차별이 생겼을 것이다. 성서 「창세기」에 남자의 갈비뼈 하나를 뽑아 여자를 만들었다며 남성이 우월성과 우선권을 갖는다고 주장하는 그것이 고작해야 「창세기」를 남성이 썼다는 것 말고는 아무것도 아니라는 점을 외면한다. 실제로 구약성서의 원형이라고 할 수 있는 <길가메시 서사시>에는 남녀가 함께 창조된 것으로 서술되었다. 중세와 근세에도 그런 근육 의존적 노동 유형은 크게 변하지 않았다. 그러나 산업혁명 이후 기계가 인간의 근육노동을 현저하게 줄이면서 여성들도 공장에 나가서 일할 수 있었고 임금을 받을 수도 있었다. 그리고 현대에 컴퓨터를 중심으로 한 노동과 생활의 변화는 근육노동 의존도를 거의 지워냈다. 그런데도 머릿속에는 여전히 그 의식이 남아 있다. 그게 어리석은 남자들의 생각이다.

남자의 바람과 여자의 바람은 다르다?

도대체 언제까지 남자와 여자는 서로 평행선을 달려야 하는 걸까? '화성에서 온 남자, 금성에서 온 여자'는 과연 지구라는 별에서 만날 수 있을까? 그 불일치는 때로는 차이로 때로는 차별이라는 왜곡의 악습으로 나타난다. 어떤 사람들은 말한다. 남자는 바람이 나도 가정을 지키지만 여자는 바람나면 가정을 버린다고. 과연 그럴까? 현상적으로는 그럴지 모른다. 그러나 왜 그런 현상이 생기는지에 대해 생각해보면 그 실체는 분명히 드러난다. 주변에서 보면 실제로 그런 일이 많아서 이 말이 사실처럼 여겨질지도 모른다. 하지만 이런 단언이야말로 참으로 어리석고 잘못된 생각이 아닐 수 없다. 남자들은 가정을 소중하게 여겨서 외도를 해도 가정을 버리지 않는다? 이거야 말로 편견일 뿐이다. 누구나 자기 가정을 소중하게 여긴다. 오히려 남자들보다는 자신의 온갖 열과 성을 다하고 사랑을 쏟은 여자들이 남자들보다 자기 가정을 더 소중하게 생각한다. 그래서 배우자의 외도를 보고도 체념하듯 받아들이는 경우가 많다. 지금까지는 대부분 남자들이 경제적인 의무를 맡았다. 여자들에게는 사회적 활동에 나서거나 경제적 소득을 올릴 기회가 거의 주어지지 않았다. 그리고 이혼한 여자에게 도덕적 비난까지 스스럼없이 가하는 풍토에서, 여자들은 남편이 부정을 저질렀음에도 남편을 받아들이는 경우가 많았다.

자신의 배우자에게서 존중감이나 만족감을 얻지 못하는 경우 여자가 만족하지 못하고 불평하는 것이 잘못된 일은 아니다. 자연스러운 일이다. 여자들도 욕구를 해소할 권리가 있다. 그런데 여자들이 바람이 나면 어떤가? 가족이 용서하고 받아들이겠다는 경우에도 가정을 버리고 떠나는가? 아니다. 여자들이 돌아가고 싶어도 받아들여주질 않으니 어쩔 수 없이 가정을 포기하는 경우가 대부분이다. 자신의 전부라고 생각하고 온 삶을 쏟아온 가정으로 돌아가지 못하기 때문에 떠나는 것이다. 그런데 오로지 그 현상만을 보고, 남자는 바람이 나도 가정을 지키고 여자는 바람나면 끝내 가정을 버린다는 평가야말로, 사회적 성 gender의 차별을 당연한 것으로 여기면서 생물학적 성sex의 속성의 문제라고 몰아세우는 것이야말로 비겁한 일이 아닐 수 없다.

영국 경험주의 전통에 입각한 공리주의자들의 말을 경청할 필요가 있다. 모든 사람의 쾌락은 동일하다. 귀족이든 평민이든 똑같은 감각 기관을 가지고 있는 한 그 쾌락을 똑같이 누릴 권리가 있다. 그런데 남자와 여자의 그것은 다른가? 남자는 바람이 나도 '뻔뻔하게' 제 방 차지를 하지만, 여자는 바람이 나면 '단호하게' 여자의 자리를 막아버리는 남자들 때문에 '어쩔 수 없이' 돌아가지 못해왔을 뿐이다. 그걸 남녀의 심리적 속성의 차이라고 떠드는 건 정말 역겹다.

외면하지도 과장하지도 않아야

일베의 야만과 천박함에 많은 사람들이 걱정한다. 특히 남성중심적 사고가 깊이 뿌리를 박고 있는 상태에서 시대의 흐름을 거역하며 오히려 여성을 폄하하고 심지어 파렴치한 공격적 행위나 발언을 거침없이 토해내는 것을 보면 걱정스럽다 못해 안쓰럽기까지 하다. 강남역 살인 사건에 많은 사람들이 충격을 받고 분노하고 있을 때조차 시대착오적 발언을 쏟아내며 화살을 여성들에게 돌리는 걸 보면 동시대를 살아가고 있는 사람일까 싶을 정도다. 당연히 그에 맞서는 발언들이 쏟아진다.

침묵하던 여성들의 발언을 듣고 놀라거나 뒷걸음치며 불안해하는 이들도 있다. 그러나 그건 기존의 생각에서 벗어나지 못한 채 여전히 남성중심적 기준의 사고를 고수하고 있기 때문이다. 심지어 정치적 진영의 문제로 확대해석하는 걸 보면 딱하기도 하다. 페미니즘을 '꼴 같지 않은 암컷들의 반란'쯤으로 이해하는 남성들은 과연 입장 바꿔 생각해본 적이 있을까? '한남충' 발언 하나에 발칵 뒤집어지는 습속은 여전하다. 메갈 논쟁은 여전히 진행형인데 홍대 모델 누드 사진 유출 사건을 계기로 워마드의 강한 비판과 격렬한 행동에 뜨악해하는 건 비단 기성세대뿐 아니라 동년배들도 마찬가지인 듯하다. 그러나 몇 가지 지엽적 행태만 지적하고 비판하고 본질에 대해서는 언급하지 않거나 직시하지 않는다. 그런 태도로는 문제를 해결할 수 없다.

어떤 변화건 급진적인 진보가 없으면 불가능하거나 아주 지체되기 쉽다. 그것은 역사에서 숱하게 본 바다. 지금의 급진이 내일의 진보가 되고 모레의 보수가 되는 법이다. 급격한 요구나 비판이 아니다. 너무 오랫동안 외면하고 무시하며 억압했고 진실을 왜곡해왔기 때문에 그렇게 느껴질 뿐이다. 기본적으로, 그리고 역사적으로 여성이 억압되고 숱한 불이익을 감내했다는 사실을 인정하고 사과하는 것이 먼저다. '지나친' 어떤 부분을 침소봉대해서 호들갑 떨며 '그거 봐라' 하는 식으로 어깃장을 놓는 건 옳은 일이 아니다. 이 문제를 인간의 본질과 가치의 보편적 측면에서 이해하고 그것을 통해 다양한 형태의 소수자와 약자의 권리에 대해 공감하고 연대할 수 있는 동료 시민의 가치를 재구성해야 한다. 그런 계기로 삼지 못하고 분열과 갈등으로 키우는 것은 더 많은 사회적 비용을 지불하게 만들 뿐이다. 나중에 시간이 지나 그런 갈등과 반목이 부끄럽게 여겨지지 않기 위해서는 지금 단호하게 문제를 해결해야 한다. 남자건 여자건 혹은 제3의 성이건, 외면하지도 과장하지도 않아야 한다. 전통의 가치나 종교적 신념 운운하는 따위의 낡은 주장부터 다물어야 한다.

페미니즘이 아니라 휴머니즘이다

우리는 여전히 억압과 차별이라는 낡은 틀을 완전히 벗어내지 못했다. 남녀 간에 생겨나는 어떤 사소한 불평등이라도 묵인하거나 감수하는 것은 곧 남녀의 불평등을 묵인하고 조장하는 일이다. 그리고 그것은 곧 인간의 불평등을 정당화하는 일일 뿐이다. 페미니즘은 부당한 억압과 편견에 따른 불평등과 맞서 싸웠다. 페미니즘 혁명은 그저 남성의 특권을 제거하는 게 아니라 성별 간의 차이 자체를 없애는 목표를 위해 싸워왔다. 그러나 그 궁극적 목적은 바로 페미니즘이 아니라 휴머니즘으로 귀결되어야 한다. 페미니즘이라는 말 자체가 사어死語가 되도록 해야 한다. 그래야 남녀 모두 정상적인 인간이 될 수 있다. 성차별과 성불평등은 분명 가장 오래되고 왜곡된 비겁한 관행이다. 잘못된 것은 하루 빨리 고치고 화해해야 한다. 고작해야 근육이 발달해서 생긴 근력의 차이일 뿐이다. 그런데도 여전히 그 근육의 힘에만 의존하려는 이들이 있으니 안타깝고 어리석은 일이다.

남자도 여자도 모두 인간이다. 남자와 여자는 완벽하게 하나다. 남자가 여자보다 더 우월하다는 주장은 뒤집으면 여자가 남자보다 우월하다는 주장과 상통한다. 인간은 남자와 여자로 태어날 뿐이다. 그들의 뿌리는 하나다.

17세기 작가 마리 르 자르 구르네Marie le Jars Gournay가 1622년에 했던 말이다. 그리고 지금은 21세기다. 성불평등과 차별의 문제의 핵심은 역지사지다. 아직도 성불평등에 대해 이러쿵저러쿵 말이 많다는 것 자체가 부끄러운 일이다. 도대체 따지고 자시고 할 일이 아니다. 외려 지금 진짜 중요한 것은 몸의 근육이 아니라 정신의 근육, 마음의 근육이다. 온갖 구실과 핑계를 갖다 붙이는 청맹과니 짓은 빨리 털어내야 한다. 우리는 이미 그 변화를 겪었다. 취미에 대한 태도의 변화에서도 그걸 읽어냈어야 했다. 세계적으로 확산되며 연대하고 있는 'Me Too' 운동은 그 변화의 중요한 변곡점이라는 점에 주목해야 한다. 해프닝이 아니다.

국민교육헌장을
잊어라

　　어느 나라건 어떤 사회건 교육에 관한 뚜렷한 목적과 철학을 세우지 않으면 안 된다. 교육은 그 사회의 백년대계(우리는 말로는 그렇게 선언하고 언제나 백년하청이지만)의 뿌리라는 점에서 결코 가벼울 수 없다. 교육부장관에 몇 명 되지 않는 '부총리' 명칭을 부여한 것도 그만큼 교육이 중요한 역할과 비중을 차지한다는 역설이기도 하다.

　　이 시대의 교육은 끊임없이 변화하는 사회를 읽어내고 미래를 다질 수 있는 기초를 마련해야 한다. 따라서 교육은 근원적으로 진보적일 수밖에 없다. 교육은 '과거를 살아온 사람이 과거의 방식으로 미래를 살아갈 사람을 가르치는 것'이기 때문이다. 흔히 교육을 가장 보수적인 분야라고 여기는 경우가 많다. 기초적인 사유 체계와 지식의 토대를 훈련하고 습득하는 것이 교육의 바탕이라는 점에서는 그럴 수 있다. 그러나 그건 시대가 정태적이고 점진적으로 변화·발전하는 경우에 해당되는 것이다. 오늘날 교육은 시대가 요구하는 최적의 노동력을 제공할 뿐 아니라 그것이 미래 가치를 도출할 수 있는 기초를 마련하는 것이어야 한다.

우리 사회가 마련하고 제공한 교육의 가장 심각한 문제는 '권리'는 제대로 가르치지 않거나 그냥 문자적 혹은 선언적 차원에 그칠 뿐이면서, 의무는 과도하게 부과하고 학습시켜왔다는 점이다. 근대와 현대를 관통하는 가장 핵심적 가치는 '자유로운 개인'이라는 점에서, 그리고 미래 가치는 바로 그 자유로운 개인의 무한한 상상력과 창의력을 극대화해야 한다는 점에서 기존의 교육과 그 틀은 그대로 유지한 채 곁가지만 점진적으로 변화하는 방식은 치명적이다.

국민교육헌장의 폐해

대학 입학해서 처음 받은 선물이 타자기였다. 그리고 타자기를 갖추고 첫 문장을 연습했던 것은 다름 아닌 '국민교육헌장' 첫 줄이었다. "우리는 민족중흥의 역사적 사명을 띠고 이 땅에 태어났다." 그냥 '자동으로' 나왔다. 아마 그 문장을 지금도 외우고 있는 기성세대들이 많을 것이다.

내가 초등학교(당시 국민학교) 3학년인가 4학년 때였는데 그 긴 문장들을 다 외워야 했다. 그걸 외지 못하면 급식으로 주던 빵을 받을 수 없거나 종례 후에도 집에 갈 수 없었다. 그 어린 나이에도 결국은 외우게 되었다.❖ 그냥 외워야 하니까 외우고, 조회시간이나 공식행사 때마다 사회를 보는 선생님이 읽는 게 철칙이었으니 늘 듣고 자랐다.

그런데 어린 나이에도 나는 그 첫 문장부터 거슬렸다. 세상에 태어난 건 '나'지 '우리'가 아니다. 그런데 그 문장에서는 '우리'가 태어났다.

그러니 나는 '우리'의 한 구성원일 뿐이다. 게다가 나는 아버지와 어머니가 사랑해서 태어났는데 다짜고짜 '민족중흥의 역사적 사명을 띠고' 태어났단다. 권리도 행복도 사명 앞에서는 사치스러운 낱말에 불과하다. 그 사명이 어떤 건지도 모르는 나이였다. 내가 태어난 것은 사랑의 결실이고 따라서 나는 행복하기 위해 이 세상에 태어나고 자라는 것인데, 엉뚱하게 민족을 중흥시켜야 한단다. 이 시작부터 자유로운 개인은 철저하게 무시되고 말살된다. 그런데 더 위험한 것은 이게 다른 헌장도 아니고 '교육' 헌장이라는 점이다.

전문 393자로 구성된 '국민교육헌장'은 그 앞에 달린 '국민'이라는 낱말에서 보듯, 단순히 교육의 헌장이 아니라 정치적 이데올로기를 주입시키는 중요한 수단이었다. '헌장'의 사전적 의미는 '어떤 사실에 대해 약속을 이행하기 위한 규범'을 뜻한다. 엄밀히 말해서 이러한 '사전적 의미'에 '약속을 이행하기 위한 규범'은 권리보다는 '의무'에 가깝다는 점에서 시대착오적 해석이다. 헌장은 무엇보다 권리에 대한 확고한 선언과 그 보장의 확인이어야 하기 때문이다. 그러나 국민교육헌장은 의무와 맹세에 가까운 이데올로기였다. 그 바탕은 일본 제국에서 메이지明治가 문부대신에게 내린 '교육에 관한 칙어教育勅語'라는 게 정설이다. 박정희가 일본군 장교 출신이라 그 향수를 갖고 있어서 그런지는 모르지만, 그는 중요한 이념을 일본 군국주의에서 차용하는 일이 많았

❖ '헌장'의 문안을 작고하기 직전까지 박정희의 청와대 교육문화담당 특별보좌관으로 재직했던 전 서울대 철학교수 박종홍을 중심으로 이인기·유현진 교수 등이 주도하고, 박준규·이만갑·김성근·정범모·이규호·박희범 등 어용교수들이 내용을 심의했다. 교육헌장의 내용을 초안한 사람이 서울대 철학과의 박종홍 교수라는 건 알지만 가장 심혈을 기울인 건 다수의 국문학자들이었다는 사실, 특히 음운학자들이 참여해서 발음하고 외우기 좋게 구문을 만졌다는 걸 아는 이들은 별로 없다.

다. 정작 일본에서는 패전 후 폐지한 것을 박정희가 재생시킨 셈이다.

우리가 학교를 비롯해 모든 관공서의 공식 행사 때마다 이것을 낭독하거나 암송하도록 한 것도 일제 때 모든 학교에서 엄숙히 낭독하던 관례를 그대로 답습한 것이었다. 아마도 박정희는 문경에서 교사로 지낼 때 열심히 암송했던 기억이 또렷했을 것이다. 일제의 그 칙어는 천황제 국가주의의 도덕 사상을 강조하는 것이 그 주 내용이었다는 점을 고려하면, 국민교육헌장이 어떤 목적과 의도를 내포했는지 금세 알 수 있다.

그 내용을 하나하나 짚어보기 전에 먼저 이 헌장의 불순한 의도와 실제로 향후에 벌어진 일을 살펴볼 필요가 있다. 이 헌장이 반포된 것이 1968년이었는데, 바로 다음 해인 1969년에 삼선개헌이 자행되었고, 1972년에는 비상조치에 의해 유신헌법이 공포되어 종신집권의 길을 텄다는 점을 따져보면, 이미 그 의도가 노골적으로 드러나고 있음을 알 수 있다. 그것은 교육헌장이 아니라 독재헌장이었다. 칙어가 황제에 대한 충성을 주입한 것이라면 국민교육헌장은 박정희 1인에 대한 충성을 학습시킨 것이라는 사실은 이후의 정치적 전개를 보면 익히 알 수 있다. 그걸 시도 때도 없이 외우고 읽고 따라 했다. 그러면서 머릿속에는 전체주의적 사고와 독재 합리화가 박혔다. 그리고 그런 사고의 형성으로 자라난 세대는 여전히 그 헌장의 사상에 오염되어 있다. 1994년에야 국민교육헌장이 독재정권을 정당화하는 데 사용되었다는 의식이 확산됨에 따라 사실상 폐지되었지만, 그 시대에 교육을 받은 사람들의 뇌리에는 여전히 그 사상이 박혀 있다.

도대체 무엇이 문제인가

먼저 헌장의 전문을 보자.

우리는 민족중흥의 역사적 사명을 띠고 이 땅에 태어났다. 조상의 빛난 얼을 오늘에 되살려, 안으로 자주독립의 자세를 확립하고, 밖으로 인류 공영에 이바지할 때다. 이에, 우리의 나아갈 바를 밝혀 교육의 지표로 삼는다.

성실한 마음과 튼튼한 몸으로, 학문과 기술을 배우고 익히며, 타고난 저마다의 소질을 계발하고, 우리의 처지를 약진의 발판으로 삼아, 창조의 힘과 개척의 정신을 기른다. 공익과 질서를 앞세우며 능률과 실질을 숭상하고, 경애와 신의에 뿌리박은 상부상조의 전통을 이어받아, 명랑하고 따뜻한 협동 정신을 북돋운다. 우리의 창의와 협력을 바탕으로 나라가 발전하며, 나라의 융성이 나의 발전의 근본임을 깨달아, 자유와 권리에 따르는 책임과 의무를 다하며, 스스로 국가 건설에 참여하고 봉사하는 국민정신을 드높인다.

반공 민주 정신에 투철한 애국 애족이 우리의 삶의 길이며, 자유 세계의 이상을 실현하는 기반이다. 길이 후손에 물려줄 영광된 통일 조국의 앞날을 내다보며, 신념과 긍지를 지닌 근면한 국민으로서, 민족의 슬기를 모아 줄기찬 노력으로, 새 역사를 창조하자.

1968년 12월 5일 대통령 박정희

가장 먼저 눈길을 끄는 것은 헌장의 주체가 교육부(당시 문교부)나 주무장관, 하다못해 국회도 아닌 대통령 개인이다. 헌장을 암송하거나 낭독할 때마다 '대통령 박정희'를 되풀이하면서 '대통령=박정희'라는 등식을 주입한다. 기성세대 중 그 등식을 아직도 머릿속에 지니고 있는 이들이 적지 않다. 그런 인식을 지닌 사람들이 그 딸인 박근혜에게 표를 던졌고 그녀는 나라를 망쳤다. 실제로 당시 공식행사에서 낭독하며 헌장 전문만 읽고 '대통령 박정희'를 읽지 않아서 끌려가 곤욕을 치른 기관장들도 있었다.

'박정희의 국민교육헌장'은 무엇보다 집단주의적·전체주의적 가치를 담고 있다는 점에서 반反교육적이다. 1978년 국민교육헌장을 비판한 '우리의 교육지표' 사건으로 열한 명의 대학교수가 해직되고 일부는 긴급조치 9호 위반으로 체포되어 실형을 선고받기도 했다. 그러나 《조선일보》를 비롯한 보수 세력들은 국민교육헌장의 가치는 "국회를 통과한 글, 민족주체성 확립이 핵심"이라면서 옹호하는 데 앞장섰다.

헌장의 전문으로 다시 들어가보자. 첫째 단락에서 강조하는 '민족중흥' '자주독립' '인류공영'은 과연 무엇으로 이루어지는가? 자유와 평등, 정의와 민주주의라는 가장 보편적인 가치는 전혀 언급되지 않는다. 이런 교육이 타당한가? 그게 교육의 지표일 수 있는가? 물론 그러한 가치들도 중요하다. 하지만 그런 것들도 인류의 보편적 가치와 인간의 존엄성을 무시하거나 훼손하면서 이루어질 수는 없다. 그런데 그 언급이 아예 없다. 첫 단락부터 교육헌장으로서는 낙제 수준이다.

그 헌장의 핵심은 그다음 단락에 집약된다. "우리의 창의와 협력을 바탕으로 나라가 발전하며, 나라의 융성이 나의 발전의 근본임을 깨달아, 자유와 권리에 따르는 책임과 의무를 다하며, 스스로 국가 건설에 참여하고 봉사하는 국민정신을 드높인다." 나라의 발전이 먼저다. 누구나 나라의 발전을 원한다. 그러나 나라의 발전은 각 개인이 발전하면 자연스럽게 사회적 총화로써 이루어지는 것이어야 한다. 그런데 국민교육헌장은 그러한 가치의 전도를 요구한다. 각 개인은 '나라의 융성'을 위해 봉사해야 한다. 그러면 내가 발전한다. 그리고 책임과 의무를 다해 국민정신을 드높여야 한다. 좋게 말하면 선공후사지만, 이 헌장의 맥락은 철저하게 '자유로운 개인'보다 '전체로서의 국가'를 우선하는 전체주의적 사고의 표현이다.

이걸 보수의 가치라고 착각하는 자들이 전체주의를 옹호하고(그래서 삼선개헌으로 헌법을 유린해도, 종신 집권을 꾀한 10월 유신 친위 쿠데타를 감행해도 지지했다. 아니, 국민교육헌장으로 길들여진 정신이 그런 선택을 '자연스럽게' 만들어냈다) 인간의 존엄성이 유린되고 정의가 조롱당하며 자유와 평등이 무시되어도 박정희 개인에 대한 무한한 지지로 비판 세력을 무력화시키는 데에 앞장섰다. 오늘날 보수를 참칭한 수구의 뿌리는 바로 거기에서 비롯된다.

아직도 암약하는 국민교육헌장

박정희는 매년 국민교육헌장 선포 기념식(그는 1973년 3월 30일에 헌장선포일을 대통령령으로 정부 주관 기념일로 지정했다)에 참석해서 축사를 낭독하는 등 적극적으로 활용했다. 그는 유신체제에 이 헌장을 '국민교화의 주술'처럼 써먹었다. 그런 점에서 그가 이 헌장을 제정한 목적은 뚜렷하게 이뤄졌다. 박정희 1인 통치 이데올로기로서 이만한 게 없었다. 그는 유신쿠데타를 자행한 바로 두 달 뒤 선포 4주년 기념식 때 "이 국민교육헌장의 정신이 바로 유신 과업 수행에 있어서 국민 모두가 가져야 할 기본정신이라고 강조하고자 합니다"라며 그 본색을 확실히 드러냈다. 그다음 문장은 아예 노골적이다. "특히 전국의 교육자 여러분이 일찍이 그 예를 찾아보기 어려울 정도로 솔선해서 유신헌법 확정을 위해 앞장서 노력했다는 사실은 교육헌장 이념과 이번 '10월 유신'의 정신이 그 기조를 같이하고 있기 때문이라고 믿습니다." 이쯤이면 왜 그가 국민교육헌장이라는 반교육적 헌장을 4년 전에 마련했는지 충분히 알 수 있지 않은가?

그러나 불행히도 이 헌장은 박정희가 암살된 이후에도 여전히 유효했고 1990년대 중반까지 한국 교육의 지침서 구실을 '충실히' 수행했다. 박정희의 수족 역할을 하며 성장한 전두환과 노태우 등의 군사정부가 집권했기 때문이다. 1978년 국민교육헌장에 대한 비판으로 곤욕을 치른 교수들을 보고 어떤 교육자들도 이 문제를 입에 올리지 않았다는 점에서, 우리 교육 전체는 부끄러워해야 한다. 매년 12월 5일이면 치러지던 기념행사가 공식적으로 폐지된 것은 1994년이었고 교과서에서도 삭제되었다. 그러나 여전히 정부의 공식 법정 기념일로 남아 있었다. 잘못된 과거, 그것도 시민의 의식에 나쁜 영향을 주었던 이 사악한 이데올로기를 털어내는 데 너무나 무관심했거나 이미 순치되었기 때문이다. 공식적으로 그 선포기념일을 폐지한 것은 노무현의 참여정부 초기였다.

악은 뿌리까지 뽑아내야 한다

당시 상황이 그랬다고 합리화할 일이 아니다. 권력을 잡은 자들이 그 권력을 공고하게 하기 위해, 그리고 자신들이 구상한 집권을 연장하기 위해 미리 세뇌시키기 위한 방편이었다. 그걸 교육이라는 가장 중요하고 객관적이며 정의롭고 자유로워야 할 가치에 박아놓은 것이다. 그 순간 교육은 죽었다.

이게 굳이 정치적인 태도로만 나타나는 것은 아니라는 점이 더 큰 문제다. 1997년 외환위기로 각 기업들이 이른바 구조조정을 하면서 고용자들을 무더기로 해고했다. 그 위기는 노동자들이 게을러서 온 게 아니다. 최고책임자와 경영자가 제대로 판단하고 대응하지 못해서 자초한 일이다. 그런데 그 대가를 고스란히 구성원들에게 떠넘겼다. 그리고 아무 저항도 하지 못하고 해고 사태를 받아들였다. 워낙 절박한 위기 상황이었으니 어쩔 수 없다 치더라도 그런 사고의 바탕에는 '나라의 발전이 먼저'라는, 즉 '조직의 발전과 생존'이 최우선이라는 생각에서 비롯된 것이라는 점은 반성해야 한다. 그러나 불행히도 지금도 그런 생각은 고스란히 유지된다. 특히 요즘처럼 직장을 얻기 어려운 상황은 그런 태도를 더 강화하고 있다. 채용하는 입장에서 일방적으로 유리한 환경은 각 개인의 역량이나 철학보다는 오로지 기업이 당장 쓸 수 있는 능력에만 초점을 맞춘다. 더 우려스러운 것은, 그들도 언제든 내쳐질 수 있다는 사실을 알면서도 부지불식간에 그런 전체주의적 사고가 작동된다는 사실이다.

이미 사문화된 것이니 굳이 따질 게 있느냐고 반문할지 모른다. 그러나 그 시대를 겪은 이들의 머릿속에는 또렷하게 각인되어 있어서 알게 모르게 그런 생각이 판단과 행동으로 나타난다는 점을 간과해서는 안 된다. 의식적으로 흔적을 지워내지 않으면 언제든 퇴행할 수 있다. 이미 우리는 그것을 목격하고 있지 않은가? 과거는 분명 나름대로 그 가치가 있고 치른 대가가 있다. 그러나 거기에서 교훈을 얻지 못하면 똑같은 일을 반복할 수 있다. 다음 세대에게 조금의 흔적이라도 넘기지 말아야 한다. 기성세대의 머릿속에서 완전히 지워내야 한다. 그래야 교육이 살고 미래가 산다.

교육이 살지 않으면 변화된 미래를 제대로 준비할 수 없다. 한가하게 있을 때가 아니다. 국민교육헌장은 가장 반민주적이며 독재적이고 전체주의적이라는 점에서 매우 위험한 독소다. 그 독소가 지금도 작동한다. 미래는 자유로운 개인을 최대한 발휘하여 창조와 융합의 가치를 창출해야 살아난다. 민주주의를 좀먹는 그 어떤 것도 허용되어서는 안 된다. 이것은 시대와 미래의 긴급한 명령이다.

인간의 가치가 오로지 물질적 생산 능력으로만 평가되고 개인보다는 집단을 우선시하는 이 몰상식한 문화가 사라지지 않는 한 대한민국의 미래는 어둡다. 그 어둠을 걷어내야 한다. 인간에 대한 존중과 자유로운 상상력이 미래의 가치를 확장할 수 있는 가장 중요한 요소라는 점을 분명하게 인식해야 한다. 더 늦기 전에 이 낡은 생각을 지워내야 한다.

시대정신을 외면하는 종교는
아편보다 악하다

지금 우리는 루터의 개혁을 실천하고 있는가?

사전적 의미로서 개혁이란 '제도와 기구 따위를 새롭게 뜯어고치는 것'을 뜻한다. 무조건 뜯어고치는 건 폭력이고 남발이다. 개혁의 전제는 '낡은' 제도와 '쓸모없는' 기구가 무엇인지 제대로 알고 있어야 한다는 것이다. 그렇다면 무엇이 낡은지 왜 쓸모없는지를 먼저 따져야 옳다. 그저 오래되었다고 혹은 세상이 바뀌었다고 무조건 뜯어고치는 게 아니다. 올바른 개혁은 지금까지 이어져온 제도와 기구, 생각 가운데 앞으로도 계속 지키고 따라야 할 가치를 가려내는 것에서 시작해야 한다. 그러므로 개혁에는 '엄밀한 인식'이 필수적이다.

2017년은 '유럽 교회의 개혁'(흔히 '종교개혁'이라 부르는. 그러나 그 말 속에는 '종교'는 기독교라는 전제가 깔렸다는 점에서 위험하고 오리엔탈리즘에 오염된 단어다)이 일어난 지 딱 500주년 되는 해였다. 많은 개신교 신자에게 뜻깊은 해다. 물론 가톨릭 신자에게도 그렇고, 그래야 한다. 유럽 교회의 개혁은 단순히 교회의 문제로 그치지 않은 중요한 사건이었다. '자유로운 개인'을 종교에서도 가능하게 만들었다는 점에서 그것은 근대 정신의 출발점이기도 하다.

어떻게 그 엄청난 개혁이 가능했는가? 첫 번째는 타락할 대로 타락한 중세교회 탓이다. 그 당시 교회는 모든 권력을 휘어잡고 개인의 삶까지 좌지우지했는데, 그 막강한 권력을 자신들의 이익에만 집중한 나머지 이미 종교의 올바른 역할을 포기한 상태였다. 둘째는 책을 통한 인식의 확장이다. 마르틴 루터의 용감한 저항이 호응을 받은 것은 그러한 타락에 대한 분노와 좌절을 이미 대다수의 사람들이 공감했기 때문이고 그 공감은 인식이 확장된 결과였다.

르네상스의 정신부터 되짚어야

'종교개혁 500주년'을 '기념'해서 주화도 찍어내고 개혁의 현장인 유럽 순례도 잇따랐다. 기념할 일이니 그럴 수 있다. 그러나 그 동전을 간직하고 유럽의 현장에 가기만 하면 개혁의 의미가 살아나는지 스스로 물어야 했다. 개혁에 관한 책 한 권 제대로 읽은 적 없고 중세와 근대의 유럽 역사를 공부하지도 않은 상태에서 각자의 입맛에 맞게 해석하거나, 그에 대한 단순한 맹신만을 지닌 채 여행을 떠나는 것이 도대체 무슨 의미가 있을까. 차라리 그 비용을 내부의 개혁을 위해, 그 정신을 실천하기 위해 쓰는 게 나을 것이다.

교회의 개혁이 가능했던 것은 당시 시민들이 타락하는 교회의 어처구니없는 모습에 분노한 까닭이기도 했지만, 그것을 인식할 수 있는 지적 성장이 있었기 때문이다. 지적 성장은 진지한 성찰에서 비롯되는 것이지만, 나의 무지와 인식의 한계를 벗어나기 위해 진실과 진리 그리고 정의의 가치를 깨닫는 데에서 비롯되기도 한다. 한 인간의 인식은 그가 쌓아온 삶의 경험과 더불어 지속적으로 공부해서 얻은 새로운 각성을 통해 성장한다. 그때 지식의 토대는 무엇인가? 바로 책이다!

흔히 르네상스 하면 레오나르도 다 빈치Leonardo da Vinci나 미켈란젤로Michelangelo di Lodovico Buonarroti 등의 위대한 화가들을 먼저 떠올리지만, 그것은 주로 이탈리아를 중심으로 이루어진 활동이었으며 그들의 그림에 깔린 정신도 인간의 시선으로 세상과 삶, 그리고 신앙을 바라보는 방식을 전제로 한다는 점을 기억해야 한다. 르네상스의 가장 큰 성과는 바로 책이었다. 책은 외부의 인식을 나의 인식 세계로 수용하는 가장 중요한 채널이다.

단테Durante degli Alighieri는 『신곡』을 통해 높은 이상을 내걸고 중세에 대한 경고를 날렸다. 보카치오Giovanni Boccaccio는 『데카메론』을 통해 현실을 냉정하게 받아들이면서, 그 현실을 비판하고 풍자를 통해 시대를 깨우쳤다. 그 책은 영국에서 초서Geoffrey Chaucer의 『캔터베리 이야기』로 변형되어 많은 사람들에게 시대의 모순을 깨닫게 했다. 페트라르카Francesco Petrarca는 당시 속어였던 이탈리아어로 뛰어난 서정시와 연애시를 썼다. 그의 서정시집은 인간적인 것과 성스러운 것의 투쟁을 담았다. 이탈리아의 르네상스만 해도 '책'과 아주 밀접한 것을 알 수 있다.

책이 깨운 시대정신

흔히 '북방 르네상스'라고 하면 '책'으로 대표된다. 물론 북방 르네상스라고 해서 미술이 빠지는 건 아니다. 이탈리아의 르네상스가 새로운 미의 이상을 추구했다면 북방 르네상스의 미술은 현실의 모습을 사실적으로 표현했다. 얀 반 에이크Jan van Eyck나 뒤러Albrecht Dürer, 홀바인Hans Holbein, 브뤼헬Pieter Bruegel 등의 작품은 그런 미적 세계를 새로운 방식으로 그려냈다. 그러나 북방 르네상스의 핵심은 책이다. 북방 르네상스는 봉건제도 때문에 이탈리아보다 늦게 시작되었지만 사회개혁적 특징을 띠었고, 그 중요한 계기는 인쇄술의 발달이었다. 1447년 요하네스 구텐베르크Johannes Gutenberg가 마인츠에서 차린 인쇄소에서 1454년 구텐베르크의 성서가 인쇄되었다. 성서 중심의 종교개혁은 거기에서 비롯되었다. 봉건제도가 쇠퇴하면서 사회와 교육에 대한 개혁이나 종교적 혁신에 큰 관심을 갖게 된 것들이 시기적으로 겹치면서 유럽을 새로운 시대로 전환시키는 토양을 마련했다.

인쇄술의 발달은 새로운 사상을 급속히 전파하는 힘이 되었다. 도시민, 지식인, 귀족 상공업 계층을 중심으로 이미 중상층 이상 인구의 3분의 1가량이 문자를 해독했고 행상인들을 통해 책들이 유럽 각지로 전파되었다. 보통 사람들도 역사상 처음으로 성서의 내용을 접할 수 있게 된 것 자체가 이미 혁명이었다. 성서가 출판되면서 사람들의 사제와 교회에 대한 의존도가 줄기 시작했다. 에라스뮈스Desiderius Erasmus와 토머스 모어Thomas More의 위대한 저작들이 많은 유럽인에게 읽힌 것은 그런 환경에서 배양되었다. 그러나 시대정신을 제대로 파악하지 못한 가톨릭교회는 엉뚱하게 각국의 인쇄소 수를 통제했다. 그것은 어리석은 짓이었다.

　사람들은 에라스뮈스와 토머스 모어 등의 작품을 통해 시대를 읽었으며, 그 안에서 단순하고 소박하며 생명력 넘치는 종교적 원천을 재발견했다. 그것은 그리스도교 초기의 복음 신앙이 지닌 순수성을 부활시키는 토대를 마련했다. 이른바 '성서 휴머니즘'의 탄생이다. 그러한 자각은 윤리적·종교적 덕성을 함양해야 한다는 공감대를 형성했다. 그러나 가톨릭교회의 부패는 사위기는커녕 오히려 악화되었으며 반감을 증폭했다. 면죄부 판매는 결정적 촉매였고, 거기에 불을 지른 것이 루터의 비텐베르크 반박문이었다. 1517년의 일이다. 유럽 교회의 분열과 개혁은 그렇게 이루어졌다. 책을 통해 각성한 시대정신 인식이 종교와 사회의 개혁을 요구하게 만들었다.

과연 지금 교회는 책을 읽고 있는가?

　종교 문제는 이미 특정한 교회나 교파의 문제가 아니다. 종교가 사회를 걱정하는 것이 아니라 사회가 종교와 교회를 걱정하는 형편이다. 도덕적 각성과 시대적 성찰을 통해 실천하는 것이 아니라, 세력의 확장이나 권력과의 유착으로 기득권을 강화하려는 방식의 교회 성장이 지금 대한민국을 망가뜨리는 현실이다. 지금 교회에서 에라스뮈스가 나온들 그에게 귀를 기울일까? 마르틴 루터가 출현한들 관심이나 가질까? 지금 그들은 에라스뮈스를 읽는가? 에라스뮈스는 초기 그리스도교의 단순성과 소박함으로 되돌아가야 한다고 외쳤다. 교회의 타성적인 의식과 번거로운 교리가 아니라 일상생활의 인도를 위한 구원의 종교를 더 높이 평가했다. 성경 본래의 뜻을 정확하게 이해해야만 그리스도교의 참다운 회복이 가능하다고 확신했다. 그런 토대 위에서 스콜라 신학의 형식주의를 비판했고 성직자와 수도자 계층의 부도덕성을 공격했으며 교회의 전반적 반성을 촉구했다. 에라스뮈스 같은 이들이 없었다면 루터의 교회 개혁도 불가능했을 것이다. 아마도 지금 대한민국에 에라스뮈스나 루터가 출현했다면 어떨까? 온갖 탄압과 억압에 내몰려 코도 홀짝 못 할 것이다. 무지와 편견, 그리고 편의적이고 자의적이며 자기중심적인 왜곡된 해석이 난무하는 한국 종교에서 그들은 '이단'이요 '파괴자'일 뿐이다.

시대정신도 읽지 못하고 미래 의제도 고민하지 않는 종교가 과연 존재 가치가 있을까? 현실에 대한 엄밀하고 냉철한 비판과 성찰을 통해 정체성을 재정립하는 것이 500주년을 맞은 개혁 정신의 실천이다. 기념주화 찍고 순례여행 다녀오는 게 능사가 아니다. 그것은 거죽일 뿐이다. 개혁은 본질을 재정립하여 그릇된 것, 낡은 것, 시대착오적인 것을 철저하게 가려내고 척결함으로써 이루어진다. 진정 개혁 정신을 계승하려면 그런 인식부터 마련해야 한다. 그 바탕은 바로 책을 읽고 깊이 사고하며 시대를 이해하고 해석하려는 노력이다.

지금 어떤 에라스뮈스, 어떤 토머스 모어가 사자후를 외치는지 바라봐야 한다. 그게 세례자 요한의 재현이다. 어느 시대건 개혁가는 외면받는다. 망하게 될 사회는 그 개혁가를 매장하는 데에만 혈안이 되고 다시 일어나 부흥하게 될 사회는 그 비판을 겸허하게 수용하고 반성하며 새로운 대안을 추구한다. 진정 교회 개혁 500주년을 기억하려면 책부터 읽어야 한다. 교인 수로 경쟁하고 메가 처치를 탐하는 멍청한 짓부터 과감하게 포기해야 한다. 르네상스가 없었다면 교회의 개혁도 불가능했다는 점을 기억해야 한다.

프란치스코라는 이름의 의미

교황 프란치스코Pope Francis가 한국을 방문했을 때 대한민국은 프
란치스코 신드롬에 빠졌다. 비단 가톨릭신자만 그런 것이 아니라 수많
은 국민이 그에게 열광한 것은, 단순히 그가 세계적 종교지도자였기 때
문만은 아니었다. 그가 보여준 겸손과 약자에 대한 따뜻한 시선, 그리
고 불의에 대한 엄중한 질타가 사람들을 흔들었기 때문이다. 세월호 유
족들을 언급하면서 "인간의 고통 앞에 중립은 없다"라며 사람들의 심
장의 무딘 살에 예리하지만 차갑지 않은 메스를 가할 때, 사람들은 과
연 우리가 어떤 세상에 살고 있는지, 사람에 대한 기본적 예의와 태도
를 지키고 있는지 돌아봤다. 그러나 그를 불편해한 사람들도 많았다.

사실 그가 교황의 이름을 '프란치스코'라고 정했을 때부터 불편했
던 이들이 있었다. 역대 어느 교황도 그 성인의 이름을 택하지 않은 것
이 그러한 사실을 상징적으로 보여준다. 가톨릭교회뿐 아니라 비종교
인들조차 존경하는 성인인 프란치스코라는 이름을 어떠한 교황도 택
하지 않은 건 어쩌면 자연스러운 일이다. 그는 가난을 스스로 실천하
고, 가난하고 아픈 이들 곁에서 늘 서 있었기에 막강한 권력을 행사한
교황으로서는 불편한 이름이기도 했기 때문이다. 21세기에야 그 이름
을 처음 택한 교황이 나왔으니, 그가 바로 아르헨티나 출신의 베르고
글리오 추기경이었다. 요한 바오로 2세에 의해 이탈리아 출신이 교황
을 독점하던 관례는 깨졌지만 호르헤 마리오 베르고글리오Jorge Mario

Bergoglio, 즉 프란치스코 교황에 의해 처음으로 비유럽 교황이 출현한 것은 그 자체로 엄중한 시대정신의 상징이다.

그는 바티칸 권력의 중심과는 거리가 먼 사람이었다. 그래서 바티칸 권력의 문제를 밖에서 냉정하게 분석할 수 있었고 거기에 발을 담그지 않았기에 바티칸 권력의 부패에 대해 단호하게 메스를 가할 수 있는 인물이다. 그가 교황에 선출되는 것을 막을 수 없었던 건 시대가 무엇을 요청하는지 추기경 선거인단이 인식하고 있었기 때문이다. 그러나 그를 불편해하는 세력은 엄존했다. 그들은 교황의 파격적이고 개혁적인 행보를 저지할 명분이 필요했다. 그래서 그가 남미 출신이라는 점에 착안하여 해방신학을 신봉했다거나 혹은 민주주의를 유린하고 인권을 비열하고 공포스럽게 뭉개버린 아르헨티나 군부독재자들과 협조했으며 심지어 자신이 관구장이었으면서도 예수회 신부 두 사람을 군부에 넘겼다며 가룟 유다와 다르지 않다는 소문을 퍼뜨렸다. 교묘한 조작과 유치한 왜곡은 심지어 어설프게 사진을 합성하는 등 뻔뻔한 일도 마다하지 않았다. 그러나 그는 유연하고 의연했다.

프란치스코 교황이 가난에 맞서 싸워야 한다고 외치며 사회정의를 강조하자 그게 불편한 세력은 그가 공산주의적이라고 공공연하게 비난했다. 그러나 그는 "가난한 이들을 돌보는 것은 복음 안에 있고 교회 전통 안에 있는 것이며 그것은 공산주의의 발명품이 아니고 어떤 이데올로기가 돼서는 안 된다"라고 단호하게 답한다. 그러면서 탐욕적 부를 질타한다. "복음은 부 자체가 아니라 부에 대한 숭배를 비난하는 것이다. 부에 대한 숭배는 사람들이 가난한 이들의 외침에 무관심하게 만든다"라고 말하는 교황은 사회정의를 추구하는 것이 공산주의 같은 특정 이데올로기가 아니라 교회의 의무라고 강조한다.

그래도 여전히 그가 불편하다. 교황이 미국을 방문했을 때 미국의 일부 보수주의자들은 대놓고 교황을 비난했다. 공화당의 한 하원의원은 교황이 좌파 정치인처럼 행동한다며 교황의 의회 연설에 불참하겠다고 선언했고 극우 방송은 아예 교황을 '순수한 마르크스주의자'라고 비난했다. 하지만 그것은 극소수의 비난이었다. 교황의 강론을 '마르크스 복음'이라고 비판하는 이들에 대해 교황은 "만약 2~3세기 성직자들이 가난한 자들을 어떻게 대해야 하는지 이야기한 설교 구절들을 내가 반복한다면, 누군가는 내가 마르크스의 설교를 전달한다고 비난할 것"이라고 응수했다. 그러면서 "내가 굶주렸을 때 너희는 먹을 것을 주었고, 내가 목말랐을 때 마실 것을 주었으며, 내가 헐벗었을 때 입을 것을 주었고, 내가 병들었을 때 돌보아주었으며, 내가 감옥에 있을 때 찾아주었다"라는 마태복음의 구절을 인용했다.

진실을 덮을 수는 없다

노벨평화상 수상자였던 라우라 에스키벨Laura Esquivel은 교황 프란치스코의 선출을 다음과 같이 평가한다. "오늘날 보편 교회는 어젠다를 바꾸기 시작했다. 가난한 교회를 열망하고, 가장 가난한 이들에게 헌신하는 일은 부차적인 것이 아니다." 그렇다고 그가 프란치스코의 열렬한 옹호자는 아니다. 그가 반군사독재와 인권 옹호를 위한 싸움에는 동참하지 않았다고 지적하고 있다. 그러나 그는 교황이 프란치스코라는 이름을 선택한 것 자체가 하나의 도전이고 동시에 인생 계획을 보여준다며 희망을 보인다.

프란치스코 교황에 대한 온갖 구설과 음해에 대해 객관적으로 추적한 한 저널리스트는 드러내지 않으면서 수많은 사람들을 구해낸 용감한 전사인 베르고글리오 예수회 관구장, 그리고 부에노스아이레스 대주교의 모습을 밝혀낸다. 그는 한 번도 그런 자신의 모습을 과시한 적도 없고 왜 대놓고 투쟁하지 않았느냐는 비판에 대해서도 굳이 변명하거나 외면하지 않았다. 그가 살려낸 사람들은 무수히 많았다. 아무런 조건도 없었고 자신의 일을 완벽하게 수행했다. 만약 그의 도움이 없었다면 무수히 많은 무고한 사람들이 악마의 손아귀에서 소리 소문 없이 사라졌을 것이다. 그는 심지어 연방법원으로부터 심문조사를 받기도 했다. 그가 드러내놓고 싸우지 않았다며 군부와 은밀히 협조하지 않았느냐는 노골적인 압력이었다. 그러나 그 심문조사는 오히려 베르고글리오 대주교가 얼마나 헌신적으로 사람들을 살려냈는지를 역으로 입증했다. 국제앰네스티의 공정하고 객관적인 조사도 '호르헤 마리아 베르고글리오에 대한 비난은 없었다'라는 결론으로 종결되었다.

여전히 교황 프란치스코가 불편한 사람들이 있다. 그들에게는 공산주의자라는 비판이 가장 매력적일 것이다. 그러나 교황은 여유 있게 웃으며 답한다. "내가 약간 왼쪽으로 치우쳤다는 인상은 줄 수 있다고 본다. 그러나 나는 교회의 사회적 교리에서 한 번도 벗어난 적이 없다고 확신한다." 《뉴스위크》는 표지에 "교황은 가톨릭이 맞나?"라는 도발적인 제목을 달기도 했다. 심지어 교황이 전통적인 붉은 구두 대신 예전부터 신던 낡은 검은 구두를 신는 것을 두고 요한계시록의 반反그리스도에 빗대 반反교황이라고 말하는 이들도 있을 정도다. 한국의 가톨릭 교회도 프란치스코 방문을 '최고의 마케팅' 소재로 썼으나 그의 진보적이고 개방적인 태도는 부담스러웠다. 그래서 교황이 떠난 후 뜻밖에도 그의 메시지를 외면하는 게 노골적으로 보인다. 그만큼 반동적인 교회로 퇴행했다는 의미다. 고 김수환 추기경이 사목하던 교회와 정반대의 길을 걷고 있으니 안타깝다. 그러나 지금 세상은 그가 퍼뜨리고 있는 사회정의와 인간 회복의 메시지를 경청하고 있다. 거짓은 진실을 덮을 수 없고 불의는 정의를 죽일 수 없다는 희망을 붙잡고 싶은 것이다.

종교가 시대정신을 외면하면 안 된다

오늘날 어느 종교, 종파, 종단을 막론하고 한국의 종교가 사회의 빛과 소금의 역할을 제대로 수행하고 있다고 믿는 이들은 그리 많지 않다. 종교가 사회를 걱정하기는커녕 사회가 종교를 걱정하는 형편이다. 그런데도 종교는 자신의 허물을 인식하지 못한다. 불의를 꾸짖고 탐욕의 구조적 착취를 비판하기는커녕 오히려 자본과 권력의 편에 서서 자신의 이익과 교세의 확장에만 힘쓴다.

민주주의, 자유와 평등, 정의, 인격의 존엄성 등 가장 기본적인 가치조차 퇴행하고 억압되는 현실에 맞서 싸우지 않는 종교는 이미 존재의 의미를 상실한 것이다. 예수와 부처의 언행은 당시의 관점에서 보자면 대담한 것이었다. 그것은 하나의 시대정신이고 인간해방을 위한 영원한 미래 의제 자체다. 그것을 실천하는 것이 복음과 불법의 실체다. 약자와 빈자에 대한 공감과 배려, 불의에 대한 비판과 허위에 대한 질타는 과거의 문제가 아니라 지금 우리의 과제이기도 하다.

그러나 종교가 사랑과 자비를 내세우며 사회적 선교로 운영하는 학교나 병원 등에서도 비정규직을 만연케 하고 그것에 대해 부끄러워하지 않는다. 가난은 나라도 구제하지 못한다고 외면할 게 아니라 종교라서 할 수 있다고, 불요불급한 예산 줄이는 실천적 경영합리화를 통해 비정규직 문제를 해결해서 사회에 모범을 보일 수 있다고 당당히 말하는 것이 종교의 사명이고 복음의 실천이다. 그러나 과연 지금 한국종교가 그런 모습을 보이고 있는가?

교황 프란치스코의 행보는 우연적이거나 우발적(?)인 것이 아니라 시대정신과 미래 의제에 대한 21세기적 복음의 해석과 실천이라는 점에서 이해하고 접근해야 할 것이다. 그가 젊었을 때부터 독재정권에 저항하고 수많은 목숨을 구한 것은 과거의 일이 아니라 지금 우리에게 던져진 엄숙한 의제다. 그가 겪었던 독재자와 그 하수인들, 그리고 자본의 탐욕에 아부하는 자들은 또한 바로 지금 우리의 자화상이기도 하다. 박해받던 많은 사람을 자기 목숨을 걸고 망명시켰던 교황은 지금 우리에게 박해받고 있는 사람들에 대한 깊은 연민과 공감부터 회복하라고 깨우친다. 지금 우리 사회가 우리 종교가 무엇을 해야 하는지 엄중히 물어야 할 때다.

진실과 정의를 위한 노력, 독재가 저지른 잘못을 바로잡는 노력은 계속되어야 합니다.

프란치스코 교황의 이 단호한 대답은 지금 우리가 깊이 성찰해야 할 말이다. 그게 어찌 한 종교나 종파의 문제이겠는가. 거짓 종교를 몰아내고 참된 자유와 인간 회복의 참 종교를 되찾아야 할 때다. 어느 한 특정한 종교의 이야기가 아니다. 종교가 개혁의 주체가 되지 못하고 개혁의 대상이 될 때, 그때는 희망이 없다는 걸 명심해야 한다.

말에서 내려야 비로소
올바른 정치가 가능하다

선거는 모든 민주시민이 마땅히 행사할 수 있는 가장 기본적 권리이자 또한 의무이기도 하다. 제대로 된 인물을 뽑아야 하는 선거를 외면하거나 그릇된 눈으로 판단하면 플라톤의 비판적 예언처럼 '나보다 못한 자에게 지배되는' 상황을 초래하게 된다. 선거는 시민들에게는 4, 5년만에 행사하는 위대한 권리의 마당이며 민주주의의 축제이기도 하지만, 선거에 출마한 당사자들에게는 하루하루가 피 말리는 전쟁이기도 하다. 물론 어떤 입후보자인들 승리를 꿈꾸지 않을까만 트로피를 차지할 주인공은 하나뿐이다. 적어도 소선거구제하의 국회의원은 그렇다. 대통령 선거는 말할 것도 없다. 갑자기 치러진 대통령 선거에서 각 정당과 후보자는 유권자를 매료할 다양한 정책을 개발하고 설득하며 자신의 정치적 지향을 선택받으려 촌각을 다퉜다. 말 그대로 전쟁이다.

그러나 그 전쟁은 투표 날 이미 종결된다. 전쟁이 끝나면 새로운 정치가 마련되어야 한다. 하지만 2008년부터 10년 동안 우리는 여전히 마상馬上에서 내려오지 못하고 통치만 하려는 대통령의 무능력과 무지로 엄청난 값을 치렀다. 그들은 경제적으로 윤택해지려는 유권자들을 현혹하여, 혹은 조작된 이미지와 복고적 향수 따위에 기대 권력을 얻었다. 그 상황에서라도 그들이 올바른 정치를 했다면 이 지경에 이르지는 않았을 것이다. 급기야 박근혜 정권은 그 무능과 농단을 만천하에 드러내고 헌법 수호 의지조차 의심받은 채 탄핵되기에 이르렀다. 여전히 마상에 머물러 있었기 때문이다.

100번의 간언보다 중요한 건 포용력과 알아듣는 귀

마상건국馬上建國은 한고조 유방과 육가陸賈의 대화에서 비롯된 말이다. 육가는 초나라 사람으로 서한 시대의 정치가이며 문인으로 언변에 능했으며 사신으로서 탁월한 능력을 발휘했다. 훗날 유명한 여태후가 죽은 후 조정에서 여씨 일가를 몰아내는 데에 공을 세움으로써 한나라의 기틀을 마련하기도 했다. 그러나 처음부터 육가가 유방의 눈에 들지는 못했다. 출신이 미천한 유방은 학문이 매우 얕았을 뿐 아니라, 심지어는 선비들을 능욕하는 데에 재미를 붙인 한 인물이었다. 다행히 그에게는 문인으로 장량과 소하, 무인으로 한신과 번쾌가 있어서 마침내 항우의 초나라를 무너뜨리고 한 제국을 세웠다.

한나라를 세웠지만 초기에 조정은 그야말로 개판이었다. 서로 공을 내세우기 일쑤고 무장들은 어깨를 드러내며 칼을 뽑아들기가 예사였다. 그러나 황제 고조는 그런 난장판을 보고도 크게 나무라지 못했다. 심지어 그는 황제의 지위에 있으면서도 늘 옷을 흐트러지게 입었고, 예절에 신경 쓰지 않았으며, 걸핏하면 욕설을 뱉고 술주정도 심했다. 그런 상황에서 육가의 존재감이 도드라지지 않는 건 어쩌면 자연스러운 일이다. 육가의 공도 작다고 할 수는 없었지만 장량과 소하에 비하면 자신의 공은 미미하다고 스스로 판단했기 때문이다. 육가는 황제가 유생을 싫어하는 것을 알았지만 조정의 폐단을 막기 위해서는 끊임없이 황제의 생각을 바꾸기 위해 노력했다. 육가는 황제에게 학문을 강연하는 직책을 맡아『시경詩經』과『서경書經』등을 가르쳤다. 어느 날 유방이 육가를 불러 나라를 다스리는 치국방략을 묻자 대답했다. "선현들이 말하기를『논어』반半 부部면 천하를 다스릴 수가 있다고 하였습니다. 폐하께서 만일 선비를 존중하고,『시경』으로 인심人心을 순화시키며,『서경』으로 정치의 거울로 삼으신다면 어찌 천하가 다스려지지 않는다고 걱정하시겠습니까?『시경』에서 이르기를…" 그러자 황제가 버럭 소리쳤다. 자신이 싫어하는 선비들을 들먹이자 역정을 냈다. 따분한 공부가 지겨웠는지 육가에게 빈정대며 말했다. "짐은 말 위에서 천하를 얻었는데, 어느 겨를에『시경』이나『서경』따위를 보겠는가?" 그러니 '까불지 마라'라는 뜻이었다. 황제가 굳이 따분한 공부를 하지 않아도 된다는 치기였다. 그러나 육가는 물러서지 않았다. "마상에서 천하를 얻을 수는 있지만 어찌 마상에서 천하를 다스릴 수 있겠습니까居馬上得之 寧可以馬上治之?" 그의 단호한 대답에 황제도 놀랐다. 그러나 육가는 물러서지 않았다. "진나라는 무력으로 육국을 통일하고, 제후의 사직을 끊게 만들었으며, 백성을 가혹한 법률과 지나친 부역으로 혹사하였습니다. 또한 진나라는 분서갱유를 단행하여 수많은 책을 불사르고 선비를 죽여 천하의 공분을 일으켰습니다. 진시황은 육국을 통일하고 황제에 오른 후, 그의 가업이 자손만대에 전해질 것으로 굳게 믿고, 시호를 1세, 2세, 3세로 제정하였습니다. 하지만 3대도 제대로 이어지지 못하고 10여 년 만에 망하고 말았습니다."

우리는 바로 여기에 주목해야 한다. '당신도 시황제와 무엇이 다르냐?'라는 대담한 발언에 건달 출신 황제는 빈정이 상했다. 육가의 직언은 자칫 목숨을 내놓아야 하는 것이었다. 황제는 얼굴이 벌겋게 달아올랐다. 그는 육가를 노려보며 몸을 부르르 떨었다. 하지만 그는 육가의 지적이 옳다는 생각이 들었다. 긴 침묵 끝에 황제가 말했다.

"중대부의 직언을 잘 들었소. 이제 중대부는 나에게 오늘 한 말을 정리해서 책으로 바치도록 하시오. 진왕조가 천하를 잃어버린 까닭은 물론이고 옛 왕조의 성공과 실패에 관한 원인도 상세히 분석하시오. 짐은 그 책을 참고로 정사政事를 볼 것이고, 자손만대에 전해 귀감으로 삼도록 하겠소."

한나라가 진나라처럼 짧게 명멸하지 않은 것은 바로 이 순간 때문이었다고 해도 지나친 말이 아니다. 황제는 조정에서 육가에게 발언하게 했고 육가는 인의의 강령을 설파했다. 황제는 계속해서 문장을 지어 조정 대신들에게 강론하도록 했고 육가는 날마다 한 편씩 문장을 지어 바쳤다. 그렇게 해서 모두 열두 편을 묶어 『신어新語』라 명명하고 모든 대신이 입수하여 치세의 교본으로 삼도록 명했다. 육가의 이 저술은 중국 역사의 흐름을 바꾸고 훗날까지 이어지는 한나라의 역사와 문화를 바로 세우는 데에 지대한 영향을 미쳤다. 물론 육가의 노력과 혜안의 힘이었지만 그것을 수용한, 게다가 그토록 글과 선비라면 지겨워했던 유방이 황제의 안목으로 받아들였던 아량과 열린 귀에 주목해야 한다.

비판을 멀리할 때 망한다

박근혜 정부는 많은 사람의 희망과 기대(그것이 그릇된 욕망의 투사였다 하더라도)를 안고 출범했다. 그러나 아무리 능력이 있어도 그녀의 수첩에 오르지 않으면 적소를 얻을 수 없었고, 비선 실세인 '강남 아줌마'의 추천이라면 부적격자도 요직에 앉혔으며, 끝까지 자신이 신뢰할 인물만 감쌌다. '문고리 3인방'이니 '십상시'니 하는 게 세상에 고스란히 드러났어도 '국기문란'을 운운하며 그들을 품었다. 그리고 진실을 말하는 사람들을 내쳤고 끝까지 응징했다. 듣고 싶은 말만 들었다. 누구나 고까운 소리를 꺼린다. 그러나 대통령의 자리는 그래서는 안 된다. 그게 고까우면 그런 자리를 애당초 탐하지 말았어야 한다. 박근혜 정부의 파탄과 몰락은 결국 대한민국의 골든타임을 망쳤다. 그 뿌리는 비판에 철저하게 귀를 틀어막은 어리석음이었다. 박근혜 정부는 무능력했고 무책임했으며 무엇보다 시민들에게 공감하는 능력이 없었다.

새로운 정부가 들어서서 새로운 대통령이 권력을 쥐고 대한민국이라는 배를 대양에 띄워 항해를 시작했다. 누구나 처음에는 몸을 사리고 겸손하려 애쓰지만 시간이 흐르면서 제 입맛에 맞는 이들을 가까이 하기 쉽다. 이전 정부의 실패를 반면교사로 삼아 5년 내내 긴장하고 스스로 조심해야 할 것이다. 물론 올바른 방향과 비전이 설정되면 힘과 지혜를 모아 당당하게 나아가야 한다. 누구나 선거 때면 죽기 살기로 싸운다. 앙금도 쌓이고 미움도 커진다. 그러나 전투가 끝나면 깨끗하게 포용해야 한다. 우리 모두 대한민국의 국민이기 때문이다. 물론 거대악의 뿌리인 적폐와 부역자들을 철저하게 가려내고 차단하며 그 값을 물어야 한다. 어물쩍 '화합과 통합'이라는 그럴싸한 낱말로 포장해서 넘어갈 일이 결코 아니다. 그런 야합이 21세기 대한민국의 중요한 시기를 망쳤다. 무릇 지도자는 귀를 열고 지혜를 갈급해야 한다. 그러나 그보다 더 중요한 것은 비판과 비평을 겸손하게 들을 수 있는 인내와 관용이다.

육가의 『신어』는 지금 우리에게 그대로 적용된다. 그 한 대목을 기억할 일이다.

무릇 사람이란 관대하고 넓고 크고 원대해야 하며, 동시에 아주 큰 생각을 가지되 세밀하고 자상하여야 먼 곳 사람은 다가오고 가까운 사람을 편안히 여기며, 온갖 나라들이 그를 품으로 여겨 오게 되는 것이다.